The Art of Connecting
Die Wiederverwendung der Huber Pavillons

Catherine De Wolf
Dokumentation von Elias Knecht

Für Mary-Ann, einer Meisterin in der Kunst des Verbindens.

Die transkribierten Gespräche in diesem Buch können Sie auch als Videos auf der Plattform Library of Reuse ansehen:
https://library-of-reuse.ch/books/huber

The Art of Connecting
Reuse of the Huber Pavilions

Catherine De Wolf
Documentation by Elias Knecht

To Mary-Ann, who truly masters the art of connecting.

The filmed conversations transcribed in this book can be viewed on
the Library of Reuse platform:
https://library-of-reuse.ch/books/huber

The Art of Connecting

Die Wiederverwendung der Huber Pavillons

Edition **DETAIL** Catherine De Wolf

The Art of Connecting

**Reuse of
the Huber Pavilions**

Edition **DETAIL**

Catherine De Wolf

16	Autorin und Dokumentar
18	Reproduktion der Architektur von Momoyo Kaijima
22	Einführung

1

28	DER WERT DER VERBINDUNG
42	Inspiration für die nächste Generation
46	Schritte zur Transformation der Huber Pavillons
50	Gespräch mit der Architektin Barbara Buser
62	Gespräch mit der Architektin und Professorin Momoyo Kaijima

2

76	VERBINDUNGEN IM UNTERRICHT
84	Der Unterschied zwischen Wiederverwendung und Recycling
100	Projektbasiertes, praxisorientiertes Lernen
102	Zusammenarbeit von Industrie, Politik und Hochschulen
106	Gespräch mit den Studierenden Claudia La Valle, Yannick Reich, Carole Allenbach, Loukas Mettas, Clara He und Samuel Labhard
132	Gespräch mit der ehemaligen Departementsvorsteherin Architektur Annette Spiro und dem Architekten Florian Schrott

3

144	VERBINDUNG MIT DER GESCHICHTE DER HUBER PAVILLONS
152	Historischer Überblick
156	Wiederverwendung der Materialien der Pavillons
160	Ein pädagogischer Vorteil
164	Gespräch mit Rudolf Bolli, Architekt und Projektleiter der Huber Pavillons

4

182	PRAXIS UND WISSENSCHAFT VERBINDEN
190	Der Nutzen der Pionierarbeit von Fachleuten für Studierende und Forschende
196	Beiträge von Studierenden und Forschenden für die Baubranche
202	Gespräch mit dem Architekten Ralph Alan Mueller und dem Handwerker Michael Wick
214	Gespräch mit der Architektin Tazuru Harada und Sabrina Dinger, Leiterin des Campus-Cafés

17	About the author and documentalist
19	Reproduction of Architecture Momoyo Kaijima
23	Introduction

1
29	THE VALUE OF CONNECTION
43	Inspiring the next generation
47	Steps in the transformation of the Huber Pavilions
51	Conversation with architect Barbara Buser
63	Conversation with architect and professor Momoyo Kaijima

2
77	CONNECTING IN THE CLASSROOM
85	The difference between reuse and recycling
101	Project-based, hands-on learning
103	Industry – government – academia collaborations
107	Conversation with students Claudia La Valle, Yannick Reich, Carole Allenbach, Loukas Mettas, Clara He, Samuel Labhard
133	Conversation with former Dean Annette Spiro and architect Florian Schrott

3
145	CONNECTING WITH THE HISTORY OF THE HUBER PAVILIONS
153	Historical overview
157	Reusing the pavilions' materials
161	An educational benefit
165	Conversation with Rudolf Bolli, architect and project leader of the Huber Pavilions

4
183	CONNECTING PRACTICE AND ACADEMIA
193	The benefit to students and researchers of pioneering practitioners
197	On-going contributions of students and researchers to industry practitioners
203	Conversation with architect Ralph Alan Mueller and craftsman Michael Wick
215	Conversation with architect Tazuru Harada and campus café manager Sabrina Dinger

5
222	VERBINDUNGEN ZWISCHEN DEN BETEILIGTEN IM BAUSEKTOR
230	Materialvermittlung
238	Materialjagd
240	Gespräche mit der Anthropologin Anna Buser und dem Materialjäger und Architekten Christoph Müller

6
252	VERBINDUNG VON DISZIPLINEN
260	Abschottung durchbrechen
262	Inter- und transdisziplinäre Innovation
266	Gespräche mit dem Architekten Pascal Angehrn und dem Holzbauingenieur Mario Marty
276	Gespräche mit Ingenieurin und Professorin Jacqueline Pauli und Ingenieur Federico Bertagna

7
286	VERBINDUNGEN ZWISCHEN DEN KULTUREN
296	Von traditionellem Bauen über nachhaltige Architektur lernen
298	Nomadische Architektur und zirkuläres Bauen
308	Gespräch mit dem Architekten und Architekturtheoretiker Kozo Kadowaki und der Architektin Ryoko Iwase
320	Gespräch mit Architektin Saikal Zhunushova

8
328	DIE VERBINDUNG VON KI, KUNST UND ARCHITEKTUR
338	Verknüpfung digitaler Technologien
352	Verbindung von Wissenschaft und Kunst
362	Gespräch mit den Computational Designern Dominik Nüssen und Martin Schulte
374	Gespräch mit der Informatikerin, Architekturingenieurin und Professorin Iro Armeni, der Designerin und Doktorandin Vanessa Schwarzkopf und dem Art Director Daniel Baumann

392	Fazit
404	Nachwort Barbara Buser
410	Danksagung
420	Anhang

5
- 223 CONNECTING ACTORS WITHIN THE CONSTRUCTION SECTOR
- 231 Matchmaking
- 239 Material hunting
- 241 Conversations with anthropologist Anna Buser and material hunter and architect Christoph Müller

6
- 253 CONNECTING DISCIPLINES
- 261 Breaking down silos
- 263 Inter- and transdisciplinary innovation
- 267 Conversations with architect Pascal Angehrn and timber engineer Mario Marty
- 277 Conversations with engineer and professor Jacqueline Pauli and engineer Federico Bertagna

7
- 287 CONNECTING CULTURES
- 295 What traditional wisdom can teach us about sustainable architecture
- 297 What nomadic architecture can teach us about circular construction
- 309 Conversation with architect and architectural theorist Kozo Kadowaki and architect Ryoko Iwase
- 321 Conversation with architect Saikal Zhunushova

8
- 329 CONNECTING AI, ART, AND ARCHITECTURE
- 339 Connecting digital technologies
- 353 Connecting science and art
- 363 Conversation with computational designers Dominik Nüssen and Martin Schulte
- 375 Conversation with computer scientist, architecural engineer, and professor Iro Armeni, designer and PhD student Vanessa Schwarzkopf and art director Daniel Baumann

- 393 Conclusion
- 405 Afterword Barbara Buser
- 411 Acknowledgments
- 421 Appendix

Autorin und Dokumentar

Autorin

Prof. Dr. ir. arch. Catherine De Wolf ist Assistenzprofessorin an der Eidgenössischen Technischen Hochschule Zürich (ETH Zürich), wo sie den Lehrstuhl Circular Engineering for Architecture (CEA) leitet. Nach dem Studium des Bauingenieurwesens und der Architektur in Brüssel promovierte sie am Massachusetts Institute of Technology (MIT). Anschließend gründete sie Unternehmen im Bereich des zirkulären Bauens wie De Wolf EArTh und Anku Gmbh und war in den Vorständen verschiedener Technologie- und Innovationsinitiativen tätig. Sie wurde zur Vorsitzenden des Beirats des Center for Augmented Computational Design in Architecture, Engineering and Construction (Design++) gewählt und wurde Professorin am ETH AI Center, dem National Competence Center in Research (NCCR) zur digitalen Fabrikation und den Future Cities Labor (FCL) zu Circular Future Cities (CFC).

Dokumentar

Elias Knecht ist wissenschaftlicher Mitarbeiter am Lehrstuhl Circular Engineering for Architecture (CEA) bei Prof. Catherine De Wolf. Neben seinem Architekturstudium an der ETH Zürich sammelte er Erfahrungen in der Planung und Ausführung von Bauprojekten bei Firmen wie Dürig, Emch, Oekofacta, Baubüro in situ und lernte in Kirgisistan bei Yourtspace den Bau traditioneller Jurten. Außerdem arbeitete er am Lehrstuhl für Architectural Behaviorology (CAB) von Prof. Momoyo Kaijima, wo er sich auf nachhaltige Praktiken und Holzbau konzentrierte. Nach Abschluss seiner Masterarbeit über die Wiederverwendung der Materialien der Huber Pavillons arbeitet er am CEA und am CAB. Als Assistent leitete er mehrere Projekte zur Wiederverwendung von Bauteilen der ehemaligen Huber Pavillons auf dem ETH-Campus Hönggerberg und in der ganzen Schweiz.

About the author and documentalist

Author

Prof. Dr. ir. arch. Catherine De Wolf is Assistant Professor of Circular Engineering for Architecture at the Swiss Federal Institute of Technology Zurich (ETH Zurich), where she leads her own chair. After studying Civil Engineering and Architecture in Brussels, she earned her PhD from the Massachusetts Institute of Technology (MIT). Subsequently, she founded companies related to circular construction, such as De Wolf EArTh and Anku Gmbh and served on the boards of various technology and innovation initiatives. Next, she was elected Advisory Board Chair of the Centre for Augmented Computational Design in Architecture, Engineering and Construction (Design++) and became faculty in the ETH AI Center, the National Competence Centre in Research (NCCR) on digital fabrication, and the Future Cities Laboratory (FCL) on Circular Future Cities (CFC).

Documentalist

Elias Knecht is a research and teaching assistant at the Chair of Circular Engineering for Architecture (CEA) with Prof. Catherine De Wolf. Besides his architectural studies at ETH Zurich, he gained experience in the design and execution of construction projects with firms such as Dürig AG, Emch AG, Oekofacta, baubüro in situ and learned how to build traditional yurts in Kyrgyzstan with Yourtspace. He further worked at the Chair of Architectural Behaviorology (CAB) with Prof. Momoyo Kaijima, where he focused on sustainable practices and timber construction. After writing his master's thesis about the reuse of the Huber Pavilions' materials, he joined the CEA and CAB. As an assistant, he managed several projects enabling the reuse of construction elements of the former Huber Pavilions on the ETH Hönggerberg Campus and across Switzerland.

Reproduktion in der Architektur
Momoyo Kaijima

Momoyo Kaijima ist Professorin für Architectural Behaviorology an der ETH Zürich. Nach ihrem Studium an der Japan Women's University und am Tokyo Institute of Technology war sie Mitbegründerin des Atelier Bow-Wow in Tokio. Sie war außerordentliche Professorin an der School of Art and Design der University of Tsukuba und Gastprofessorin an der Harvard Graduate School of Design, der Royal Danish Academy of Fine Arts, der Rice University, der TU Delft, der Columbia University und der Yale University. Sie hat zahlreiche Bücher veröffentlicht, darunter *Made in Tokyo* und *Graphic Anatomy,* und war Kuratorin des japanischen Pavillons auf der 16. Architekturbiennale in Venedig 2018. Momoyo Kaijima ist Preisträgerin des Wolf-Preises für Architektur 2022.

Im 20. Jahrhundert wurde die Architektur zur Massenproduktion, was im 21. Jahrhundert zu einer exzessiven Ausbeutung der Ressourcen der Erde geführt hat. Es ist klar, dass diese Praxis nicht länger tragbar ist, aber die Frage bleibt: Werden Architekt:innen weiter zu der Ausbeutung beitragen? Oder können sie das rasante Tempo des Abbaus und der Produktion von Materialien verlangsamen, indem sie eine Kultur der Wiederverwendung auf lokaler und sogar globaler Ebene fördern?

Diese Frage war von zentraler Bedeutung, als die ETH Zürich im Jahr 2022 ein Projekt zur Wiederverwendung von Materialien aus den ursprünglichen Huber Pavillons, die 1987 als provisorische Hochschulgebäude aus Holz errichtet worden waren, anstieß. Es gibt viele Möglichkeiten, ein Gebäude rückzubauen. Die schnellste und billigste ist der Einsatz von schwerem Gerät, um den Bau zu zerstören, zu zerkleinern und als Abfall zu entsorgen. Die langsamere und teurere Option ist die sorgfältige Demontage zur Wiederverwendung, die Wissen, Werkzeuge, Arbeitskraft und Zeit erfordert – schwierig in einem Bauprozess, in dem ein neues Gebäude so schnell wie möglich errichtet werden muss. Durch die sorgfältige Demontage der einzelnen Komponenten kann ein Gebäude jedoch Material für den Bau liefern – und auf diese Weise wurde die Demontage und Wiederverwendung der Huber Pavillons zu einer Möglichkeit, etwas über die Wiederverwendung in der Architektur zu lernen.

Um die Wiederverwendung praktikabler zu machen, sind Bottom-up-Denken und Fantasie erforderlich, und genau das wurde bei diesem Projekt angewandt. Professorin Catherine De Wolf und Elias

Reproduction of Architecture
Momoyo Kaijima

Prof. Momoyo Kaijima is Professor of Architectural Behaviorology at ETH Zurich. After her graduation from the Japan Women's University and the Tokyo Institute of Technology, she co-founded Atelier Bow-Wow in Tokyo. She was an associate professor at the Art and Design School of the University of Tsukuba and visiting professor at the Harvard Graduate School of Design (GSD), the Royal Danish Academy of Fine Arts, Rice University, University of Technology Delft (TU Delft), Columbia University, and Yale University. She has published work such as *Made in Tokyo* and *Graphic Anatomy* and curated the Japan Pavilion at the 16th International Architecture Exhibition – La Biennale di Venezia. Momoyo Kaijima was a Wolf Prize Laureate in Architecture 2022.

Throughout the 20th century, architecture itself started to be mass-produced, leading to the over-exploitation of the earth's resources in the 21st century. While it is clear this practice is no longer viable, the question remains: will architects contribute to this? Or can they slow down the excessive pace of this material extraction and production by endorsing a culture of reuse, on a local and even a global scale?

This question was of utmost relevance when ETH Zurich embarked on a project in 2022 to reuse materials from the original Huber Pavilions, built in 1987 as a temporary wooden university building. There are many ways to dismantle a building. The fastest and cheapest is to use heavy machinery to destroy the building, crush it, and dispose of it as garbage. The slower and more expensive option is careful disassembly for reuse, which requires knowledge, tools, manpower, and time – difficult in a construction process where a new school building needed to be built as soon as possible. Yet by carefully removing each component, a building can provide material for reproduction – and, in doing so, dismantling and reusing the Huber Pavilions would become a way to learn about architectural reproduction.

To make reuse more feasible, bottom-up thinking and imagination are needed, which is exactly what was applied in the Huber Pavilions reuse project. Prof. Catherine De Wolf and Elias Knecht collaborated with the university's real estate department to repurpose materials. Architect Barbara Buser and students collected discarded pavilion windows for reconstruction in Ukraine. Catherine De Wolf

Knecht arbeiten mit der Immobilienabteilung der ETH zusammen, um Materialien wiederzuverwenden. Die Architektin Barbara Buser und Studierende sammelten ausgediente Pavillonfenster für den Wiederaufbau in der Ukraine. Catherine De Wolf hat außerdem einen fachübergreifenden Kurs ins Leben gerufen, um den Studierenden die Wiederverwendung von Materialien auf dem Campus am Beispiel der Huber Pavillons zu vermitteln, und ich habe mit ihren Studierenden einen Entwurfs-Workshop organisiert, bei dem es um die Wiederverwendung der Dachbinder der Pavillons ging.

Da Holz ein bewährtes Material ist, das auch im Alter seine Festigkeit behält, kann es gefahrlos ausgebaut und als Ersatz für fehlende oder beschädigte Teile in bestehenden Gebäuden verwendet werden. Holz ist aber auch ein weiches Material, das, wie im Kurs betont wurde, bei der manuellen Demontage auf der Baustelle Kenntnisse in der Handhabung erfordert. Dieses Wissen wird am Ise-Jingu-Schrein in Japan von Generation zu Generation weitergegeben. Alle 20 Jahre wird dort ein neues Gebäude aus unlackierten japanischer Zypressen errichtet, die in den umliegenden Wäldern wachsen. Beim Bau kommen keine mechanischen Verbindungselemente zum Einsatz, sondern traditionelle Techniken, die sich seit Jahrhunderten bewährt haben. Auf diese Weise sind die Effizienz der Lehre und der Austausch von Wissen zur Grundlage und Stärke der japanischen Gesellschaft geworden.

In ähnlicher Weise ist das Wiederverwendungsprojekt mit den Huber Pavillons zu einem Modell für zukünftige Revitalisierungsprojekte geworden. Dieses Buch soll Entwerfende und Bauindustrie dazu inspirieren, ihre Art des Bauens zu überdenken – hin zu einer Praxis der Verbindung zwischen allen Beteiligten und letztlich zu mehr Vertrauen in die Wiederverwendung anstatt der Herstellung neuer Materialien.

also created a cross-departmental course to teach students about material reuse on campus, using the Huber Pavilions as a case study, and I organised a design workshop with the architecture students of her class to focus on reusing the pavilions' wooden trusses.

Because wood is a time-tested material that retains its strength even as it ages, it can be safely removed and used to replace missing or damaged parts of existing buildings. Wood is also a soft material, requiring knowledge of its handling when being removed by hand on site, as the course emphasised. This kind of knowledge is passed down from one generation to the next on the site of the Ise Jingu Shrine in Japan, where every twenty years a new building is constructed using unpainted Japanese cypress, grown in surrounding forests. Its construction uses no mechanical fasteners but rather depends on traditional techniques that have endured for hundreds of years. In this way, teaching efficiency and knowledge-sharing has become the foundation and strength of Japanese society.

Similarly, the Huber Pavilions reuse project has become a model for future revitalization projects. This book aims to inspire the design and construction industries to rethink their way of building – towards a practice of connection among all stakeholders and, ultimately, more reliance on reuse rather than new material production.

Einführung

„Verbindung ist der Grund, warum wir hier sind."
Brené Brown, Professorin und Sozialwissenschaftlerin an der University of Houston

In diesem Buch geht es um Menschen, die an der Wiederverwendung im Bauwesen und im weiteren Sinne am zirkulären Bauen beteiligt sind. Dieses Paradigma zielt darauf ab, unser derzeitiges lineares Wirtschaftsmodell der Gewinnung, Herstellung und Entsorgung von Materialien umzukehren. Dabei geht es nicht nur um ökologische Nachhaltigkeit, sondern auch darum, Verbindungen über Geschichte, Materialien, Interessengruppen, Disziplinen und Kulturen hinweg zu schaffen.

Die Publikation entstand aus meiner Begeisterung über die Art und Weise, wie Wiederverwendung Menschen miteinander, mit der Natur, mit Kultur und Geschichte verbindet. Ich glaube fest daran, dass Kreativität[1] durch Verbindungen[2] bereichert wird. Da ich in Belgien inmitten verschiedener Gemeinschaften, Kulturen und Sprachen aufgewachsen bin, schätze ich die Kunst der Verbindung sehr. Meine akademische Laufbahn, die Bauingenieurwesen und Architektur verbindet, hat diese Überzeugung noch verstärkt – ich kann mir die eine Disziplin nicht ohne die andere vorstellen.

Während meiner Promotion am Massachusetts Institute of Technology (MIT) lebte ich in einem Wohnheim mit Doktorand:innen aus der ganzen Welt. Dieses Umfeld bot unschätzbare Möglichkeiten, aus der Vielfalt der dort vertretenen Kulturen, Ideen und Erfahrungen zu lernen und zu wachsen.

Nach meiner Rückkehr nach Europa zog ich in ein modernes Ger (allgemein als Jurte bekannt), das aus wiederverwendeten und natürlichen Materialien gebaut und so konzipiert wurde, dass es leicht abgebaut und wiederverwendet werden kann. Diese nachhaltige Behausung hat mein Partner gebaut, mit dem mich von Anfang an die gemeinsamen Werte einer ökologischen und partizipativen Baupraxis verbanden. Seine Kenntnisse als Zimmermann, Holzarbeiter und Unternehmer ergänzten perfekt meinen akademischen Hintergrund in der zirkulären Architektur.

Dieser Glaube an die Kraft der Verbindung ist noch stärker geworden, seit ich eine Professur an der ETH Zürich innehabe. Diese Position gibt mir die Möglichkeit, ein internationales und interdisziplinäres Team zu leiten und aus erster Hand zu erfahren, wie unterschiedliche Perspektiven transformative Innovationen katalysieren können.

Introduction

"Connection is why we are here."
Brené Brown, professor at the University of Houston and a social worker

This book, *The Art of Connecting*, is all about the people who come into play to realise reuse in construction, and more broadly, in 'circular construction', a paradigm that aims to reverse our current linear economy model of extracting, making, and disposing of materials. This shift isn't just about environmental sustainability; it is about forging connections across history, materials, stakeholders, disciplines, and cultures.

The book grew out of my love for the way reuse connects people with each other, nature, culture, and history. I strongly believe that creativity[1] is enriched through connection[2]. Growing up amidst different communities, cultures, and languages in Belgium, I developed a strong appreciation for the art of connection. My academic path, spanning civil engineering and architecture, reinforced this belief—I couldn't see one discipline without the other.

While pursuing my doctorate at the Massachusetts Institute of Technology (MIT) in the United States (US), I stayed at a residence where graduate students from around the globe lived together. This environment provided invaluable opportunities for us to learn and grow from the rich tapestry of cultures, ideas, and experiences represented there.

Upon returning to Europe, I settled into a modern *ger* (commonly known as a 'yurt'), crafted from reused and natural materials, designed for easy disassembly and reuse. This sustainable living space was constructed by my partner, whom I initially connected with through shared values of environmentally responsible and participatory building practices. His expertise as a carpenter, woodworker, and entrepreneur completed my academic background in circular architecture perfectly.

This belief in the power of connection has grown even stronger since joining the Federal Institute of Technology Zurich (ETH Zurich) as a professor—giving me the opportunity to lead an international and interdisciplinary team and to witness firsthand how diverse perspectives can catalyse transformative innovation.

The book is a comprehensive exploration of the art of connecting —so crucial to circular construction, here applied to the reuse of the materials from the Huber Pavilions, located on the ETH Hönggerberg

Dieses Buch ist eine umfassende Erkundung der Kunst des Verbindens, die für das zirkuläre Bauen so wichtig ist, hier angewandt auf die Wiederverwendung der Materialien aus den Huber Pavillons auf dem ETH-Campus Hönggerberg. Jedes Kapitel veranschaulicht, wie Diskussionen und vernetztes Arbeiten eine nachhaltigere und widerstandsfähigere gebaute Umwelt fördern, durch das Verknüpfen der Lehre (Kapitel 2 und 3), der Praxis (Kapitel 4 und 5) und der Forschung (Kapitel 6 und 7). Zusammen zeigen diese Kapitel einen Paradigmenwechsel in Richtung Kreislaufwirtschaft auf, indem sie für kollaborative, problemlösungsorientierte Geschäftsmodelle und unterstützende politische[3] Maßnahmen plädieren, die neu definieren können, wie wir unsere Städte bauen und erhalten.

Kapitel 1 diskutiert den Wert von Verbindungen, illustriert durch Gespräche mit Momoyo Kaijima und Barbara Buser, die mit mir an der Wiederverwendung der Materialien der Huber Pavillons gearbeitet haben. Kapitel 2 befasst sich mit dem Projekt und den Lehrinitiativen, die Lehre, Forschung und Praxis verbinden. Hier kommen Studierende der ETH Zürich zu Wort, die an der Demontage und der Wiederverwendung der Huber Pavillons beteiligt waren, ebenso die ehemalige Departementsvorsteherin Architektur, Annette Spiro, und ihr

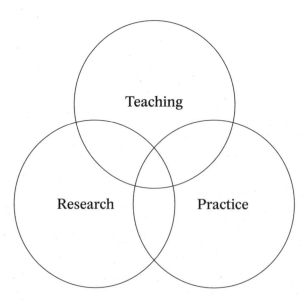

Das Projekt der Huber Pavillons verkörperte die Verbindung von Lehre, Forschung und Praxis.

The project of the Huber Pavilions embodied the connection of teaching, research, and practice

campus. Each chapter illustrates how conversations and interconnected efforts foster a more sustainable and resilient built environment. Throughout the book, these connections are linked to Teaching (Chapter 2 and 3), Practise (Chapter 4 and 5), or Research (Chapter 6 and 7). Together, the chapters represent a paradigm shift towards circularity, advocating for collaborative problem-solving business models, and supportive policies[3] that can redefine how we build and sustain our cities.

Chapter 1 discusses the value of connection, illustrated in conversations with Momoyo Kaijima and Barbara Buser, who worked with Elias and me on the reuse of the Huber Pavilions' materials. Chapter 2 dives into the project and the educational initiatives that bridge teaching, research, and practice. This chapter engages students from ETH Zurich who were involved in the dis- and re-assembly of the materials from the Huber Pavilions, as well as the former Dean of the Department of Architecture, Annette Spiro, and her head assistant, Florian Schrott. Chapter 3 explores how circular construction connects the present and future with the past, highlighting lessons learned from the pavilions' architectural heritage, discussed with the architect Rudolf Bolli, who collaborated with Benedikt Huber on the design of the original pavilions.

Chapter 4 focuses on innovative practices of material reuse, discussing technical approaches with construction experts Michael Wick and Ralph Alan Mueller as well as implementation processes with architect Tazuru Harada and campus café manager Sabrina Dinger. In Chapter 5, conversations with material marketplace experts Anna Buser and Christoph Müller underscore the collaborative efforts necessary across the construction sector to promote circular economy principles.

Chapter 6 delves into interdisciplinary collaboration, showcasing how the fields of architecture, engineering, computer science, and economics converge to advance sustainable design, as discussed with architect Pascal Angehrn, engineer Mario Marty, professor for structural design Jacqueline Pauli and engineer Federico Bertagna. Chapter 7 examines various cultural influences on sustainable architecture through conversations with two of the three invited architects of Momoyo Kaijima's Japan Studio, Kozo Kadowaki and Ryoko Iwase, as well as the architect Saikal Zhunushova. They reused some of the Huber materials in their Japan Studio. Chapter 8 examines the intersection of different digital technologies with art and architecture. Digital technologies including Artificial Intelligence (AI) and extended reality (XR) are reviewed with computational designers from Herzog & de Meuron, Martin Schulte and Dominik Nüssen. The connection between AI, art and architecture

Oberassistent Florian Schrott. Kapitel 3 untersucht, wie das kreisförmige Bauen Gegenwart und Zukunft mit der Vergangenheit verbindet. Die Lehren aus dem architektonischen Erbe der Pavillons werden hervorgehoben und mit dem Architekten Rudolf Bolli diskutiert, der zusammen mit Benedikt Huber die ursprünglichen Pavillons entworfen hat. Kapitel 4 konzentriert sich auf innovative Praktiken der Materialwiederverwendung und diskutiert technische Ansätze mit den Bauexperten Michael Wick und Ralph Alan Müller sowie deren Anwendung mit der Architektin Tazuru Harada und Café-Managerin Sabrina Dinger. In Kapitel 5 wird in Gesprächen mit den Expert:innen für Materialmarktplätze Anna Buser und Christoph Müller deutlich, welche Anstrengungen in der gesamten Baubranche notwendig sind, um die Kreislaufwirtschaft zu fördern. Kapitel 6 befasst sich mit der interdisziplinären Zusammenarbeit. Es zeigt in Gesprächen mit dem Architekten Pascal Angehrn, dem Ingenieur Mario Marty sowie der Professorin für Tragwerksentwurf, Jacqueline Pauli, und Ingenieur Federico Bertagna auf, wie die Bereiche Architektur, Ingenieurwesen, Informatik und Wirtschaft zusammenarbeiten, um nachhaltiges Design voranzutreiben. Kapitel 7 untersucht verschiedene kulturelle Einflüsse auf nachhaltige Architektur durch Gespräche mit zwei der drei Architekten, die Momoyo Kaijima für das Japan-Studio eingeladen hat, Kozo Kadowaki und Ryoko Iwase, sowie mit der Architektin Saikal Zhunushova. Kapitel 8 befasst sich mit der Überschneidung verschiedener digitaler Technologien mit Kunst und Architektur. Künstliche Intelligenz (KI) und Extended Reality (XR) werden mit Martin Schulte und Dominik Nüssen, Computational Designer bei Herzog & de Meuron, diskutiert. Um die Verbindung zwischen KI, Kunst und Architektur geht es im Gespräch mit Iro Armeni, Professorin an der Stanford University, der Doktorandin und Designerin Vanessa Schwarzkopf und dem Direktor der Kunsthalle Zürich, Daniel Baumann.

Die Geschichte der Wiederverwendung ist letztlich eine Chronik der Huber Pavillons an der ETH Zürich und darüber hinaus sowie der Rettung dieser zum Abbruch bestimmten Gebäude. Eine vielschichtige Zusammenarbeit hat die Wiederverwendung der Materialien in neuen Lernräumen ermöglicht. Durch die Kooperation mit Pionierinnen wie Barbara Buser und Momoyo Kaijima und anderen Fachleuten aus verschiedenen Bereichen haben diese historischen Pavillons und ihre Materialien ein neues Leben und Erbe erhalten, indem das, was Müll hätte werden sollen, in eine Vielfalt an Lernerfahrungen und Innovation verwandelt wurde.

is discussed with Stanford University professor Iro Armeni, PhD student and designer Vanessa Schwarzkopf, and Kunsthalle Zürich director Daniel Baumann.

Ultimately, the story of reuse is a chronicle of the Huber Pavilions' journey at ETH Zurich and beyond, saving these structures marked for demolition to enable the materials to be reborn in new learning spaces through layers of collaboration. By connecting with pioneers like Barbara Buser and Momoyo Kaijima, as well as other experts across various fields, we believe these historic pavilions and their materials deserve a new life and legacy, turning what could have been landfill into a wealth of learning and innovation.

Die drei Huber Pavillons auf dem ETH-Campus Hönggerberg

The three Huber Pavilions on the ETH Hönggerberg campus

1 Der Wert der Verbindung

1
The Value of Connection

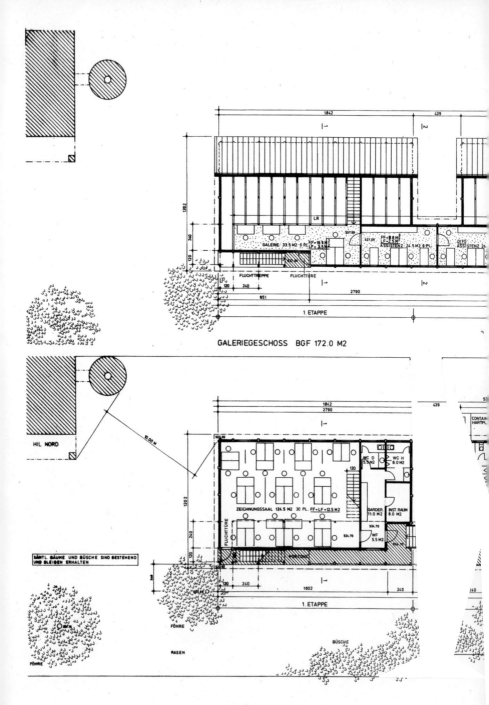

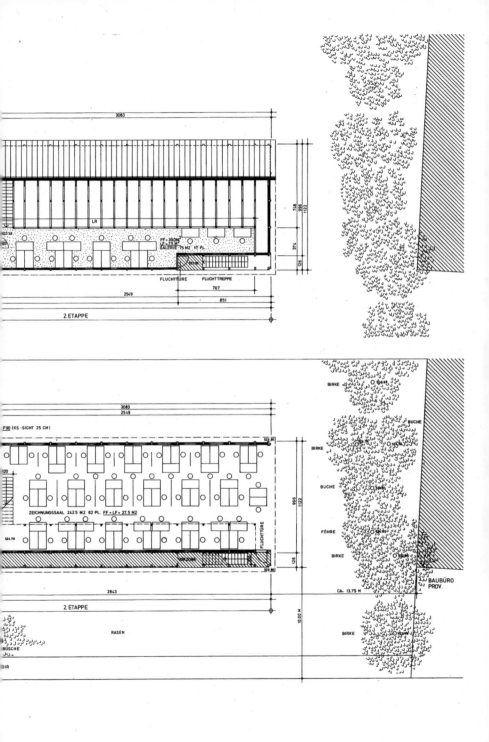

Die Dringlichkeit eines Wandels ist offensichtlich: Das lineare Wirtschaftsmodell des Bausektors hat zu einer alarmierenden Erschöpfung der natürlichen Ressourcen, einem Anstieg der Treibhausgasemissionen und einer enormen Abfallerzeugung geführt. Die Folgen davon verschlimmern nicht nur die Umweltzerstörung, sondern führen auch dazu, dass Menschen aus ihrer Heimat flüchten, zur Aushöhlung ihres kulturellen Erbes und zu erheblichen gesundheitlichen Belastungen, was zu einer Verschärfung bestehender Ungleichheiten beiträgt.

Wir brauchen ein Modell der Kreislaufwirtschaft, das Abfall und Ressourcenverbrauch durch die Wiederverwendung und Wiederverwertung von Gebäuden und Baumaterialien minimiert. Die Grundsätze der Kreislaufwirtschaft sind nicht neu, wir bauen schon seit Jahrhunderten nach ihren Prinzipien. So wurden zum Beispiel in Rom Steine aus dem Kolosseum als Rohmaterial für Paläste und Krankenhäuser verwendet. Ab Anfang des 20. Jahrhunderts wurden jedoch lineare Baumethoden weithin gefördert, als zunehmend fossile Brennstoffe als Antrieb für Maschinen für den Abbau, Transport und die Verarbeitung gewonnener Materialien zum Einsatz kamen.[4] Außerdem stiegen die Grundstückspreise exponentiell an, was zu raschem Abriss und zum Bau größerer Gebäude führte, um höhere Renditen zu erzielen.

Die Bauindustrie befindet sich heute an einem kritischen Scheideweg, da die Urbanisierung rasant voranschreitet und Umweltbelange zunehmend an Bedeutung gewinnen. Wir haben uns so sehr an das lineare Wirtschaftsmodell gewöhnt (wir sind fast süchtig danach), dass es schwierig geworden ist, zirkuläre Strategien wieder in unsere Art des Bauens zu integrieren. Die heutigen Wertschöpfungsketten, Wirtschaftsmodelle, Regelwerke und sogar die Ausbildung in der Bauindustrie sind von einer linearen Funktionsweise geprägt: Wir gewinnen Rohstoffe, kleben, gießen oder schweißen alles monolithisch zusammen, nutzen unsere Gebäude, reißen sie dann ab und bringen das Material auf die Mülldeponie, wo es zu noch mehr Abfall und Umweltzerstörung führt.

In jüngster Zeit hat das Konzept der Kreislaufwirtschaft[5] im Bausektor jedoch unter Wissenschaftler:innen, Nichtregierungsorganisationen (NGOs), Wirtschaftsführer:innen und politischen Entscheidungsträger:innen breite Aufmerksamkeit und Akzeptanz als Weg zur Bewältigung der Herausforderungen der Nachhaltigkeit gefunden.[6] Viele Organisationen und Regierungen weltweit integrieren zunehmend Strategien der Kreislaufwirtschaft in ihre Visionen und Ziele, wodurch sie beginnen, unser Denken über die Zukunft von Gesellschaft, Wirtschaft und nachhaltiger Innovation zu prägen.[7]

Our urgency for change is clear: the construction sector's linear economy model has led to an alarming depletion of natural resources, increase of greenhouse gases emissions, and tremendous waste generation. All of linearity's consequences not only exacerbate environmental degradation but also displace communities, erode their cultural heritage, and create significant health disparities, all contributing to widespread inequality.

As this book argues, what we need now is a circular economy model that minimises waste and resource consumption by reusing and repurposing buildings and building materials. Circular economy principles are not new. We have been building with a circular approach for centuries: among many other examples, stones from the Colosseum became raw material for palaces and hospitals in Rome. Yet in the early 20th century, linear construction methods were widely promoted as fossil fuels began to power machinery for mining, transportation, and the processing of extracted materials[4]. Moreover, the price of land exponentially drove up, leading to rapid demolition and construction of larger buildings for higher profit.

Now, due to continued rapid urbanisation and intensifying environmental concerns, the construction industry stands at a critical crossroad. We are so used to (dare I say addicted to) the linear economy model that it has become complicated to reinfuse circular strategies back into our way of building. Current value chains, economic models, policies, and even education in the construction industry are inculcated by a linear way of functioning: we extract raw materials and glue, cast, or weld everything monolithically together, use up our buildings, then demolish them, bring the wrecked materials to the landfill, where they exacerbate waste and environmental degradation.

Yet more recently, the concept of the circular economy[5] in the construction sector has gained widespread attention and adoption among academics, non-governmental organisations (NGOs), business leaders, and policymakers, as a means to tackle sustainability challenges[6]. As numerous organisations and governments worldwide increasingly incorporate the circular economy strategies into their visions, objectives, and policies, they have begun to shape our thinking about the future of societies, the economy, and sustainable innovation[7].

But more can be done. We need to ensure that circular construction strategies continue to evolve, for today's linear construction industry is too compartmentalised: everyone works in silos and the current

Aber es kann mehr getan werden. Wir müssen dafür sorgen, dass sich die Strategien des zirkulären Bauens weiterentwickeln, denn die heutige lineare Bauindustrie ist zu abgeschottet: Jede:r arbeitet für sich, und die derzeitige lineare Lieferkette ist schwer zu durchbrechen. Um dies zu überwinden und Verschwendung in Fülle umzuwandeln, braucht das zirkuläre Bauen nicht nur neue Technologien, sondern auch die kreative Zusammenarbeit von Architekt:innen, Ingenieur:innen, Forscher:innen, Bauunternehmen und Interessenvertreter:innen auf diesem Weg. Im Wesentlichen erfordert dies das Beherrschen der Kunst des Verbindens – nicht nur das Verbinden von Materialien mit den Menschen, sondern auch das Verbinden verschiedener Disziplinen und Interessengruppen, das Fördern von Verbindungen zwischen Vergangenheit, Gegenwart und Zukunft, zwischen Wissenschaft, Industrie und Politik und schließlich zwischen verschiedenen Technologien.

Wir müssen auch die Art und Weise überdenken, wie wir das Bauen lehren, damit die neue Generation von Ingenieur:innen und Architekt:innen wieder „im Kreis" denkt. Als Forscherin und Lehrende in den Bereichen Ingenieurwesen und Architektur bin ich immer wieder fasziniert vom praktischen Lernen, sei es beim (Um-)Bau meines eigenen Hauses oder von Campusgebäuden. Als ich als Professorin an die ETH Zürich kam, erfuhr ich, dass die schönen Holzpavillons auf dem Campus Hönggerberg, die Huber Pavillons, die den Architekturstudierenden und ihren Entwurfsstudios als Ateliers dienten, abgerissen werden sollten. Das bot Anlass, mit meinen Studierenden, Teammitgliedern und Kolleg:innen über die Anwendung der Prinzipien der Kreislaufwirtschaft in der Architektur zu diskutieren.

Die Huber Pavillons, die zwischen 1987 und 1991 als temporäre Atelierräume an der ETH Zürich gebaut worden waren, blieben über 30 Jahre lang auf dem Campus stehen und erhielten 1991 die Auszeichnung für gute Bauten der Stadt Zürich. Trotz Versuchen, sie an einen anderen Ort zu verlegen, wurden sie 2022 abgebaut, um Platz für einen Neubau zu schaffen, mit der geplanten Wiederverwendung ihrer Komponenten.

Im Rahmen dieser Untersuchung habe ich Kontakte zu vielen bemerkenswerten Persönlichkeiten knüpfen können. Darunter Barbara Buser, einer Schweizer Architektin und Pionierin der Wiederverwendung, die für ihre bedeutenden Beiträge zur nachhaltigen Architektur und Stadtentwicklung bekannt ist. Sie ist eine leidenschaftliche Verfechterin der Wiederverwendung von Baumaterialien und der Renovierung bestehender Gebäude als Mittel zur Reduzierung von Abfall und Umweltbelastungen durch die Bauindustrie.

linear supply chain is hard to disrupt. To overcome this and turn waste into wealth, circular construction methods require not simply new technologies but creative collaboration between architects, engineers, researchers, contractors, and stakeholders alike, along the way. In essence, this calls for mastering the art of connecting: not just connecting the materials with those who need them to build, but also connecting the multiple disciplines and stakeholders, fostering connections between the past-present-future, academia-industry-government, and, finally, different technologies.

We also need to rethink the way we teach construction, so that a new generation of engineers and architects can 'think circular' again. As a researcher and teacher in engineering and architecture, I am always captivated by hands-on learning, whether that occurs in the (de-)construction of my own house or in campus buildings. When I arrived as a new professor at ETH Zurich, I discovered that the beautiful wooden temporary pavilions on the Hönggerberg campus, the Huber Pavilions, used as ateliers for architecture students and their design studios, were scheduled for demolition. This situation presented an opportunity to engage my students, team members, and colleagues in discussions on the application of circular economy principles within the architectural sphere. The Huber Pavilions, built as temporary studios at ETH Zurich between 1987 and 1991, remained on campus for over 30 years and won a Zurich design award in 1991. Despite attempts to relocate them, they were dismantled in 2022 to make room for new construction, with potential plans to reuse their components.

This inquiry enabled me to forge connections with numerous remarkable individuals. The first meeting was with the reuse pioneer Barbara Buser, a Swiss architect known for her significant contributions to sustainable architecture and urban development. She is a strong proponent of the reuse of building materials and of the renovation of existing structures as a means to reduce the waste and environmental impact of the construction industry.

While teaching 'Studio Reuse' in the Huber Pavilions, Barbara Buser told me about the buildings' planned disassembly. Knowing of my enthusiasm for hands-on learning of circularity principles, she discussed with me how the reuse of the materials from the Huber Pavilions could be an ideal opportunity to pay homage to both the pavilions and the practice of reuse. Simultaneously, Elias Knecht, along with his peers at ETH Zurich, reached out to me about organising an exhibition within the pavilions. Barbara Buser had informed him about

Als sie in den Huber Pavillons „Studio Reuse" unterrichtete, erzählte mir Barbara Buser von der geplanten Demontage der Gebäude. Sie wusste von meiner Begeisterung für die praktische Vermittlung der Prinzipien des zirkulären Bauens, und wir diskutierten darüber, dass die Wiederverwendung der Materialien der Huber Pavillons eine ideale Gelegenheit wäre, sowohl die Pavillons als auch die Praxis der Wiederverwendung zu würdigen. Zur gleichen Zeit kontaktierten mich Elias Knecht und seine Mitstudierenden, um eine Ausstellung in den Pavillons zu organisieren. Barbara Buser hatte Elias Knecht von meinen Gespräche mit der Immobilienabteilung der ETH Zürich erzählt, in denen es um die Möglichkeit ging, die Materialien der Pavillons als Grundlage für meinen Kurs zu zirkulärem Bauen zu verwenden. Gleichzeitig arbeitete Elias Knecht an seiner Masterarbeit über den Rückbau und die Wiederverwendung der Materialien der Huber Pavillons, betreut von Barbara Buser und der japanischen Architektin Momoyo Kaijima, Mitbegründerin des Atelier Bow-Wow, das für seine innovativen Beiträge zu Städtebau und Architektur mit Fokus auf der Wiederverwendung von Materialien in soziokulturellen und urbanen Kontexten bekannt ist. Über die akademischen Anforderungen seiner Arbeit hinaus hat Elias Knecht sich sehr für die Erhaltung der Materialien eingesetzt. Daher habe ich ihn in die Verhandlungen mit der Immobilienabteilung der ETH Zürich und mit Eberhard Bau, einem führenden Unternehmen für Rückbau und nachhaltiges Management von Bau- und Abbruchmaterialien, einbezogen, um die Bewilligung für die Rückgewinnung des Materials zu erhalten. Elias Knechts Engagement, sein Enthusiasmus und sein umfassendes Wissen waren entscheidend für den Erfolg unserer Wiederverwendungsinitiative.

Es war naheliegend, ihn in mein Team der Forschungsgruppe Circular Engineering for Architecture (CEA) als Dozent für den Kurs „Digital Transformation for Circular Construction" einzuladen, der sich mit der Wiederverwendung der Materialien der Huber Pavillons befasste. Gemeinsam fragten wir bei der Immobilienabteilung an, ob wir mit den wiederverwendeten Materialien an einem anderen Standort auf dem ETH-Campus Hönggerberg ein neues Gebäude errichten könnten, das wir CircÛbi nannten (eine Abkürzung für Circular + Huber, ein von den Studierenden gewählter Name). CircÛbi wurde von Studierenden als Wiederverwendungs-Pavillon und Lernort auf dem ETH-Campus entworfen und gebaut.

Während dieses Abenteuers stellten wir fest, dass es zwar viele mündliche Erzählungen zu den Pavillons gab, aber nur sehr wenig davon

my discussions with the ETH Real Estate Department on the potential of using the materials from these buildings as a basis for my circular construction course. At the same time, Elias Knecht was working on his master's thesis under the mentorship of Barbara Buser and Momoyo Kaijima— a Japanese architect and co-founder of Atelier Bow-Wow, renowned for her innovative contributions to urbanism and architecture. I find her emphasis on material reuse within socio-cultural and urban contexts a particular source of inspiration.

The interconnectedness among us grew as Elias Knecht focused his thesis on the deconstruction and repurposing of materials from the Huber Pavilions. Transcending the academic requirement for graduation, he was genuinely committed to the conservation of these materials. So, I engaged him in negotiations with the ETH Zurich Real Estate Department and with Eberhard Unternehmungen, a leading firm specialising in the deconstruction and sustainable management of construction and demolition materials, to secure permission for the material retrieval. Elias Knecht's dedication, enthusiasm, and apparent knowledge were crucial to the success of our reuse initiative.

It was natural to invite him to join my team, the Circular Engineering for Architecture (CEA) lab, as a teacher of our course

Huber Pavillons auf dem Campus Hönggerberg der ETH Zürich

Huber Pavilions at ETH Zurich Hönggerberg Campus

schriftlich festgehalten worden war. Deshalb haben wir uns entschlossen, die Verfolgung des Materials, die Umverteilung, die Wiederverwendung und das Upcycling zu dokumentieren. Ziel ist, Studierende, Forschende, Architekt:innen und Fachleute aus der Industrie in die Lage zu versetzen, zirkuläre Baupraktiken für eine nachhaltigere und ressourceneffizientere gebaute Umwelt einzusetzen.

Als Architektin, Ingenieurin, Forscherin und Pädagogin hoffe ich, die Rolle zukünftiger Architekturschaffender und Ingenieur:innen durch praktische Experimente und interdisziplinäre Zusammenarbeit zu erforschen. Für mich ist es wichtig, die Lücke zwischen dem konzeptionellen Entwurf auf dem Papier und der Baupraxis im Maßstab 1:1 zu schließen. Ich habe die Erfahrung gemacht, dass diese Art des Lernens der beste Weg für Studierende ist, konstruktive Fähigkeiten zu erwerben, die das theoretische Wissen ergänzen. Durch den Umgang mit echten Materialien, Werkzeugen, Handwerker:innen und den Gesetzen der Schwerkraft tauchen sie in die Kunst des Bauens ein und entwickeln ein tiefes Verständnis für handwerkliche Fähigkeiten, während sie gleichzeitig digitale Technologien in praktischen Szenarien anwenden.

Ich hoffe, diesen Ansatz nicht nur meinen Studierenden und Kolleg:innen vermitteln zu können, sondern auch der breiten Öffentlichkeit zu zeigen, dass es beim zirkulären Bauen um die Kunst der Vernetzung geht. Wir mussten nicht nur Menschen zusammenbringen, sondern auch verschiedene Disziplinen: Architektur und Ingenieurwesen natürlich, aber auch Chemie, Wirtschaft, Kunst, Kultur, Kommunikation, Bildung, Wissenschaft, Technologie, Verwaltung, Gesundheit, Recht, öffentliche Ordnung und vieles mehr.

Inspiration für die nächste Generation

Meine Einführung in die Grundlagen des zirkulären Bauens und die entscheidende Bedeutung der Wiederverwendung erfolgte zunächst durch Professor:innen an meiner Alma Mater in Brüssel (Vrije Universiteit Brussel – VUB und Université Libre de Bruxelles – ULB). Professor:innen wie Niels De Temmerman, Kristel De Myttenaere und Dozenten aus der Praxis wie Steven Beckers haben mich mit Konzepten wie Cradle to Cradle und Buildings as Material Banks (BAMB – Gebäude als Materialbanken) vertraut gemacht. Cradle to Cradle ist eine von Michael Braungart und William McDonough

'Digital Transformation for Circular Construction' that year, since it focussed on the reuse of the Huber Pavilions' materials. Together, we asked the Real Estate Department if they would let us build a new structure with the reused materials on another building site on the ETH Hönggerberg campus as the so-called 'CircÛbi' (short for 'Circular + Huber' – a name chosen by the students). CircÛbi was designed and built by ETH Zurich students as a reuse pavilion and learning space on the campus.

Throughout this adventure, Elias Knecht and I discovered that, while there was ample oral history of the pavilions, very little of it had been written down. We thus decided to highlight the material tracking, reallocation, reuse, and upcycling. The aim is to enable readers, including students, researchers, architects, and industry professionals, to embrace circular construction practices for a more sustainable and resource-efficient built environment.

As an architect, engineer, researcher, and educator, I hope to explore the role of future architects and engineers through practical experimentation methods and interdisciplinary collaboration. To me, it is crucial to bridge the gap between conceptual design on paper and 1:1 construction practice. I have seen that this kind of learning is the best way for students to acquire engineering skills that complement theoretical knowledge-building. By engaging with actual materials, tools, workers, and the concept of gravity, students are immersed in the art of construction, gaining a deep appreciation for craftsmanship while applying digital technologies in real-world scenarios.

In addition to conveying this approach to my students and colleagues, I also hope to demonstrate to the general public that circular construction is all about the art of connecting. Beyond the connection of stakeholders, we also needed to connect various disciplines: architecture and engineering of course, but also chemistry, economics, art, culture, communication, education, science, technology, government, health, law, public policy, and more.

Inspiring the next generation

My introduction to the fundamentals of circular construction and the critical importance of reuse came first from inspiring professors from my alma mater university in Brussels (Vrije Universiteit Brussel, VUB, and Université Libre de Bruxelles, ULB). Professors such as Niels

propagierte nachhaltige Designphilosophie, bei der Produkte so entwickelt werden, dass sie vollständig wiederverwendbar oder biologisch abbaubar sind. BAMB ist ein Ansatz, der in einem europäischen Forschungsprojekt unter der Leitung einiger meiner ehemaligen Professor:innen verfeinert wurde und bei dem Gebäude als Materialdepots für die zukünftige Wiederverwendung konzipiert oder betrachtet werden, wodurch Abfall minimiert und Ressourceneffizienz gefördert wird. Ein entscheidender Schritt, um dies auf die Architektur zu übertragen, besteht darin, darüber nachzudenken, wie die Baumaterialien miteinander verbunden sind: Sind sie leicht trennbar, sodass sie sich am Ende ihrer Nutzungsdauer in neuen Lebenszyklen und neuen Gebäuden wiederverwenden lassen?

In meiner ersten Masterarbeit „Life Cycle Design" habe ich diesen Zusammenhang weiter untersucht. Wie kann das Zusammenspiel von Gebäuden, Komponenten und Materialien das Entwerfen für die Wiederverwendung durch nachhaltiges Materialmanagement unterstützen? Angewandt auf die Renovierung von Wohngebäuden in Brüssel, vertiefte ich meine Überlegungen später am Massachusetts Institute of Technology (MIT) in Kursen zu historischen Gebäuden und urbanem Metabolismus bei den Professoren John Ochsendorf und John Fernandez. Ich lernte aus erster Hand, dass wir durch die Bewertung von historischen Gebäuden und das Messen von Materialflüssen in Städte hinein und aus ihnen heraus wertvolle Einblicke in das zirkuläre Bauen gewinnen können. Um zu verstehen, welche Umweltauswirkungen die Entscheidungen von Ingenieur:innen und Architekt:innen in der realen Welt des Bauens haben, ist es von wesentlicher Bedeutung, alle Treibhausgasemissionen[8] zu messen, die bei der Errichtung eines Gebäudes anfallen. Dies war das Thema meiner zweiten Masterarbeit und meiner Dissertation über die in Gebäuden in Boston enthaltenen grauen Emissionen.

Diese Grundgedanken haben meine Herangehensweise an Bauprojekte stark beeinflusst. Diese zielt darauf ab, dass Baumaterialien leicht demontiert und für Wiederverwendungsprojekte wieder zusammengebaut werden können. So wie meine Professor:innen mich beeinflusst haben, möchte ich neue Generationen von Ingenieur- und Architekturstudierenden anleiten und sie dazu ermutigen, bewusst über ihre Auswirkungen auf die Umwelt, unsere Wirtschaft und die Gesellschaft nachzudenken. Auf diese Weise können Architekt:innen, Ingenieur:innen und Baufachleute die Wiederverwendung von Materialien neu definieren und technische Prozesse

De Temmerman, Kristel De Myttenaere, and practitioners-lecturers such as Steven Beckers introduced me to concepts such as 'cradle to cradle' and 'buildings as material banks'. Cradle to cradle is a sustainable design philosophy, popularised by Michael Braungart and William McDonough, where products are created with the intention of being fully reusable or biodegradable. Buildings as Material Banks (BAMB) is an approach, refined in a European research project led by some of my former professors, where buildings are designed or considered as material depots for future reuse, minimising waste and promoting resource efficiency. One critical step to being able to apply this to architecture is thinking about how building materials connect with each other: are they easily separable so that they can be reused at the end of their service life in new life cycles and new buildings?

Exploring this relationship further for my first master's thesis, 'Life Cycle Design', I asked: How can interactions between buildings, components and materials support design for reuse through sustainable material management? Applied to the renovation of residential building typologies in Brussels, Belgium, I later refined my thinking at the Massachusetts Institute of Technology (MIT), thanks to classes in historic structures and urban metabolism with professors John Ochsendorf and John Fernandez. I witnessed firsthand that we can gain valuable insights into circular construction by examining the evaluation of historical structures and the measurement of material flows moving in and out of cities. I also learned that to understand the environmental impact of the decisions engineers and architects make in real-world construction, it is crucial to measure embodied carbon impacts. This was the topic of my second master's thesis and PhD dissertation on embodied carbon of building structures in Boston, Massachusetts.

These foundational ideas significantly influenced my design approach in construction projects, which emphasises that building materials should be easy to disassemble and reassemble for reuse projects. Just as my professors inspired me, I aim to guide new generations of engineering and architecture students, encouraging them to think consciously about their impact on the environment, our economy, and communities everywhere. In this way, by embracing circular reuse design and construction strategies, architects, engineers, and construction professionals can reimagine the reuse of materials and streamline technical processes with enhanced efficiency.

Teaching is critical to the success of this transition. Students need to learn how digital technologies can optimise resource

effizienter gestalten, indem sie Strategien des zirkulären Bauens in Entwurf und Konstruktion anwenden.

Die Lehre ist entscheidend für den Erfolg dieses Übergangs. Die Studierenden müssen lernen, wie digitale Technologien das Ressourcenmanagement optimieren und gleichzeitig die Kreativität in Richtung des zirkulären Entwerfens und Bauens lenken können. Insbesondere müssen sie neue Scanmethoden, computergestützte Entwurfswerkzeuge, digitale Plattformen und Fertigungstechniken nutzen.[9] Architekt:innen, Ingenieur:innen und Baufachleute, die mit diesen digitalen Innovationen vertraut sind, können den Wiederverwendungsprozess schneller, kostengünstiger und einfacher gestalten als je zuvor und so eine nachhaltige gebaute Umwelt schaffen, die die Vergangenheit respektiert, die Gegenwart und die Zukunft verbessert und den wirtschaftlichen Fortschritt fördert.

Schritte zur Transformation der Huber Pavillons

Die Geschichte der historischen Huber Pavillons ist in gewisser Weise zu einer Geschichte der architektonischen Erneuerung geworden. Die Studierenden haben gelernt, unterschiedliche Sichtweisen zu schätzen und zu verstehen und auch, dass Lösungen für komplexe Herausforderungen oft das Ergebnis gemeinsamer Anstrengungen verschiedener Disziplinen sind. Mit unserem praktischen Ansatz wollten wir die historische Bedeutung der Pavillons dokumentieren und bei den Studierenden, die die neuen Strukturen entworfen und gebaut haben, ein Gefühl von Verantwortung und Stolz wecken, einen Beitrag zur architektonischen Umgebung unseres Campus und zu anderen Projekten geleistet zu haben. Die wiederverwendeten Materialien bilden eine Brücke zwischen Vergangenheit, Gegenwart und Zukunft.

Ich glaube, dass Bauingenieurwesen nicht ohne Architektur gelehrt werden kann und umgekehrt. Im Geiste der Baumeister der Renaissance müssen die Studierenden sowohl in der Analyse als auch in der Synthese des Entwurfsprozesses ausgebildet werden, von der Materialherstellung bis zur industriellen Verarbeitung, von der Informatik bis zum Management, von der Ökonomie bis zur Ökologie und den sozialen Auswirkungen. Diese sind alle von entscheidender Bedeutung dafür, die Studierenden darauf vorzubereiten, reale Entwurfsprobleme zu lösen und gleichzeitig die großen globalen und gesellschaftlichen Herausforderungen anzugehen. Durch die

management while fostering creativity towards circular design and construction. More specifically, they need to make use of new scanning methods, computational design tools, digital platforms, and fabrication techniques[8]. Becoming knowledgeable in the use of these digital innovations, architects, engineers, and building professionals can make the reuse process faster, cheaper, and easier than ever before, creating a sustainable built environment that honours the past, improves the present and future, and advances economic progress.

Steps in the transformation of the Huber Pavilions

The story of the historic Huber Pavilions has, in a sense, become a story of architectural regeneration. Students learned to value diverse points of view, understanding that solutions to complex challenges often arise from collaborative efforts that draw on various fields of expertise. Our hands-on approach sought to document the historical significance of the pavilions and foster a sense of ownership and pride in the students who designed and constructed the new structures and contributed to the built environment of our campus and other projects. The reused materials served as a bridge between the past, the present and the future.

I believe engineering cannot be taught without architecture and vice versa. In the spirit of Renaissance master builders, students need to be trained in both the analysis and synthesis of the design process, from material manufacturing to industrial processing, computer science, management, economy, ecology, and societal impacts, all crucial to preparing students to solve real-world design problems while addressing significant global and community challenges. With the reuse of the Huber Pavilions' materials, we came together to create an educational environment that goes beyond the ordinary, fostering a dynamic and adaptive learning atmosphere. In the process, we all saw for ourselves how meaningful change is achieved through action, through a process that embodies the true art of connection: linking generations, skills, materials, disciplines, and more. And by bringing the innovative practices and research into the classroom, we offer this valuable knowledge to the next generation, equipping them with the tools necessary to drive positive change.

Wiederverwendung der Materialien der Huber Pavillons haben wir gemeinsam eine Lernumgebung geschaffen, die über das Gewöhnliche hinausgeht und eine dynamische und anpassungsfähige Lernatmosphäre fördert. Dabei haben wir alle mit eigenen Augen gesehen, wie sinnvolle Veränderung durch Handeln erreicht werden kann, durch einen Prozess, der die wahre Kunst der Verbindung verkörpert: die Verbindung von Generationen, Fähigkeiten, Materialien, Disziplinen und mehr. Indem wir innovative Praktiken und Forschungsergebnisse in die Lehre einbringen, geben wir dieses wertvolle Wissen an die nächste Generation weiter und rüsten sie mit den Werkzeugen aus, die sie benötigt, um einen positiven Wandel voranzutreiben.

Die folgenden Gesprächen mit zwei meiner Kolleginnen am CircÛbi-Projekt, Barbara Buser und Momoyo Kaijima, beleuchten die Art und Weise der Verbindung – untereinander und mit verschiedenen Entwurfspraktiken, Ideen und Erfahrungen. Dies hat neue Möglichkeiten für Studierende, Professor:innen und Fachleute eröffnet und einen kreativeren Ansatz für die Wiederverwendung geschaffen, der oft als rein praktisch angesehen wird. Um das zu erreichen, mussten wir Informationen zur mündliche Geschichte und zum Wiederverwendungsprozess der Pavillons sammeln. Eine unserer Dokumentationsmethoden war die Aufzeichnung und Transkription dieser Gespräche, die als Film auf library-of-reuse.ch verfügbar sind.

Für dieses Buch wurden die Gespräche gekürzt und redigiert, um sie verständlicher zu machen.

Gravur eines QR-Codes auf CircÛbi   QR code engraving at CircÛbi

Within the following conversations with two of my collaborators on the CircÛbi project, Momoyo Kaijima and Barbara Buser, the aim was to highlight our way of connecting – to each other as well as to different design practices, ideas, and experiences. This has already opened up new possibilities for students, professors, and practitioners, engendering a more creative approach to reuse often regarded as driven by mere practicalities. To achieve this, we had to collect information about the oral history and reuse process of the pavilions. One of our documentation methods was to record and transcribe these conversations, available in film formats at library-of-reuse.ch.

Elias Knecht and I conducted the interviews for this book. The conversations were condensed and edited for clarity.

The filmed conversations transcribed in this book can be viewed on the Library of Reuse platform:
https://library-of-reuse.ch/books/huber

Gespräch mit der Architektin Barbara Buser

Barbara Buser ist eine Pionierin der Schweizer Architektur und bekannt als Vorreiterin in der Umnutzungspraxis. Seit der Mitbegründung der ersten Schweizer Bauteilbörse in den 1990er-Jahren engagiert sie sich auf verschiedenen Ebenen für nachhaltiges und kreislauforientiertes Bauen. Als Mitbegründerin und Co-Geschäftsführerin des Baubüro in situ und Mitglied der Projektleitung der Stiftung Abendrot war sie maßgeblich am Projekt K.118 in Winterthur beteiligt. Auf der Architekturbiennale in Venedig 2021 wurde Baubüro in situ für K.118 mit dem Global Gold Award der Holcim Foundation for Sustainable Construction ausgezeichnet, 2020 erhielt sie zusammen mit ihrem Partner Eric Honegger den Prix Meret Oppenheim für ihre Arbeit. Im Jahr 2024 wurde ihr die Ehrenmitgliedschaft im Schweizerischen Ingenieur- und Architektenverein (SIA) verliehen.

Die Kurator:innen und Redakteurinnen der Library of Reuse auf der von Barbara Buser gefahrenen Fähre (von links nach rechts): Catherine De Wolf, Daniel Stockhammer, Barbara Buser, Jennifer Bartmess, Anna Buser

Curators and editors of the Library of Reuse meeting on the ferry driven by Barbara Buser, from left to right: Catherine De Wolf, Daniel Stockhammer, Barbara Buser, Jennifer Bartmess, and Anna Buser

Conversation with architect Barbara Buser

Barbara Buser is a pioneering Swiss architect renowned for being on the forefront of reuse practice. Ever since she co-founded the first Swiss building component exchange ('Bauteilbörse') in the 1990s, she has been committed to sustainable, circular construction at many different levels. As co-founder and co-managing director of baubüro in situ and a member of the project management team at Abendrot Foundation, she played a key role in the K.118 project in Winterthur. At the 2021 Venice Architecture Biennale, her practice baubüro in situ received the Global Gold Award from the Holcim Foundation for Sustainable Construction for the K.118 project, and in 2020 she was awarded the Prix Meret Oppenheim together with her business partner, Eric Honegger, for their work. In 2024 she received a Swiss Society of Engineers and Architects (SIA) honorary membership.

Catherine De Wolf, Barbara Buser und Elias Knecht (von links nach rechts) im Gespräch

Conversation with Barbara Buser, from left to right: Catherine De Wolf, Barbara Buser, Elias Knecht

Barbara Buser ist eine Schlüsselfigur auf dem Gebiet der nachhaltigen Architektur. Sie ist bekannt für ihre innovativen Ansätze im Bereich des zirkulären Bauens und ihr Engagement für die Umgestaltung der Branche hin zu umweltfreundlicheren und sozial verantwortungsvolleren Praktiken. Barbara Buser hat in Afrika gearbeitet und ist nach zehn Jahren nach Basel zurückgekehrt. Nicht lange nach ihrer Ankunft, bestieg sie mit ihrem Kind auf dem Arm eine Fähre. Der Fährmann, ein Schreiner, der früher für sie gearbeitet hatte und von ihrer Segelerfahrung wusste, fragte, ob sie nicht ab und zu die Fähre fahren wolle. Seitdem ist sie Fährfrau in Basel. So war es nur folgerichtig, dass unser Treffen mit den Gründer:innen der Library of Reuse[10] 30 Jahre später auf einer Fähre stattfand.[11]

[BASEL, 14. MAI 2024]

CDW Barbara, du bist nicht nur Seglerin, sondern auch eine echte Pionierin in der Welt der Wiederverwendung in der Architektur! Du hast mehrere Firmen und Initiativen gegründet, die sich mit dem Thema beschäftigen, wie Baubüro in situ, Denkstatt, Re-Win, Zirkular GmbH und wahrscheinlich noch viele andere. Außerdem bist du eine der Pionierinnen der Bauteilbörse, einer Materialbank, in der Architekt:innen wiederverwendbare Materialien für den Neubau finden können. Wir haben an der ETH Zürich gemeinsam an verschiedenen Lehr- und Betreuungsprojekten sowie am Aufbau der Library of Reuse gearbeitet, zusammen mit Daniel [Stockhammer], Anna [Buser] und Jennifer [Bartmess]. Kannst du uns einen Überblick über deinen Werdegang in diesem Bereich und die verschiedenen Unternehmen geben, mit denen du zu tun hattest?

BB Als ich nach zehn Jahren in Afrika nach Basel zurückkehrte, störten mich die Verschwendung und der Luxus hier, während es den Menschen in Afrika am Nötigsten fehlte. Ich wollte etwas ändern und erkannte das Potenzial des Internets, um eine Plattform für die Weitergabe von Gegenständen zu schaffen, die die jetzigen Besitzenden als Abfall betrachten, die aber für jemand anderen eine potenzielle Ressource darstellen. Das klang einfach, war aber eine große Herausforderung. Deshalb freue ich mich zu sehen, wie du diese Art von Plattform verbesserst und digitale Werkzeuge einsetzt, um Gebäude in Materialminen zu verwandeln – ein großer Fortschritt für die Wiederverwendung.

Barbara Buser is a pivotal figure in sustainable architecture, known for her innovative approaches to circular construction and her dedication to transforming the industry towards more eco-friendly and socially responsible practices. Our conversation began on a ferry boat (used for public transport in Basel, Switzerland) and concluded in her office[9]. Barbara Buser had worked in Africa and returned to Basel after 17 years, unaware of the current architecture scene. One day not long after arriving, she boarded a ferry with her small child in her arms. The ferryman, who happened to be a carpenter who had previously worked for her and knew about her experience at sea, asked if she wanted to take over driving the ferry from time to time throughout the year. She has been driving the ferry ever since. So it was fitting that, thirty years later, our meeting with the founders of the Library of Reuse[10] took place on a ferry.

[BASEL, MAY 14TH, 2024]

CDW   It was fun being hosted on your ferry today and then in your office: apart from being the skipper, you are also quite a pioneer in the reuse world in architecture! You have created several firms and initiatives related to reuse, such as baubüro in situ, Denkstatt, Re-Win, Zirkular GmbH, and probably many more. You are also one of the pioneers of the *Bauteilbörse,* the material banks where we can find reuse materials for designing new buildings. It's an honour to have been your colleague at ETH Zurich, where we have worked together on different teaching and supervising projects, as well as on creating the Library of Reuse – together with Daniel [Stockhammer], Anna [Buser], and Jennifer [Bartmess]. Could you give us an overview of your trajectory into this topic and the different firms you have been involved with?

BB   After ten years in Africa, when I returned to Basel, I was disturbed by the waste and luxury here, while people in Africa lacked basic necessities. I wanted to make a change and realised the Internet's potential to create a platform for redistributing items considered as waste by the present owners, but being potential resources for somebody else. Though this sounds simple, it was very challenging. Therefore I was pleased to see you enhancing these kinds of platforms by using digital tools to transform buildings into material mines, a significant advancement in reuse.

CDW   Ja, in unseren Kursen erforschen wir digitale Technologien wie KI und Blockchain für die Wiederverwendung von Baumaterialien. Ich würde auch gerne über deine Arbeit in Tansania und Portugal sprechen. Du hattest einen enormen Einfluss auf die Wiederverwendung in der Schweiz; jeder riet mir, dich zu treffen, als ich hierher zog.

BB   In Afrika, an der Universität von Dar es Salaam, habe ich keinen Abfall gesehen, und ich habe mich gefragt, warum wir in der Schweiz so viel davon produzieren und wie wir ihn vermeiden könnten. Das führte zu unserer Schweizer Initiative, bei der arbeitslose Personen Gegenstände von Abbruchbaustellen sortieren und wiederverwenden. Wir bieten diesen Menschen eine Tagesstruktur und eine Ausbildung im Rahmen von versicherungsfinanzierten Berufsprogrammen. Das ermöglicht ihnen, durch die Wiederverwendung von Abbruchmaterial, dessen Aufbereitung und Verkauf einen Mehrwert zu erzielen. So wird auch ihr Selbstwertgefühl gestärkt und letztlich verbessern sich ihre Beschäftigungsaussichten.

CDW   In Belgien achten Unternehmen im Bereich Wiederverwendung die Würde der Arbeitnehmenden, indem sie sich auf Umweltziele und Abfallvermeidung konzentrieren, sie wertschätzen Materialien, Energie, Arbeit und Geschichte. So ziehen sie Menschen an, die eine sinnvolle Arbeit suchen.

BB   Dem stimme ich voll und ganz zu. Viele Menschen haben sich bei uns beworben und gesagt, dass sie mit der Architektur aufhören wollen, aber weitermachen würden, wenn sie mit uns zusammenarbeiten könnten. Sie sind auf der Suche nach Sinn. Vor dem Zweiten Weltkrieg haben die Menschen nicht so viel Müll produziert und sich besser um alte Dinge gekümmert, um sie an die nächsten Generationen weiterzugeben. Ab den 1960er-Jahren wurde alles optimiert, um mehr Profit zu machen, und das ist das eigentliche Problem. Warum können wir Baumaterialien nicht wiederverwenden, so wie wir Autos auf dem Gebrauchtwagenmarkt wiederverwenden? Natürlich ist ein Auto mobil und wird in weniger Modellen hergestellt als Gebäude, von denen es Tausende verschiedene Arten gibt und an denen viele verschiedene Gewerke und Fertigkeiten beteiligt sind.

CDW Yes, we explore digital technologies such as AI and blockchain for reusing building materials in our courses. I would also like to talk about your work in Tanzania and Portugal. You have had a tremendous impact on reuse in Switzerland; everyone told me to meet you when I moved here.

BB In Africa, at the University of Dar es Salaam, I saw no waste, which prompted me to question why we produce so much here and wonder how we could avoid it. This led to our Swiss initiative where unemployed individuals sort and reuse items from demolition sites. We provide a day-structure and training to these individuals through insurance-funded occupational programs, which allow them to create added value by repurposing demolition site waste, processing it, and selling it. This also builds up their self-esteem and ultimately increases their employment prospects.

CDW In Belgium, reuse firms dignify workers by focusing on environmental purposes and reducing waste, valuing materials, energy, labour, and history, which attracts those seeking meaningful work.

BB Absolutely, I fully agree. Many people applied for jobs with our office, saying they wanted to quit architecture but would continue if they could work with us. They seek purpose and meaning. Before the Second World War, people didn't produce as much waste and took care of old things, passing them down to the next generations. Starting in the 1960s everything was optimised for more profit, which is the underlying problem. Why can't we reuse building materials, the same way we reuse cars on the second-hand car market? Of course, a car is movable and manufactured with fewer models compared to buildings, which are of thousands of different types and involve many different crafts and skills.

CDW The manufacturing industry has industrialised and standardised a lot. Some of my colleagues and PhD students work on industrialising construction, but standardisation has lost appeal, leading to the commissioning of buildings as unique sculptures from *starchitects* (star architects).

BB Exactly.

CDW Die Bauindustrie hat sich stark industrialisiert und standardisiert. Einige meiner Kolleg:innen und Doktorand:innen arbeiten an der Industrialisierung des Bauens, aber die Standardisierung hat an Attraktivität verloren. Das führt dazu, dass Gebäude als einzigartige Skulpturen bei Stararchitekt:innen in Auftrag gegeben werden.

BB Ganz genau.

CDW Bei unserer Zusammenarbeit mit Baubüro in situ für CircÛbi haben wir mit verschiedenen Disziplinen kommuniziert, um den Pavillon zu realisieren.

BB Neue Bauprojekte sind so komplex, dass eine Zusammenarbeit unerlässlich ist. Eine Hochschule wie die ETH Zürich ist ideal, um Fachrichtungen zusammenzubringen.

EK Barbara, du hast an der ETH Zürich studiert und all die verschiedenen Gebäude gesehen, in denen Architektur gelehrt wurde. Als du 2022 zurückkamst und ein Entwurfsstudio in den Huber Pavillons unterrichtet hast, war das der Beginn deiner Mission, sie zu retten oder umzunutzen?

BB Ich kannte die Pavillons vorher nicht, da sie direkt nach meinem Studienabschluss gebaut wurden, aber ich hatte das Glück, meinen Kurs dort zu unterrichten. Sie waren perfekt, mit natürlichem Licht, natürlicher Belüftung, der Möglichkeit, Pläne an den Wänden aufzuhängen oder einen Vorhang anzubringen etc. Als ich hörte, dass sie abgerissen werden sollten, konnte ich das nicht verstehen, denn sie boten eine viel bessere Arbeits- und Lernumgebung als viele andere Atelierräume. Aber da der Abriss unvermeidlich war, dachte ich, wir sollten zumindest das Material retten. Und da ich Wiederverwendung unterrichtete, warum nicht dort anfangen? Und so kam ich mit Catherine in Kontakt.

CDW Ich erinnere mich, dass wir uns in den Huber Pavillons getroffen haben. Es waren wunderschöne Gebäude. Wir hielten sie für großartige Lernräume. Wir wussten, dass wir die Gebäude nicht erhalten konnten, aber wir dachten, wir könnten zumindest so viele Materialien wie möglich retten und

CDW   In our collaboration with baubüro in situ on the CircÛbi pavilion, we communicated with different disciplines to make it happen.

BB   Yes, new construction projects are so complex that collaboration is essential. A university such as ETH Zurich is perfect for bringing departments together.

EK   Barbara, you studied at ETH Zurich and saw all the different buildings in which architecture was taught. When you returned in 2022 and taught a studio in the Huber Pavilions, did that start the mission of saving or reusing them?

BB   I hadn't known them before as they were built right after I had finished my studies, but I was lucky to teach my class in the Huber Pavilions. They were perfect, with natural light, natural ventilation, the possibility to attach plans to the walls or fix a curtain, etc. When I heard that they were to be destroyed, I couldn't understand, because they were a much better working and learning environment than many other studio rooms. But because the demolition was inevitable, I thought that we should at least save the material. And since I was teaching reuse, why should we not start there? And that's when I got in touch with you, Catherine, to talk about this.

CDW   I remember we met in the Huber Pavilions. They were beautiful buildings. We discovered them as amazing learning spaces and were told they were to be demolished. We knew we couldn't keep the buildings in place, but we thought we could at least save as many materials as possible and test our digital technologies on campus. The buildings had already lasted much longer than originally intended, and there had been many attempts to save them for reasons of emotional attachment, as most architecture students since the late 1980s had visited studios there and loved it. I heard you wanted to save them. It was a common mission. Ultimately, the Huber Pavilions brought us together.

BB   Yes, our friendship started there with a common mission. We both only arrived at ETH Zurich in 2021. If we'd started earlier, with

unsere digitalen Technologien auf dem Campus testen. Die Gebäude hatten schon viel länger überdauert als ursprünglich geplant, und es gab viele Versuche, sie aufgrund emotionaler Bindungen zu retten, da die meisten Architekturstudierenden ab den späten 1980er-Jahren dort Studios hatten und sie liebten. Es war eine gemeinsame Mission. Letztendlich haben uns die Huber Pavillons zusammengebracht.

BB   Ja, unsere Freundschaft begann dort mit einer gemeinsamen Mission. Wir kamen beide erst 2021 an die ETH Zürich. Wenn wir früher angefangen hätten, mit Studierenden die Gebäude zu analysieren, hätten wir mehr Materialien wiederverwenden können. Frühe Versuche und Bestandspläne hätten geholfen, die Möglichkeiten zu evaluieren. Trotz der sehr kurzen Zeit, die uns blieb, haben wir es geschafft, in einer spontanen Wochenendaktion mit Studierenden viele Fenster auszubauen und in die Ukraine zu schicken. Bei besserer Vorbereitung hätte noch mehr gerettet werden können.

EK   Wie beeinflusst die aktive Arbeit mit Materialien das Verständnis?

BB   Die Arbeit mit Holz, Metall und anderen Materialien mit den eigenen Händen verändert die Art und Weise, wie man zeichnet und entwirft. Die virtuelle Planung ist ohne diese Erfahrung zu abstrakt. Wir haben auch zusammen in meinem Atelier gekocht, was eine gemeinschaftliche Atmosphäre und einen anderen Einstieg in den Unterricht gefördert hat.

EK   Du hast einmal erwähnt, dass die meisten Informationen in deinem Büro bei einer Tasse Kaffee ausgetauscht werden, weshalb du die beste Kaffeemaschine gekauft hast. Welche Rolle werden Bauherren in Zukunft bei der Wiederverwendung spielen?

BB   Wiederverwendung erfordert Fachwissen und ist ein eigenständiger Beruf. Architekt:innen brauchen Unterstützung, um wiederverwendbare Materialien zu finden und zu bewerten. Wir brauchen Lagermöglichkeiten und digitale Plattformen, um die Wiederverwendung im Bauwesen zu steigern. Knappe Ressourcen erfordern mehr Kreativität. Projekte könnten kleiner werden, aber sie können

students analysing the building, we would have been able to reuse more of the materials. Early trials and as-built plans would have helped to evaluate the possibilities. Despite the very short time which was left, we did manage to dismantle many windows during a spontaneous weekend action with students and send them to Ukraine. More could have been saved with better preparation.

EK How does active work with materials influence understanding?

BB Working with wood, metal, and other materials with your own hands changes the way you draw and design. Virtual planning is too abstract without this experience. We also cooked together in my studio, which fostered a community atmosphere and a different way to start classes.

EK You mentioned once that most information in your office is exchanged over coffee, which influenced you to buy the best coffee machine. What is the future role of builders in reuse?

Barbara Buser und Catherine De Wolf bei der Vernissage des CircÛbi-Pavillons

Barbara Buser and Catherine De Wolf at the vernissage of the CircÛbi pavilion

innovativer sein. Die Zukunft liegt in der Ausweitung der Wiederverwendung mit großen Lagern und digitalen Plattformen.

CDW   Die Ausbildung der nächsten Generation ist Teil der Ausweitung der Wiederverwendung. Unsere Studierenden sehen Architektur und Bauen heute anders und stellen konventionelle Methoden infrage. Sie integrieren die Wiederverwendung in ihre Arbeit und initiieren Veränderungen.

BB   Ebenso sind Wettbewerbe und Pilotprojekte notwendig, um die Wiederverwendung zu fördern. Politische Anpassungen sind entscheidend, um die Umsetzung zu erleichtern, und die Zusammenarbeit von Architekt:innen, politischen Entscheidungsträgern, Ingenieur:innen und Bauherren ist unerlässlich. Es geht darum, weiter zu denken und die Wiederverwendung attraktiver und effizienter zu machen. Ich bin froh, dass der Transfer von einer Generation zur nächsten stattfindet und wir zusammenarbeiten, um die zirkuläre Architektur zur neuen Normalität zu machen.

BB Reuse requires specialised knowledge and is a profession in itself. Architects need support in finding and assessing reusable materials. We need storage facilities and digital platforms to scale up reuse in construction. Limited resources demand more creativity. Projects may become smaller, but more innovative. The future involves scaling up reuse with big storage facilities and digital platforms.

CDW Teaching the next generation is part of scaling up reuse. Our students now see architecture and construction differently and question conventional methods. They incorporate reuse into their work and initiate change.

BB Competitions and pilot projects are also needed to promote reuse. Policy adaptations are crucial for easier implementation. Collaboration among architects, policymakers, engineers, and clients is essential. It is about thinking ahead and making reuse more attractive and impactful. I'm so happy to see the transition from one generation to the next, to have me, you [Catherine] and Elias working together to make circular architecture the new normal.

Gespräch mit der Architektin und Professorin Momoyo Kaijima

Momoyo Kaijima ist Professorin für Architectural Behaviorology an der ETH Zürich. Nach ihrem Studium an der Japan Women's University und am Tokyo Institute of Technology war sie Mitbegründerin des Atelier Bow-Wow in Tokio. Sie war außerordentliche Professorin an der School of Art and Design der University of Tsukuba und Gastprofessorin an der Harvard Graduate School of Design, der Royal Danish Academy of Fine Arts, der Rice University, der TU Delft, der Columbia University und der Yale University. Sie hat zahlreiche Bücher veröffentlicht, darunter *Made in Tokyo* und *Graphic Anatomy,* und war Kuratorin des japanischen Pavillons auf der 16. Architekturbiennale in Venedig 2018. Momoyo Kaijima ist Preisträgerin des Wolf-Preises für Architektur 2022.

Momoyo Kaijima während des Gesprächs in ihrem Büro an der ETH Zürich

Momoyo Kaijima during our conversation in her ETH Zurich office

Conversation with architect and professor Momoyo Kaijima

Momoyo Kaijima is Professor of Architectural Behaviorology at ETH Zurich. After her graduation from the Japan Women's University and the Tokyo Institute of Technology, she co-founded Atelier Bow-Wow in Tokyo. She was an associate professor at the Art and Design School of the University of Tsukuba and visiting professor at Harvard GSD, the Royal Danish Academy of Fine Arts, Rice University, TU Delft, Columbia University, and Yale University. She has published work such as *Made in Tokyo* and *Graphic Anatomy* and curated the Japan Pavilion at the 16th International Architecture Exhibition – La Biennale di Venezia. Momoyo Kaijima was a Wolf Prize Laureate in Architecture 2022.

Elias Knecht und Catherine De Wolf im Gespräch mit Momoyo Kaijima (von links nach rechts)

Conversation with (from left to right): Elias Knecht, Catherine De Wolf, and Momoyo Kaijima

Momoyo Kaijima, Elias Knecht und Catherine De Wolf haben bei der Umnutzung der Huber Pavillons eng zusammengearbeitet. Die japanische Architektin ist bekannt für ihre einflussreichen Beiträge zur Architekturtheorie und -praxis mit Atelier Bow-Wow sowie durch zahlreiche internationale Lehraufträge und mehrere Publikationen. Dieses Gespräch zeigt, warum die Wiederverwendung in der Architektur so spannend ist [12].

[ZÜRICH, 2. MAI 2024]

CDW   Momoyo, als ich hier ankam, war ich begeistert zu hören, dass du Professorin an der ETH Zürich bist. Nachdem Beatrix Emo und ich Elias beim Konzept der „Future Learning Spaces" betreut hatten, entwickelte er seine Masterarbeit über die Wiederverwendung von Materialien aus den Huber Pavillons, die du und Barbara Buser betreut haben. Nachdem ihr mich eingeladen hattet, Elias bei diesem Thema zu unterstützen, wurde ich noch vertrauter mit deiner Arbeit und deiner Philosophie. Wie bist du zu diesem Thema gekommen?

MK   Mein Partner Yoshiharu Tsukamoto und ich gründeten Atelier Bow-Wow um 1991/92, während des schnellen Wachstums der japanischen Wirtschaft und des Platzens der Wirtschaftsblase. Wir hatten nicht viel Geld, aber viel Zeit. Viele Architekt:innen hatten ihre Arbeit verloren, und Tokio war von den Folgen des rasanten Wirtschaftswachstums übersättigt. Wir begannen, die „Architektur ohne Architekten" in Tokio zu untersuchen und sammelten einzigartige Praktiken in der dichten Stadtlandschaft. Diese Forschung konzentrierte sich auf das Verständnis und die Neuinterpretation urbaner Fragmente und Kontexte. Ich bin fasziniert von gewöhnlicher Architektur und liebe es, die Gebäude Tokios zu betrachten. Das ist mein Beruf und mein Hobby. Wenn wir verstehen, wie Menschen entwerfen und leben, lernen wir etwas über Klima, Wirtschaft und Politik. Fujimori Terunobus Arbeit über Wajiro Kon, der das japanische Leben dokumentiert hat, hat mich sehr beeinflusst.

CDW   Diese Herangehensweise des Beobachtens haben wir gemeinsam. Meine Reisen nach Japan haben mein Verständnis von Architektur, insbesondere von Wiederverwendung und Kreislaufwirtschaft, vertieft. Ich hatte von meinem

As noted, Momoyo Kaijima, Elias Knecht, and I closely collaborated on the reuse of the Huber pavilions. Momoyo Kaijima is important for her influential contributions to architectural theory and practise through her co-founding of Atelier Bow-Wow, her professorship at ETH Zurich, her numerous international teaching roles, her acclaimed publications, and her recognition as a Wolf Prize Laureate in Architecture. This conversation[11], which reveals why we are so enthusiastic about reuse in architecture, took place in Momoyo Kaijima's ETH Zurich office.

[ZURICH, MAY 2ND, 2024]

CDW Momoyo, when I arrived, I was thrilled to learn you are a professor at ETH Zurich. After Beatrix Emo and you supervised Elias on the concept of 'Future Learning Spaces', he developed his master's thesis on the reuse of materials from the Huber Pavilions, supervised by you and Barbara [Buser]. After you invited me to support guiding Elias on this topic, I became even more familiar with your work and philosophy. How did you get started in this field?

MK My partner, Yoshiharu Tsukamoto and I founded Bow-Wow around 1991-1992, during Japan's post-war fast economic growth and bubble burst. We had little money but plenty of time. Many architects had lost their jobs, and Tokyo was saturated with the results of rapid economic growth. We started examining "architecture without architects" in Tokyo, gathering unique practices from the dense urban landscape. This research focused on understanding and reinterpreting urban fragments and context. I'm fascinated by ordinary architecture and love observing Tokyo's buildings. It is both my profession and hobby. By understanding how people design and live, we learn about climate, economic, and political issues. Fujimori Terunobu's work on Wajiro Kon, who documented Japanese life, influenced me greatly.

CDW I share your observational approach. Travelling to Japan deepened my understanding of architecture, especially reuse and circularity. Visiting the Ise shrines on the recommendation of Guy Nordenson, a professor from Princeton University and renowned structural engineer, after hearing about them from my own PhD advisor, John Ochsendorf, profoundly impacted

Doktorvater John Ochsendorf vom Ise-Schrein gehört und ihn dann auf Empfehlung von Guy Nordenson, Professor an der Princeton University, besucht. Er hat meine Sicht auf Architektur und Wiederverwendung nachhaltig beeinflusst. An welchen Projekten hast du damals gearbeitet?

MK Wir haben an Einfamilienhäusern auf kleinen Grundstücken gearbeitet, an der Renovierung japanischer Nachkriegshäuser für eine neue Generation und an der Anpassung an den Klimawandel. Bei einem Projekt, dem Moth House, haben wir das Gebäude mit Polycarbonat umhüllt, um Gärten zu schaffen und das Sonnenlicht zum Heizen des Hauses zu nutzen. Das hat uns dazu gebracht, gebrauchte Materialien zu verwenden, um ein Sommerhaus für eine Familie zu renovieren. Es ist mir ein Anliegen, eine nachhaltige Gesellschaft zu schaffen und die Umwelt zu schützen, indem wir Rest- oder ungenutzte Materialien für den Innenausbau verwenden. Dieser Ansatz ist kosteneffizient und ermöglicht es uns, verschiedene Elemente in unseren Entwürfen miteinander zu verbinden.

CDW Ihr habt also nicht nur aus Gründen des Umweltschutzes Materialien wiederverwendet, sondern auch, weil das Budget begrenzt und die Wiederverwendung kostengünstiger war.

MK Ja, die Kostenfrage zwingt uns, intelligent zu sein. Wir haben von Anfang an gelernt, so zu denken. Wir nehmen vorhandene Materialien und schaffen Geschichten, die zum Projekt passen, indem wir den bestehenden Kontext bewahren und das Netzwerk umgestalten. Atelier Bow-Wow konzentriert sich auf praktische und kreative Erzählungen und betrachtet Architektur als eine Handlung, die der Gesellschaft nützt, und nicht nur als eine Lösung für bestehende Probleme.

EK In meinem ersten Kurs bei dir, Momoyo, im Jahr 2018 haben wir verschiedene Häuser in Japan skizziert, was für mein Studium sehr wichtig war. Während der Arbeit an meiner Masterarbeit und dem anschließenden gemeinsamen Unterrichten haben ich so viel gelernt. Wie siehst du den Prozess heute im Rückblick?

MK Gute Frage (lacht). Du hast zuerst an unserem Studiokurs über die Holztradition in Japan teilgenommen. Die japanische

my perspective on architecture and reuse. What projects did you work on at that time?

MK   We worked on small plots for single-family houses, renovating post-war Japanese homes for new generations and climate adaptation. One project, the Moth House, involved wrapping the building with polycarbonate to create garden spaces and allow sunlight to heat the house. This led us to select reused materials for the renovation of a summer family house. I am passionate about sustaining society and caring for the environment, using leftover or unused materials to create interiors. This approach is cost-effective and enables us to network and connect different elements within our designs.

CDW   So you were reusing materials not only because of the environment, but because you had a limited budget and it was cheaper.

MK   Yes, the cost issue forces us to be clever. From the start, we were trained to think this way. We take existing materials and create narratives suitable for the project, sustaining the existing context and transforming the network. Atelier Bow-Wow focuses on practical and creative narratives, viewing architecture as an action to benefit society, not just a solution to existing problems.

EK   In my first course with you, Momoyo, in 2018, we sketched various houses in Japan, which was pivotal in my studies. Working on my master's thesis with you and later teaching together educated me so much. How do you view the process now, in hindsight?

MK   Good question (laughs). You first joined our studio course on timber behaviourology in Japan. Japanese timber culture is unique, as it requires periodic replacement, unlike stone. Structures like shrines need damaged parts replaced, akin to *kintsugi*. Maintenance involves simple tasks like cleaning and ventilation. Switzerland also has a strong timber culture, particularly in mountainous areas, which is why I wanted students to see Japanese timber such as cedar and cypress. These differ from the hardwood species common elsewhere. Historically, Japanese timber was transported from mountains to cities via rivers. Both countries [Switzerland and Japan] offer cultural lessons. I ask students

Holzkultur ist einzigartig, denn im Gegensatz zu Stein erfordert Holz ein regelmäßiges Ersetzen. Bei Bauwerken wie Schreinen müssen beschädigte Teile ausgetauscht werden, ähnlich wie bei *kintsugi*. Der Unterhalt umfasst einfache Arbeiten wie Reinigen und Lüften. Auch in der Schweiz gibt es eine ausgeprägte Holzkultur, vor allem in den Bergregionen. Deshalb wollte ich die Studierenden mit japanischen Hölzern wie Zeder und Zypresse vertraut machen. Diese unterscheiden sich von den anderswo üblichen Harthölzern. Historisch wurde japanisches Holz über Flüsse aus den Bergen in die Städte transportiert. Beide Länder, die Schweiz und Japan, bieten kulturelle Lektionen. Ich fordere die Studierenden auf, detaillierte Zeichnungen anzufertigen, die Materialien, Menschen und Räume berücksichtigen, um ein umfassendes Verständnis der gebauten Umwelt zu fördern. Die Huber Pavillons und andere Studierendenprojekte haben neue Entwürfe in bestehende Kontexte integriert und so die praktische Wiederverwendung gefördert.

CDW Das Projekt hat sich wunderbar entwickelt. Als ich 2021 als Professorin an die ETH Zürich kam, sollten die Pavillons abgerissen werden. Ich machte den Vorschlag, die wertvollen Materialien aufzuarbeiten und damit etwas Neues zu bauen, was dem Schwerpunkt meines Lehrstuhls, der Wiederverwendung von Baumaterialien, entsprach. Da ich mit meinen Studierenden bereits Gebäude rückgebaut hatte, schlug ich vor, das Gleiche auf dem Campus zu tun. Elias arbeitete mit dir, Momoyo, an einer Masterarbeit zu diesem Thema, und ich besprach die Idee mit Barbara Buser, die ebenfalls Kurse zur Wiederverwendung in den Pavillons unterrichtet hatte. Das hat uns alle zusammengebracht. Obwohl wir die Gebäude nicht so wiederverwenden konnten, wie sie waren, wollten wir die Materialien retten und so eine wertvolle Lernerfahrung schaffen.

EK Wir haben mit vielen verschiedenen Beteiligten an der ETH Zürich zusammengearbeitet, unter anderem Bauunternehmen und Studierende aus verschiedenen Departements. Wie war diese Erfahrung für dich, Momoyo, von der Zeichnung bis zur tatsächlichen Interaktion mit diesen verschiedenen Beteiligten?

to make detailed drawings by considering materials, people, and spaces, fostering a comprehensive understanding of the built environment. The Huber Pavilions and other student projects integrated new designs into existing contexts, promoting practical reuse.

CDW This project came together beautifully. When I arrived at ETH Zurich as a professor in 2021, the pavilions were set for demolition. I proposed reclaiming the valuable materials and using them to build something new, aligning with my Chair's focus on reusing building materials. Having disassembled buildings with my students before, I suggested doing the same on campus. Elias was working with you, Momoyo, on a master's thesis about this, and I discussed the idea with Barbara [Buser], who had also taught reuse studios in the pavilions. This connected us all. Although we couldn't reuse the buildings as they were, we wanted to salvage the materials, a process that turned everything into a valuable learning experience, thanks to both of your dedication.

EK Yes, we worked alongside many different stakeholders from ETH Zurich, including contractors and students from various departments. How was this experience for you, Momoyo, from the drawing to real-life interactions with these different actors?

Einer der Schreine von Ise   One of the Ise Shrines

MK Dieses Projekt war eine großartige Gelegenheit, um über Netzwerke nachzudenken. Ich habe mit Freek [Persyn], Charlotte [Schaeben] und Grégoire [Farquet] am Projekt „Studio Informal Learning Spaces"[13] gearbeitet, und wir hatten die gleichen Prioritäten und den gleichen Zeitrahmen. Ich wollte die Studierenden nicht nur in ländliche Gebiete bringen, sondern auch auf den Campus, der wertvolle Ressourcen zum Lernen über Architektur bietet. 2017 standen wir vor Herausforderungen mit Räumen auf dem Campus, wie der Bibliothek. Unsere Studie begann mit Handzeichnungen, gefolgt von 1:1-Modellen, um zukünftige Projekte zu testen und zu planen. Wir nannten das ein soziales Experiment, das den Menschen half, ihre Annahmen zu überdenken. Meine Erfahrung in der Koordination von Workshops zum Stadtmanagement, wie der Renovierung des Kitamoto-Bahnhofs und des Dorfs Momonoura nach dem Erdbeben 2011, hat mir gezeigt, wie Architektur in das tägliche Leben integriert werden kann, um das Verantwortungsgefühl der Gemeinschaft zu fördern.

CDW Du hast erwähnt, wie deine architektonischen Ideen deine Lehre an den Universitäten von Harvard, Yale, Delft und Columbia beeinflussen. Was hat dich dazu bewogen, an meinem Kurs mitzuarbeiten, und wie beeinflusst deine Arbeit den Unterricht, insbesondere das Thema der Wiederverwendung?

MK Als ich dich kennengelernt habe, war ich sehr beeindruckt. Du bist mir als Aktivistin und Unternehmerin aufgefallen, die neue Geschäftsmodelle für die Gesellschaft schafft. Das ist wichtig, vor allem weil junge Architekt:innen in Japan und Europa zu Unternehmer:innen werden, um neue Büros zu gründen, und nicht nur, um Aufträge zu erhalten. Dieser Unternehmergeist ist notwendig, insbesondere für das zirkuläre Denken, das innovative Rahmenbedingungen und Teams erfordert. Ich ermutige mein Team und junge Architekt:innen stets, ihr eigenes Büro zu gründen oder sich aktiv für die Schaffung besserer Räume einzusetzen, sei es in städtischen Kontexten oder in ihren Heimatstädten.

CDW Ich finde es wichtig, meine Studierenden zu unternehmerischem Denken zu ermutigen, denn das kann den Wandel beschleunigen. Die Studierenden von heute sind Aktivist:innen, die uns herausfordern, soziale und ökologische Probleme anzugehen. Sie lernen, dass sie etwas bewirken können. Die Anwendung in der realen Welt ist wichtig für das Lernen.

MK   This project was a great opportunity to think about networks. I worked with Freek [Persyn], Charlotte [Schaeben], and Grégoire [Farquet] on the Studio Informal Learning Spaces[12] project, sharing the same priorities and time frame. I wanted to bring students not only to rural areas but also to the campus, which has valuable resources for learning about architecture. In 2017, we faced challenges with campus spaces like the library. Our study started with hand-drawings, followed by full-scale mock-ups to test and plan future projects. We called this a social experiment, helping people rethink their assumptions. My experience coordinating town management workshops, like the Kitamoto Station renovation and the Momonoura Village after the 2011 earthquake, showed me how architecture can be integrated into daily life, fostering community responsibility.

CDW   You mentioned how your architectural ideas influence your teaching at Harvard, Yale, Delft, and Columbia. What motivated you to collaborate on my course, and how does your work influence your teaching, particularly around the theme of reuse?

MK   When I met you, I was very impressed. You struck me as an activist and an entrepreneur, creating new business models for society. This is important, especially as young architects in Japan and Europe become entrepreneurs to create new businesses, rather than just receiving commissions. This entrepreneurial spirit is necessary, especially for circular thinking, which requires innovative frameworks and teams. I always encourage my team and young architects to start their own businesses, or take action to create better spaces, whether in urban contexts or their hometowns.

CDW   I find it important to encourage my students to have an entrepreneurial spirit, as it can drive change faster. Today's students are activists, challenging us to address societal and environmental issues. Students learn they can make a difference. Real-world application is essential for learning.

MK   This reminds me of when Yoshi and I, just out of university, joined a competition to build a vegetable kiosk in Oguni town. We worked with local university teachers and students, as well as with local forestry unions and carpenters, proving our dedication and changing

MK Das erinnert mich an die Zeit, als Yoshi und ich, frisch von der Universität, an einem Wettbewerb teilnahmen, um in der Stadt Oguni einen Gemüsekiosk zu bauen. Wir arbeiteten mit Lehrenden und Studierenden der Universität sowie mit örtlichen forstwirtschaftlichen Verbänden und Tischler:innen zusammen. Wir bewiesen unser Engagement und änderten so deren anfänglich skeptische Haltung. Das hat mich gelehrt, wie wichtig Energie, Verantwortung und Learning by Doing sind, und es hat meine Sicht auf die Rolle der Architekt:innen grundlegend verändert. Solche Erfahrungen sind für Studierende von unschätzbarem Wert, da sie ihr Selbstvertrauen und ihr praktisches Verständnis stärken.

EK Du hast über deine Erfahrungen mit informellem Lernen gesprochen. Du hast den Studierenden auch auf der Baustelle geholfen, Baukleidung getragen und dich aktiv beteiligt. Was sind die Vorteile davon, und wie wirkt sich das auf den architektonischen Entwurf aus?

MK Die praktische Arbeit zeigt uns die Grenzen unserer Fähigkeiten und lehrt uns, handwerkliches Können zu schätzen. Sie fördert den Respekt vor den Menschen, die unsere Projekte bauen. In Japan wird die Interaktion mit den Zimmerleuten vor Ort als wichtig angesehen, da sie das Projekt durch den Austausch von Ideen bereichert. Die Zusammenarbeit mit Bauherren und Handwerker:innen ist entscheidend.

EK Während des Baus unseres Wiederverwendungsprojekts hast du vor Ort mit Studierenden, Ingenieur:innen und Bauunternehmen Entscheidungen getroffen. Wie hat die Kreislaufwirtschaft diesen Prozess beeinflusst?

MK Die Kreislaufwirtschaft erfordert einen anpassungsfähigen Entwurf. Für den Huber Pavillon haben wir das Design der Verbindungen diskutiert, um sicherzustellen, dass diese einfach und stabil sind. Das zeigt, wie wichtig praktische und logische Lösungen sind. Das endgültige Verbindungssystem verwendet effizient wiederverwendete Materialien und zeigt eine wichtige Methode für Entwürfe zur Wiederverwendung.

CDW Spannend war damals die Diskussion zu den Verbindungen. Einige Studierende wollten die verwitterten Bretter rot

their initial scepticism. This taught me the importance of energy, responsibility, and learning by doing, fundamentally changing my view of an architect's role. Such experiences are invaluable for students, building their confidence and practical understanding.

EK You mentioned your experiences with informal learning. You also assisted the students on the building site, wearing construction clothes and actively participating. What are the benefits of this, and how does it impact architectural design?

MK Hands-on work reveals our skill limitations and teaches us to appreciate craftsmanship. It fosters respect for those who build our

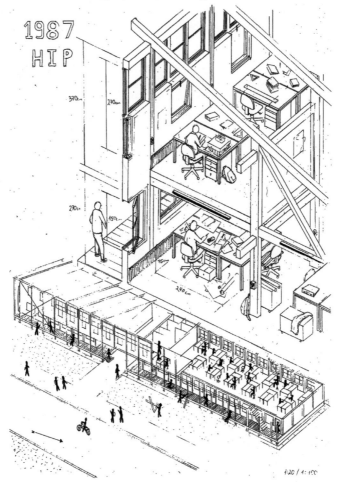

Zeichnung aus der Masterarbeit von Elias Knecht   Drawing from Elias Knecht's master's thesis

streichen, aber wir beschlossen gemeinsam, das natürliche Grau zu belassen und nur die frischen Schnittkanten weiß zu streichen. Das entsprach den traditionellen japanischen Techniken, die ich in den Schreinen von Ise gesehen hatte. Durch praktisches Lernen in Verbindung mit offenen Diskussionen haben die Studierenden gelernt, wie wichtig es ist, einen Konsens zu finden und Entscheidungen zu treffen. Es war wirklich eine Erfahrung in der Kunst des Verbindens.

An den Verbindungspunkten wurden nur die frischen Schnittkanten gestrichen, sonst blieb die Patina des Holzes erhalten.

Along joints, only the freshly cut edges were painted, otherwise the patina of the wood was preserved

projects. In Japan, interacting with carpenters, on-site, is viewed as important as it enriches the project through idea exchange. Collaborating with builders and craftspeople is crucial.

EK   During construction of our reuse project, you made on-site decisions with students, engineers, and contractors. How did the circular economy influence this process?

MK   The circular economy demands adaptable design. For the Huber pavilion, we debated the design of joints to ensure they were simple and stable. This illustrated the importance of practical and logical design solutions. The final joint system effectively employed reused materials, showcasing an essential methodology for reuse designs.

CDW   The discussion about the joints was fascinating at the time. Some students wanted to paint the weathered boards red, but we collectively decided to preserve their natural grey, painting only freshly cut edges in white. This mirrored traditional Japanese techniques I observed at the Ise shrines. Hands-on learning, combined with open discussions, taught students the importance of consensus and practical decision-making. It was truly an experience in the art of connecting.

Momoyo Kaijima auf der Baustelle des CircÛbi-Pavillons

Momoyo Kaijima on the construction site of the CircÛbi pavilion

2
Verbindungen
im Unterricht

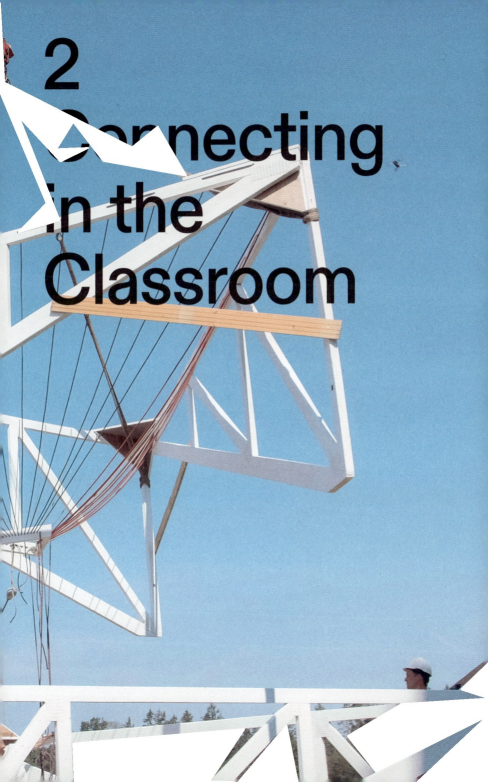

2 Connecting in the Classroom

Das Hauptziel bei diesem Projekt war es, unsere Forschung zu neuen Technologien und Best Practices aus der Industrie in die Lehre einzubringen, um projektbasiertes, interdisziplinäres Lernen in den Bereichen Kreislaufwirtschaft und Architektur zu fördern, und zwar auf eine Art und Weise, die sich auf die gesamte berufliche Laufbahn der Studierenden auswirkt. In meinen Kursen, die sich auf die Wiederverwendung der Materialien der Huber Pavillons konzentrierten, erwerben Studierende und Forschende technische und kreative Fähigkeiten, indem sie aktiv am Prozess der Rückgewinnung, der Bestandsaufnahme sowie der Planung und Errichtung eines Gebäudes teilhaben, das diese Materialien wiederverwendet.

Der Unterschied zwischen Wiederverwendung und Recycling

In Diskussionen über die Kreislaufwirtschaft betonen Vertreter:innen der Industrie oft ihre Recyclinganstrengungen mit Aussagen wie „Wir recyceln schon viel!" Während Recycling eine wertvolle Strategie in der Kreislaufwirtschaft ist, um Abfall zu reduzieren, ist es wichtig, zwischen Wiederverwertung und Wiederverwendung zu unterscheiden. Beim Recycling (Wiederverwertung) werden Bauabfälle wie Beton, Metall und Holz in Rohstoffe für neue Bauprodukte zerlegt, was dazu beiträgt, die Abfallmenge auf Deponien zu reduzieren und natürliche Ressourcen zu schonen. Recycling kann aber energieintensiv sein und führt oft zu einer Abwertung der Materialien (Downcycling). Umgekehrt verlängert die Wiederverwendung die Lebensdauer von Baustoffen, indem sie in ihrer ursprünglichen Form für den gleichen oder einen anderen Zweck verwendet werden.

So werden beispielsweise wiederverwendete Holzbauteile aus den Dachkonstruktionen der Huber Pavillons als Plattform für die Installation „Mehrwerk" in der Kunsthalle Zürich eingesetzt. Dabei bleiben die Arbeit, die Technik und die Handwerkskunst, die in die Herstellung der ursprünglichen Fachwerkbinder investiert wurden, erhalten. Wären die Binder recycelt worden, so wären sie zu Holzschnitzeln für Mulch, Spanplatten, Bioenergie, Kompost oder Holzkohle verarbeitet worden, und die Mühe und Energie, die in ihre ursprüngliche Herstellung geflossen sind, wären verloren gegangen. In ähnlicher Weise wurden die Stahltreppen der Pavillons in einem neuen Gebäude wiederverwendet, wobei Form und Funktion

My essential aim for this project was to bring our research on emerging technologies and the best industry practices into the classroom in a way that promotes project-based, interdisciplinary learning in the field of circular engineering and architecture so that it will resonate throughout students' careers. My courses focusing on the reuse of the Huber Pavilions' materials demonstrated how students and researchers acquire engineering and design skills by actively participating in the process of salvaging, inventorying, designing, and constructing a building by reusing these materials.

The difference between reuse and recycling

In discussions about circularity, industry practitioners often emphasise their recycling efforts with statements such as "we already recycle a lot!" While recycling is indeed a valuable strategy in the circular economy to reduce waste, it is crucial to distinguish between recycling and reuse. *Recycling* involves breaking down construction waste like concrete, metal, and wood into raw materials for new construction products, which helps reduce landfill and conserve natural resources but can be energy-intensive and often involve some kind of 'downgrading' of the materials. Conversely, *reuse* extends the life of building materials by using them in their original form for the same or different purposes. For instance, reclaimed wooden structural components from the Huber Pavilions' roof trusses were repurposed to create a platform for the Kunsthalle Zürich art installation "Mehrwerk", preserving the labour, engineering, and craftsmanship involved in making these original trusses in the first place. Had these trusses been recycled, they would have been turned into wood chips for mulch, particleboard, bioenergy, compost, or charcoal, losing all the effort and energy invested in their original creation. Similarly, the steel staircases from the pavilions were reused in a new building, maintaining their form and function, whereas recycling would have required melting the steel, consuming significant energy and losing the labour that shaped them. The concrete blocks from the pavilions were reused as entire building elements in another student project; recycling would have crushed them into low-grade aggregate for new concrete, road base, or landscaping gravel.

Reuse generally requires less energy and resources than recycling and reduces the demand for new components, making it a highly

erhalten blieben, während der Stahl bei einer Wiederverwertung unter hohem Energieaufwand eingeschmolzen worden wäre, und die Arbeit, die in seine Formgebung geflossen ist, verloren gegangen. Die Betonelemente der Pavillons wurden als Pflaster für den Bürgersteig des Pavillons CircÛbi und in einem weiteren studentischen Projekt wiederverwendet; bei einer Wiederverwertung wären sie zu minderwertigen Zuschlagstoffen für neuen Beton, Straßenbelag oder Landschaftskies zermahlen worden.

Obwohl beide Methoden zur ökologischen Nachhaltigkeit beitragen, erfordert die Wiederverwendung in der Regel weniger Energie und Ressourcen als das Recycling und verringert den Bedarf an neuen Komponenten, was sie zu einer sehr effizienten und umweltfreundlichen Praxis macht. Natürlich ist die Wiederverwendung von Materialien in einigen Fällen nicht möglich, dann sollte das Recycling der Deponierung vorgezogen werden.

Dachbinder der Dachkonstruktion im Huber-Pavillon auf dem ETH-Gelände Hönggerberg in Zürich, Schweiz

Trusses of the roof structure of the Huber Pavilions at ETH Hönggerberg in Zurich, Switzerland

efficient and environmentally friendly practice. While both methods contribute to environmental sustainability, recycling often results in downcycling to lower-grade materials, consuming more energy and losing the labour and craftsmanship of the original components. In contrast, reuse preserves both the material and the labour, honouring the heritage and legacy of elements like trusses and windows. Therefore, this book emphasises the reuse of building components as a strategy that saves materials and energy while preserving the craftsmanship and thought embedded in these components. Of course, in some instances, the reuse of materials is not feasible, and recycling should still be favoured over landfilling.

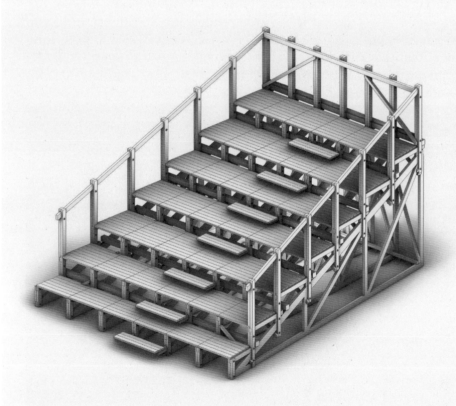

Wiederverwendung dieser Dachbinder in der Bodenstruktur der Kunstinstallation „Mehrwerk" in der Kunsthalle Zürich in Zürich, Schweiz

The same trusses, reused for the floor structure of the art installation "Mehrwerk" at the Kunsthalle Zürich in Zurich, Switzerland

2014 begannen Rudolf Bolli, der Architekt, der mit Benedikt Huber am ursprünglichen Projekt gearbeitet hatte, und die damalige Departementsvorsteherin des Departements Architektur, Annette Spiro, einen Plan für eine mögliche Verlegung der Pavillons auszuarbeiten. 2021 verfolgten Barbara Buser und ich die Idee der Versetzung und Wiederverwendung der Pavillons als Ganzes weiter, aber der Zeitplan, die Transportkosten und die Machbarkeit verhinderten eine vollständige Wiederverwendung der gesamten Gebäude. Als 2022 der Abriss bevorstand, war das Ziel, so viele Materialien wie möglich aus den Huber Pavillons zu gewinnen, um damit andere Lernräume auf dem Campus und außerhalb zu schaffen. Der Prozess der Wiederverwendung begann mit meinem ersten Sommerkurs im Jahr 2022, „Digitalisation for Circular Construction". Ich stellte mir die Demontage dieser Campus-Pavillons als ideale Lernerfahrung für die Studierenden vor. Vor der Demontage scannten die Studierenden die Pavillons und sammelten so praktische Erfahrungen mit Techniken zur Erfassung der Realität. Mithilfe von Light Detection and Ranging (LiDAR) und Drohnenfotogrammetrie erstellten sie eine detaillierte Punktwolke der Gebäude.

Konstruktion eines Modells für die Masterarbeit von Elias Knecht

Construction of a mock-up for the master's thesis of Elias Knecht

In 2014, Rudolf Bolli, the architect working with Benedikt Huber on the original design, and former Dean Annette Spiro started working on a potential relocation plan for the pavilions. In 2021 Barbara Buser and I further developed this idea of relocation and reuse of the entire pavilions as a whole, but timing, transportation costs, and feasibility hindered the full reuse of the entire buildings. In 2022 demolition was imminent and the aim became to reuse as many materials from the Huber Pavilions as possible, to create other learning spaces on- and off-campus. The process of reuse began with my first summer course in 2022, 'Digitalisation for Circular Construction'. I envisioned the disassembly of these campus pavilions as an ideal learning experience for the ETH Zurich students. Prior to disassembly, students scanned the pavilions, gaining hands-on experience with reality capture techniques. By employing Light Detection and Ranging (LiDAR) scanning and photogrammetry on drone imagery, they created a detailed point cloud of the buildings.

The journey continued in parallel with the master's thesis of Elias Knecht, who built an entire catalogue of available materials, distributed a large amount of materials to recipients in Switzerland and further assembled a mock-up showing how the materials could be reused for creating learning spaces on campus. This study became a resource for projects across Switzerland as well as on the campus itself. For example several individuals of the architecture faculty received and worked with materials from the Huber Pavilions for various real-world projects and some were delivered to the general material sharing storage for models built by architecture students.

Other professors also used the trusses and other emblematic materials in their design studios. For example, Freek Persyn's students used the materials to create a learning environment and reuse exhibition as part of the 'Self-Organised Studio' (SOS — which, as its name suggest, are entirely organised by the students themselves in a studio that was kindly hosted by Freek Persyn). Some of Momoyo Kaijima's students employed the trusses and roof plates to make platforms on campus called 'Platillion' in the framework of her 'Public Space Behaviorology' design studio. Tom Emerson reused the concrete pavement stones and a truss we had left to create a tent with his students, in the framework of his 'Life on Earth — Nothing is Forever' design studio. These experiences showcase how much reuse is inherently an essential part of the architectural design studios at ETH Zurich.

Die Reise ging parallel mit der Masterarbeit von Elias Knecht weiter, der einen ganzen Katalog von verfügbaren Materialien erstellte, eine große Menge an Materialien an Personen und Unternehmen in der Schweiz verteilte und ein Modell baute, das zeigte, wie die Materialien für die Schaffung von Lernräumen auf dem Campus wiederverwendet werden könnten. Diese Arbeit wurde zu einer Ressource für Projekte in der ganzen Schweiz und auch auf dem Campus selbst. So haben beispielsweise mehrere Mitglieder der Architekturfakultät Materialien aus den Huber Pavillons wiederverwendet und sie für verschiedene Praxisprojekte eingesetzt; einige gingen an das Modellbau-Materiallager für die Architekturstudierenden.

Auch andere Professoren:innen haben die Dachbinder und andere symbolträchtige Materialien in ihren Entwurfsstudios verwendet. Zum Beispiel haben die Studierenden von Freek Persyn die Materialien eingesetzt, um eine Lernumgebung und eine Ausstellung zur Wiederverwendung im Rahmen des selbstorganisierten Studios (SOS – wie der Name schon sagt, wird es vollständig von den Studierenden selbst organisiert, in einem Studio, das Freek Persyn freundlicherweise zur Verfügung stellte) zu schaffen; einige Studierende von Momoyo Kaijima haben die Fachwerkbinder und Dachplatten

Platillion im Entwurfsstudio „Public Space Behaviorology" von Momoyo Kaijima

Platillion created in Momoyo Kajima's design studio on Public Space Behaviorology

This reuse adventure further evolved in my Spring course, 'Digital Transformation for Circular Construction', which ran in parallel with Momoyo Kaijima's supervised 'focus work', which is a project within a specific field of specialisation at ETH Zurich, approved by a professor in the Department of Architecture. Eleven students in my course and her focus work group took on the design of what we later called the "CircÛbi" pavilion, organised as a design competition, assessed by industry experts. Eventually, a group of thirty students from all departments on campus came together to build the new structure, but the reuse did not end there.

The following semester, Momoyo Kaijima's Japan Studio reused some of our materials for designing Japanese "tea rooms" for the campus café. Several student initiatives, such as the 'ETH Week' on circular realities, a project-based course where interdisciplinary student groups spent a week defining problems and developing solutions related to sustainable development, demonstrated the strong student interest in circular construction. Another result of the final submission for the focus work with Momoyo Kaijima was the creation of a beach enclosed during the summer by the reused trusses – designed by Béla Dalcher with inputs from Elias Knecht. The windows

Zelt aus wiederverwendeten Materialien im Entwurfsstudio „Life on Earth – Nothing is Forever" von Tom Emerson

Tent created from reused materials, design studio "Life on Earth – Nothing is forever", Tom Emerson

verwendet, um im Entwurfsstudio „Public Space Behaviorology" Plattformen namens Platillion auf dem Campus zu bauen. Tom Emerson verwendete die Betonpflastersteine und einen übrigen Dachbinder, um mit den Studierenden in seinem Entwurfsstudio „Life on Earth – Nothing is Forever" ein Zelt zu bauen. Diese Projekte zeigen, wie sehr die Wiederverwendung ein wesentlicher Bestandteil der Architekturstudios an der ETH Zürich ist.

Das Abenteuer der Wiederverwendung ging in meinem Frühjahrskurs „Digital Transformation for Circular Construction" weiter, der parallel zu dem von Momoyo Kaijima begleiteten Fokusprojekt stattfand. Dies ist an der ETH Zürich ein von Professor:innen des Departements Architektur genehmigtes Projekt innerhalb eines bestimmten Fachgebiets. Elf Studierende meines Kurses und ihre Fokusgruppe entwarfen einen Pavillon, den wir später CircÛbi nannten, und organisierten einen Entwurfswettbewerb, den Fachleute aus der Industrie bewerteten. Am Ende kam eine Gruppe von 30 Studierenden aus allen Fachbereichen zusammen, um das neue Gebäude zu bauen.

Im darauffolgenden Semester verwendete das Japan-Studio von Momoyo Kaijima unter der Leitung von Kozo Kadowaki, Ryoko Iwase und Takahiro Kai einige der Materialien, um japanische Teeräume für das Campus-Café zu entwerfen. Verschiedene studentische Initiativen wie die ETH Week zum Thema Kreislaufwirtschaft zeigten das große Interesse der Studierenden am zirkulären Bauen. In diesem projektbasierten Kurs definierten Studierende in interdisziplinären Gruppen eine Woche lang Probleme und erarbeiteten Lösungen im Zusammenhang mit nachhaltiger Entwicklung. Ein weiteres Ergebnis der Einreichungen für das Fokusprojekt mit Momoyo Kaijima war die Schaffung eines Strands, den im Sommer wiederverwendete Fachwerkbinder umgeben, entworfen von Béla Dalcher mit Unterstützung von Elias Knecht. Die Fenster und andere Elemente der Huber Pavillons wurden auch in mehreren Initiativen zum Wiederaufbau in der Ukraine[14] und in einer Ukraine-Ausstellung auf dem Campus[15] eingesetzt.

Das Thema der Wiederverwendung von Materialien aus den Huber Pavillons wurde auch in anderen Kursen behandelt, zum Beispiel „Re-Detailing" von Stefanie Giersberger, Daniel Mettler und Daniel Studer sowie „Structural Design" (im Fachbereich Technik) und „Architecture and Structural Engineering" (im Fachbereich Architektur) von Jacqueline Pauli, Federico Bertagna und Bartosz Bukowski. Außerdem habe ich zusammen mit Elias Knecht, Cyrano Golliez und Sandra Hurek Forschungen zur Anwendung digitaler Technologien für kritische

Ein vom Studenten Béla Dalcher auf dem Campus errichteter Strand, für den die Dachbinder der Huber Pavillons wiederverwendet wurden

A beach that student Béla Dalcher built on campus, reusing the trusses from the Huber Pavilions

Verbindungen durchgeführt, die auf der International Conference on Structures and Architecture (ICSA) 2025 vorgestellt werden.

Eine Vielzahl von studentischen Projekten ist auch entstanden, ohne dass wir dies aktiv gefördert haben. So wurden Materialien der Huber Pavillons in einzelnen Projekten im Rahmen verschiedener Entwurfsstudios von Freek Persyn und Mariam Issoufou Kamara wiederverwendet, etwa in den Projekten von Arno Covas und Jules Henz oder Burak Kaya. Einige Materialien landeten auch in La Boîte, einem Raum auf dem Campus, in dem übrig gebliebene Baumaterialien von Architekturstudierenden gesammelt, gelagert, getauscht und spontan wiederverwendet werden.

Die Materialien wurden auch in einem anderen Kurs von mir für den Bau einer Küche und eines Badezimmers eingesetzt. Weitere Elemente aus den Huber Pavillons fanden Verwendung in der Installation „Mehrwerk" in der Kunsthalle Zürich, die wir für die Ausstellung „AI, Art and Architecture" (AAA) im Rahmen des Kurses „Digital Creativity for Circular Construction" in der Kunsthalle Zürich entworfen und bauten. Die restlichen Materialien werden für einen Spielplatz eingesetzt, den wir für die Walzwerk-Gemeinschaft in Basel, Schweiz, entworfen haben. Die Huber Pavillons, die eigentlich nur für eine kurze Zeit genutzt und dann wieder abgebaut werden sollten, haben am Ende viele unerwartete Nachnutzungen erfahren.

Meiner grundlegenden Überzeugung nach umfasst die Lehre zwei Hauptmerkmale: projektbasiertes Lernen und interdisziplinäre Zusammenarbeit von Industrie, Politik und Hochschulen.

Mehrwerk, AAA-Experimente in der Kunsthalle Zürich

Mehrwerk, AAA Experiments at the Kunsthalle Zürich

and other elements of the Huber Pavilions were also reused in several seminar initiatives for 'rebuilding Ukraine'[13] and an on-campus Ukraine[14] exhibition.

The topic of the reuse of Huber materials was also discussed in other courses, such as 'Re-Detailing' by Stefanie Giersberger, Daniel Mettler, and Daniel Studer as well as the 'Structural Design' (in the engineering department) and 'Architecture and Structural Engineering' (in the architecture department) courses by Jacqueline Pauli, Federico Bertagna, and Bartosz Bukowski. I also conducted research with Elias Knecht, Cyrano Golliez and Sandra Hurek in applying digital technologies for critical connections, presented at the 2025 International Conference on Structures and Architecture (ICSA).

A variety of student projects also arose without us promoting them as a teaching activity. For instance, individual projects in the framework of different design studios held by Freek Persyn and Mariam Issoufou Kamara also reused the Huber pavilions' materials, such as the projects by Arno Covas and Jules Henz or Burak Kaya. Some materials also ended up in 'La Boîte', which is a space on the campus where leftover building materials are collected, stored, exchanged, and reused spontaneously by architecture students.

Following that, another course of mine reused the materials again for the construction of a kitchen and bathroom. Further materials from the Huber Pavilions were reused in the installation "Mehrwerk" that my team and I designed and built in Kunsthalle Zürich, as part of the exhibition 'AI, Art and Architecture' (AAA) and my course on digital creativity. The remaining materials were reused in the context of a playground we designed for the Walzwerk community in Basel, Switzerland. Eventually, the Huber Pavilions, designed to be used for a short time and then disassembled, had many unanticipated afterlives.

In the next sections, I lay out my foundational belief that teaching encompasses two key characteristics: project-based learning and interdisciplinary industry-government-academia collaboration. Let's consider the first, project-based learning.

ZEIT	TYP	UNTERRICHT	NAME	ERGEBNIS
Sommer 2022	Sommerschule	„Digitalisation for Circular Construction"	Catherine De Wolf	Bestandsaufnahme der Huber Pavillons
2022	Wissenschaftliche Arbeit	Masterarbeit	Elias Knecht (CAB)	Mock-up, Entwurf
Sommer 2022	Sommerschule	„Structural Behaviorology"	Momoyo Kaijima, Tazuru Harada	Tests zu konstruktivem Gleichgewicht
Herbst 2022	Entwurfsstudio	selbst organisiertes Studio	Freek Persyn	Lernumgebung, Ausstellung zur Wiederverwendung
Herbst 2022	Entwurfsstudio	„Public Space Behaviorology in Switzerland"	Momoyo Kaijima	The Platillion
Frühjahr 2023	Fokusprojekt	Wiederverwendung von Materialien der Huber Pavillons	Momoyo Kaijima	Entwurf von CircÛbi
Frühjahr 2023	Wahlpflichtkurs	„Digital Transformation for Circular Construction"	Catherine De Wolf	Bau von CircÛbi
Frühjahr 2023	Entwurfsstudio	„Life on Earth – Nothing is Forever"	Tom Emerson	Betonverbundsteine und Holzfachwerk für Reuse-Zelt
Herbst 2023	Entwurfsstudio	Japan-Studio „Designing and Building with Unknown Performances of Elements"	Momoyo Kaijima	Möbel für die Alumni-Lounge
Herbst 2023	Workshop	ETH Week „Circular Realities"	Claudia La Valle, Mojca Ramovic, Elias Knecht (CEA)	Ausstellung zur Wiederverwendung
2023	Entwurfsstudio	verschiedene Entwurfsstudios	Freek Persyn, Mariam Issoufou Kamara u.a.	spontane Wiederverwendung
2023	Materiallager	La Boïte	Architekturstudierende	Lagerung und Tausch von wiederverwendeten Materialien
Frühjahr 2024	Wahlpflichtkurs	„Digital Transformation for Circular Construction"	Catherine De Wolf	Zwhatt Küchen- und Badmodule
Frühjahr 2024	Seminarwoche	„Vacancy in Ukraine"	Roger Boltshauser, CO-HATY	Stadthausmodell: Revitalisierung mit Wiederverwendung
Frühjahr 2024	Ausstellung	„ETH with Ukraine"	Swiss Network with Ukraine	Fenster für die Ukraine

TIME	TYPE	TEACHING	NAME	RESULT
Summer 2022	Summer school	Digitalisation for Circular Construction	Catherine De Wolf	Reality capture of Huber Pavilions
2022	Theses	Master's theses	Elias Knecht (CAB)	Mock-up & design
Summer 2022	Summer school	Structural Behaviorology Summer Workshop	Momoyo Kaijima, Tazuru Harada	Structural equilibrium tests
Fall 2022	Design studio	Self-Organised Studio	Freek Persyn	Learning environment, reuse exhibition
Fall 2022	Design studio	Public Space Behaviorology in Switzerland	Momoyo Kaijima	The Platillion
Spring 2023	Focus work	Reuse of Huber Pavilions' Materials	Momoyo Kaijima	CircÛbi design
Spring 2023	Elective course	Digital Transformation for Circular Construction	Catherine De Wolf	CircÛbi construction
Spring 2023	Design studio	Life on Earth – Nothing is Forever	Tom Emerson	Concrete pavers and truss for reuse tent
Fall 2023	Design studio	Japan Studio – Designing and Building with Unknown Performances of Elements	Momoyo Kaijima	Furniture for the alumni lounge
Fall 2023	Workshop	ETH Week "Circular Realities"	Claudia La Valle, Mojca Ramovic, Elias Knecht (CEA)	Reuse exhibition
2023	Design studio	Various design studios	Freek Persyn, Mariam Issoufou Kamara, etc.	Spontaneous reuse
2023	Exchange	La Boïte	Architecture students	Storage and exchange of reused materials
Spring 2024	Elective course	Digital Transformation for Circular Construction	Catherine De Wolf	Zwhatt kitchen and bathroom modules
Spring 2024	Seminar week	Vacancy in Ukraine	Roger Boltshauser, CO-HATY	Municipal house mock-up revitalisation with reuse
Spring 2024	Exhibition	ETH With Ukraine	Swiss Ukrainian Network	Windows for Ukraine

ZEIT	TYP	UNTERRICHT	NAME	ERGEBNIS
Frühjahr 2024	Wahlpflichtkurs	„Re-Detailing"	Daniel Mettler, Daniel Studer, Stefanie Giersberger	digitale Modelle für Wiederverwendung von Huber-Materialien
Frühjahr 2024	Masterarbeit	„Applying Digital Transformation to Circular Construction. A Hands-On Case Study of Reuse from the Huber Pavilions"	Catherine De Wolf, Elias Knecht, Cyrano Golliez	Konferenzpapier für ICS 2025
Frühjahr 2024	Masterarbeit	„Critical Connections. A Reuse Case Study of the Huber Pavilions"	Catherine De Wolf, Elias Knecht, Sandra Hurek	Prototyp für kritische Verbindungen für ICSA 25
Herbst 2024	Wahlpflichtkurs	„Digital Creativity for Circular Construction"	Catherine De Wolf	Kunsthalle Circular Installation
Herbst 2024	Wahlpflichtkurs	„Structural Design"	Jacqueline Pauli, Federico Bertagna, Bartosz Bukowski	Modell Reuse Site
2024	PhD Forschung	PhD über Strukturellen Entwurf, InnoSuisse Flagship "Think Earth"	Linus Paul Schmitz, Jacqueline Pauli	Balken und Bretter

Unterrichtsprojekte, in denen die Materialien der Huber Pavillons wiederverwendet wurden

Studierende des Kurses „Digitale Transformation für zirkuläres Bauen" von Catherine De Wolf

Students of 'Digital Transformation for Circular Construction' course by Catherine De Wolf

TIME	TYPE	TEACHING	NAME	RESULT
Spring 2024	Elective course	Re-Detailing	Daniel Mettler, Daniel Studer, Stefanie Giersberger	Digital modelling for reuse of Huber materials
Spring 2024	Master's project	Applying Digital Transformation to Circular Construction: a Hands-on Case Study of Reuse from the Huber Pavilions	Catherine De Wolf, Elias Knecht, Cyrano Golliez	Conference paper for ICS 2025
Spring 2024	Master's project	Critical Connections: a Reuse Case Study of the Huber Pavilions	Catherine De Wolf, Elias Knecht, Sandra Hurek	Critical practices prototype at ICSA 25
Fall 2024	Elective course	Digital Creativity for Circular Construction	Catherine De Wolf	Kunsthalle circular installation
Fall 2024	Elective course	Structural Design Course	Jacqueline Pauli, Federico Bertagna, Bartosz Bukowski	Reuse site model with Huber materials
2024	PhD research	PhD on Structural Design, InnoSuisse Flagship 'Think Earth'	Linus Paul Schmitz, Jacqueline Pauli	Beams and boards

Timeline of the teaching projects in which the materials of the Huber Pavilions were reused

Materialbestand von Clara He, einer Studentin von Momoyo Kaijima und Catherine De Wolf

Material inventory by Clara He, a student of Momoyo Kaijima's and Catherine De Wolf's

Projektbasiertes, praxisorientiertes Lernen

Im Kontext von Architektur und Bauwesen ist projektorientiertes Lernen vielschichtig und umfasst die Vorbereitung des Standorts und der Materialien, Entwurf und Konstruktion, Rückbau, Durchführung von Messungen, Bestandsaufnahme sowie die Festlegung detaillierter Zeitpläne, Aufgaben und Verantwortlichkeiten. Die Studierenden lernen, mit der Schwerkraft und den Folgen ihrer konzeptionellen Ideen umzugehen, wenn sie sich mit dem Bau von Fundamenten, Strukturelementen und Einrichtungen in voller Größe auseinandersetzen müssen. Die Gewährleistung der Sicherheit während der Bauarbeiten ist für das Wohlergehen der Teilnehmenden und der zukünftigen Nutzenden von größter Bedeutung.

Beim projektorientierten Lernen kommt es auf die Details an. So beschäftigten die Studierenden sich zum Beispiel mit den Normen der Schweizerischen Unfallversicherungsanstalt (SUVA), einem wichtigen Anbieter von Unfallpflichtversicherung und Maßnahmen der Arbeitssicherheit in der Schweiz, und mit der Eidgenössischen Koordinationskommission für Arbeitssicherheit (EKAS), die die Bestrebungen zur Gewährleistung von Sicherheit und Gesundheitsschutz am Arbeitsplatz in verschiedenen Branchen in der Schweiz koordiniert. Unter Berücksichtigung der Sicherheitsnormen (SUVA) und der Arbeitnehmerschutzvorschriften (EKAS) wurde ein umfassendes Sicherheitskonzept erarbeitet, das mögliche Gefährdungen, Verhaltensregeln, Sicherheitsanweisungen und Notfallprotokolle enthält. Inspektionen durch Expert:innen und Sicherheitsbeauftragte können eine Sicherheitskultur fördern, in der die Studierenden lernen, unsichere Praktiken zu vermeiden und mögliche Risiken einzuschätzen.

Die Studierenden erwarben auch die Fähigkeit, die Materialien während des gesamten Prozesses der Umverteilung zu inventarisieren und nachzuverfolgen. Mithilfe fortschrittlicher digitaler Technologien wie LiDAR-Scans (Light Detection and Ranging) und Materialpässen konnten sie detaillierte Informationen zu den Materialien genau erfassen. Anhand von LiDAR-Scans erstellten die Studierenden präzise 3D-Darstellungen der Materialien und verfassten anschließend digitale Materialpässe, die die wichtigsten Daten dokumentierten. Diese Kombination ermöglichte eine effiziente Verteilung und Verwaltung der Ressourcen und stellte sicher, dass die Materialien angemessen und nachhaltig zugeteilt wurden.

Project-based, hands-on learning

In the context of architecture and construction, project-based learning is multi-layered, including learning about site and material preparation, design and construction, disassembly, taking measurements, setting up an inventory, defining detailed timelines, tasks, and responsibilities. Students learn to deal with gravity and the consequences of their conceptual design ideas when faced with the full-scale size of the construction of foundation, structural elements, and finishings. Ensuring safety during construction is understood as paramount to the well-being of participants and future users.

With project-based learning, details are important. For example, my students learned about the Swiss Accident Insurance Fund norms (*Schweizerische Unfallversicherungsanstalt*, or SUVA in German, a major provider of compulsory accident insurance and workplace safety services in Switzerland). They also learned about the Federal Coordination Commission for Occupational Safety (*Eidgenössische Koordinationskommission für Arbeitssicherheit* or EKAS in German). EKAS coordinates efforts to ensure workplace safety and health standards across various industries in Switzerland. Adhering to building norms (SUVA) and worker protection rules (EKAS), a comprehensive safety plan was developed to address potential risks, conduct rules, safety instructions, and emergency protocols. Expert audits and responsible safety officers can nurture a culture of safety, in which students learn to mitigate unsafe practices and assess potential risks.

Students also acquired the skills to be able to inventory, track, and trace materials throughout the resource reallocation process. Using advanced digital technologies like Light Detection and Ranging (LiDAR) scanning and material passports, they were able to accurately capture detailed information about the materials. LiDAR scanning enabled students to establish precise 3D representations of the materials. Then, they created digital material passports that documented essential data. This combination allowed for efficient distribution and management of resources, ensuring that materials were allocated appropriately and sustainably.

The design and testing phases occurred simultaneously. This led to materials being combined in a flexible, ad-hoc way during construction, making traditional linear design processes more circular. Indeed, hands-on learning requires real materials at full scale, applied to real-world projects.

Die Entwurfs- und die Testphase fanden gleichzeitig statt. Dadurch war eine flexible und zeitgerechte Kombination von Materialien während des Entwurfs möglich, was den traditionell linearen Entwurfsprozess zirkulärer machte. Praktisches Lernen erfordert reale Materialien und ihre Anwendung in realen Projekten.

Zusammenarbeit von Industrie, Politik und Hochschulen

Um einen positiven Wandel hin zu einem nachhaltigeren Bausektor zu erreichen, ist eine gute Zusammenarbeit zwischen Politik, Industrie und Baufachleuten unerlässlich. Der Lernprozess wurde zu einer transformativen Erfahrung für die Studierenden und die weiteren Beteiligten. Eine Vielzahl von pädagogischen und praktischen Anwendungen erweckte die Materialien der Huber Pavillons zu neuem Leben. Michael Wick, Bauunternehmer, Schreiner, Metallbauer und Experte für Wiederverwendung, leitete den Prozess und stellte nicht nur sicher, dass die wiederverwendeten Materialien in jedem neuen Kontext einen sinnvollen und nachhaltigen Zweck erfüllten, sondern auch, dass die Studierenden aus diesem Prozess durch eigenes Tun lernten.

Die Bemühungen, von der Stadt Zürich eine Baugenehmigung für CircÛbi zu erhalten, waren dank des engen Kontakts und Austauschs mit Grün Stadt Zürich und dem Amt für Baubewilligungen erfolgreich. Während des Verhandlungsprozesses mit der Stadt haben die Studierenden (und ich) gelernt, wie solche Bewilligungen erteilt werden und was die Stadt verlangt, um bauliche Experimente auf dem Gelände von Stadt und Campus zu ermöglichen.

Auch in meinem Frühjahrskurs 2024 „Digital Transformation for Circular Construction" wurden Materialien der Huber Pavillons in einem realen Architekturprojekt verwendet. Als Fallstudie diente das neue Stadtquartier Zwhatt in Zürich Regensdorf-Watt. Die Überbauung befindet sich auf dem ehemaligen Gretag-Areal in unmittelbarer Nähe des Bahnhofs Regensdorf-Watt und ist somit gut erreichbar. In Zusammenarbeit mit Baubüro in situ wollten wir den Studierenden die logistischen Aspekte der Neugestaltung von Wohnraum im Sinne der Nachhaltigkeit näherbringen.

Beim Projekt Zwhatt wurde unter der Leitung von Pensimo Management und in Zusammenarbeit mit Baubüro in situ mit

Industry – government – academia collaborations

Paradigmatic collaborative efforts between governments, industries, and stakeholders are crucial in driving positive change toward a more sustainable construction sector. This learning process became a transformative experience for the students and stakeholders involved. The Huber Pavilions' materials found new life through a variety of educational and practical applications, supported by experienced practitioners, including Michael Wick, a contractor, carpenter, metalworker, and reuse expert, who guided the process, ensuring not only that the repurposed materials served meaningful and sustainable purposes in each new context, but also that the students learned from this process by doing.

Working on receiving a building permission in 2023 from the City of Zurich for CircÛbi became successful through close contact and exchanges with Grün Stadt Zürich and the office for building permits. Throughout the negotiation process with the city clerk for obtaining our building permit, the students (and I) learned how such permits can be obtained and what is required from the city to enable construction experimentation on city and campus grounds.

Das von Studierenden der ETH Zürich unter der Leitung von Catherine De Wolf, Momoyo Kaijima, Barbara Buser und Elias Knecht errichtete Bauwerk

The structure built by students of ETH Zurich under the supervision of Catherine De Wolf, Momoyo Kaijima, Barbara Buser, and Elias Knecht

wiederverwendeten Materialien ein Mock-up gebaut für Studierendenwohnungen in einem umgenutzten Gebäude. Das Projekt trug nicht nur zum Verständnis des zirkulären Bauens bei, sondern beschäftigte sich auch mit dem Wohnungsmangel in Zürich. Ein Zehnjahresplan sieht vor, das Gebiet in ein gemischt genutztes Quartier umzuwandeln, in dem zwei Architekturbüros verschiedene Sanierungsstrategien evaluieren können, mit einer Testphase, in der Studierende in den oberen Stockwerken wohnen.

Archivbilder des Innenraums der Huber-Pavillons   Archive images of Huber Pavilions' interior

The reuse of the Huber materials in a real-world architectural project was also undertaken in my 2024 Spring course, 'Digital Transformation for Circular Construction'. A new urban quarter, called "Zwhatt" in Zurich Regensdorf-Watt, located in the Canton of Zurich, was used as a case study for this class. The development is situated on the former Gretag site adjacent to the Regensdorf-Watt train station, making it highly accessible. We wanted the students to learn from logistical aspects of reimagining housing spaces for sustainability in collaboration with baubüro in situ.

The Zwhatt project, led by Pensimo Management AG, involved working with baubüro in situ on constructing a mock-up with reused materials for student housing in a repurposed building, contributing to the understanding of circular construction and addressing Zurich's housing crisis. This was based on a ten-year plan to transform the area into a mixed-use neighbourhood, where two architectural firms could evaluate different renovation strategies, with a test phase in which students reside on the top floors.

In our conversation with the students, it becomes evident that broadening our knowledge base and experience is a shared benefit across disciplines. In a separate conversation that follows this one, we spoke with the architects directly involved in the reuse of the pavilions: Annette Spiro and Florian Schrott.

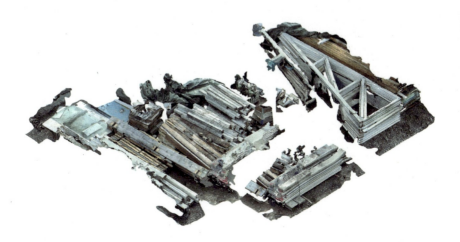

Reality Capture des Materialbestands der Huber-Pavillons durch Studierende der ETH Zürich

Reality capture of the inventory of materials from the Huber Pavilions, created by ETH Zurich students

Gespräch mit den Studierenden Claudia La Valle, Yannick Reich, Carole Allenbach, Loukas Mettas, Clara He und Samuel Labhard

Carole Allenbach hat einen Bachelor of Science in Architektur der ETH Zürich und absolviert derzeit an der ETH einen Master of Science in Architektur. Praktische Erfahrungen sammelte sie in Workshops der interdisziplinären Forschungsgruppe Boulouki in Griechenland und bei einem Praktikum bei Singer Baenziger Architekten. Während eines Austauschsemesters an der École Polytechnique Fédérale de Lausanne (EPFL) vertiefte Carole ihr Interesse an der Wiederverwendung von ortsspezifischen Materialien und dem Einsatz von Simulationswerkzeugen, um fundierte Entwurfsentscheidungen zu treffen. Sie glaubt fest an den kollaborativen Charakter der Architektur und betont, wie wichtig es ist, die richtigen Leute, Materialien und Werkzeuge zusammenzubringen.

Clara He hat einen Bachelor in Kunstgeschichte der Columbia University und einen Master in Architektur der Harvard University Graduate School of Design (GSD). Als Austauschstudentin an der ETH Zürich war sie am Entwurf und Bau von CircÛbi beteiligt und entdeckte dabei ihre Leidenschaft für nachhaltiges Bauen. Ihre Diplomarbeit, in der sie ein zerlegbares Holzrahmensystem vorschlug (Design for Disassembly – DfD), wurde mit dem James Templeton Kelley Prize und dem Peter Rice Prize ausgezeichnet. Seit 2023 forscht sie am Design Technologies Lab der GSD, wo sie in Zusammenarbeit mit der Stadt Boston einen Prototyp für eine nachhaltige Additional Dwelling Unit (ADU) entwickelt hat. Clara arbeitet derzeit als Entwurfsarchitektin bei Lever Architecture in Portland, Oregon, wo sie sich auf das Bauen mit Brettsperrholz spezialisiert hat.

Claudia La Valle ist Studentin im Master of Integrated Building Systems (MIBS) der ETH Zürich. Sie beschäftigt sich mit der Eindämmung städtischer Wärmeinseln und der Wiederverwendung von Materialien als Vorbereitung auf zukünftige Ressourcenknappheit, höhere Temperaturen und größere Dichte in Städten. Sie leitete ein Konstruktionsteam für CircÛbi. Sie hat ihren Bachelor in Umweltingenieurwesen an der ETH Zürich gemacht, wo sie sich in ihrer Abschlussarbeit mit der Nutzung des Gebäudebestands als Materiallager zur Verbesserung der Kreislaufwirtschaft in Oerlikon, Zürich,

Conversation with students Claudia La Valle, Yannick Reich, Carole Allenbach, Loukas Mettas, Clara He, Samuel Labhard

Carole Allenbach, who holds a Bachelor of Science in Architecture from ETH Zurich, is currently pursuing her Master of Science in Architecture at the same institution. She has gained practical experience through workshops with Boulouki in Greece and an internship at Singer Baenziger Architekten. During an exchange semester at the École Polytechnique Fédérale de Lausanne (EPFL), Carole deepened her interest in reusing site-specific materials and utilising simulation tools to make informed design decisions. She is a firm believer in the collaborative nature of architecture, emphasising the importance of assembling the right people and materials while employing the appropriate tools.

Clara He obtained her Bachelor's degree in Art History from Columbia University and a Master of Architecture from the Harvard University Graduate School of Design. During her exchange at ETH Zurich, she participated in the design and construction of CircÛbi, igniting her passion for sustainable construction. Her graduate thesis, which proposed a Design for Disassembly (DfD) wood-framing system, won the James Templeton Kelley Prize and the Peter Rice Prize. Since 2023, she has been a design researcher at GSD's Design Technologies Lab, where she developed a sustainable Additional Dwelling Unit (ADU) prototype in collaboration with the City of Boston, Massachusetts. Clara is currently a designer at Lever Architecture in Portland, Oregon, specialising in cross-laminated timber (CLT) construction.

Claudia La Valle is a student in the MIBS program at ETH Zurich, with a focus on urban heat island mitigation and material reuse to prepare for resource-scarce, warmer, and denser future cities. During her studies, she led a construction team for CircÛbi. She earned her Bachelor's degree in Environmental Engineering from ETH Zurich, where her thesis centred on using the existing building stock as material storage to enhance circularity in Oerlikon, Zurich, Switzerland. Claudia also engages in coaching in systemic and design thinking for sustainability, advocating for technology-driven solutions tailored to socio-economic contexts and needs.

beschäftigte. Claudia ist Coach für systemisches und gestalterisches Denken im Bereich Nachhaltigkeit und setzt sich für technologieorientierte Lösungen ein, die auf sozioökonomische Kontexte und Bedürfnisse zugeschnitten sind.

Loukas Mettas ist Student im MIBS-Programm der ETH Zürich. Er schloss sein Studium an der Fakultät für Architektur der Demokrit-Universität Thrakien in Xanthi, Griechenland, mit einem Master of Science ab. Danach arbeitete er in der Planung, beim Bau und der Projektleitung von Wohn- und Gewerbeprojekten in ganz Griechenland. An der ETH Zürich ist er an Forschungsprojekten beteiligt und unterrichtet als Assistent verschiedene Lehrveranstaltungen. Sein Hauptinteresse gilt der Dekarbonisierung der gebauten Umwelt durch einen datengesteuerten Ansatz im Bauwesen.

Samuel Labhard absolviert derzeit ein Masterstudium im Departement Architektur an der ETH Zürich. Er hat einen Bachelor in Architektur der École Polytechnique Fédérale de Lausanne (EPFL). Samuel interessiert sich besonders für nachhaltige Architektur und möchte das kreative Potenzial der Wiederverwendung von Materialien ausschöpfen. Außerdem schätzt er gemeinschaftliche Baukonzepte. Sein Beitrag zum CircÛbi-Projekt beinhaltete innovative Designelemente und veranschaulichte den kollaborativen Geist und das interdisziplinäre Lernen, die für CircÛbi von zentraler Bedeutung sind.

Yannick Reich ist Masterstudent der Informatik an der ETH Zürich und auf Computer Vision und künstliche Intelligenz spezialisiert. Sein Ziel ist es, eine zirkuläre Bauindustrie zu ermöglichen, indem er die jüngsten Fortschritte in diesen Bereichen nutzt. In seiner Bachelorarbeit beschäftigte er sich mit der automatischen Quantifizierung von Fassadenmaterialien anhand von 2D-Bildern, um einen umfassenden Einblick in die Zusammensetzung der in der gebauten Umwelt verwendeten Ressourcen zu erhalten. Yannick arbeitet mit dem Lehrstuhl CEA zusammen, um Spitzentechnologien in die Baupraxis zu integrieren und datengestützte Entscheidungen zu treffen, die die Zukunft unserer Städte prägen werden.

Loukas Mettas is a student in the MIBS program at ETH Zurich. Born and raised in Thessaloniki, Greece, he graduated with a Master of Science from the Architecture Faculty of Democritus University of Thrace in Xanthi, Greece. After graduation, he worked on the design, construction, and project management of residential and commercial projects across Greece. At ETH Zurich, he is involved in research projects and serves as a teaching assistant for various courses. His primary interests lie in the decarbonisation of the built environment through a data-driven approach to construction.

Samuel Labhard is currently pursuing a Master of Science in Architecture at ETH Zurich. Born and raised in Lausanne, Switzerland, he holds a bachelor's degree from the Architecture Department of EPFL. Samuel is particularly interested in sustainable architecture and wishes to embrace the creative potential in reusing materials. He also values community-based building approaches. His contributions to the CircÛbi project included innovative design elements and exemplified the collaborative spirit and interdisciplinary learning central to the circular construction initiative.

Yannick Reich is a master's student in Computer Science at ETH Zurich, specialising in computer vision and artificial intelligence. He aims to enable a circular construction industry by leveraging recent advancements in these fields. In his Bachelor's thesis, he worked on automatic quantification of facade materials from 2D images, in order to gain substantial insight into the composition of resources used in the built environment. Yannick works with the Chair of CEA to integrate cutting-edge technologies into construction practices, guiding data-driven decisions that will shape the future of our cities.

Gespräche mit Studierenden des Kurses „Digital Transformation for Circular Construction" (von links nach rechts): Catherine De Wolf, Elias Knecht, Carole Allenbach (Architektur), Loukas Mettas (Architektur)

Conversations with students of the 'Digital Transformation for Circular Construction' course, from left to right: Catherine De Wolf, Elias Knecht, Carole Allenbach (Architecture), Loukas Mettas (Architecture)

Gespräche mit Studierenden des Kurses „Digital Transformation for Circular Construction" (von links nach rechts): Claudia La Valle (Umwelttechnik), Yannick Reich (Informatik)

Conversations with students of the 'Digital Transformation for Circular Construction' course, from left to right: Claudia La Valle (Environmental Engineering), Yannick Reich (Computer Science)

Die Studierenden des Kurses „Digital Transformation for Circular Construction" kamen aus den Bereichen Bauingenieurwesen, Bau, Umwelt und Geomatik, Architektur, Maschinenbau, Informatik etc. Sie arbeiteten am Entwurf und Bau des CircÛbi-Pavillons, unter Einsatz der wiederverwendeten Materialien der Huber Pavillons. Dabei eigneten sie sich Wissen zur Praxis der Wiederverwendung sowie zur neuesten Forschung im Bereich digitale Technologien für zirkuläres Bauen an. Das Gespräch[16] macht deutlich, dass die Erweiterung der Wissens- und Erfahrungsbasis für alle Disziplinen von Nutzen ist.

[ZÜRICH UND ONLINE AUS BOSTON, USA, UND XINJIANG, CHINA, 2. MAI UND 13. JUNI 2024]

CDW   Ich würde gerne wissen, was euch motiviert hat, an unserem Kurs teilzunehmen.

YR   Für mich gab es zwei Hauptgründe. Erstens war es kein Informatikkurs, sodass ich meinen Horizont erweitern und mich mit anderen Bereichen auseinandersetzen konnte. Zweitens fand ich den allgemeinen Aspekt der Nachhaltigkeit faszinierend, insbesondere die Idee, beim Bauen weniger Ressourcen zu verbrauchen.

CH   Die Kursbeschreibung auf der Website der ETH Zürich hat mich sofort angesprochen. Der Kurs bot mir die Möglichkeit, etwas über die innovative Wiederverwendung von Materialien zu lernen und praktische Erfahrung im Entwerfen und Bauen eines Pavillons zu sammeln – etwas, das kein Kurs an der Harvard Graduate School of Design (GSD) bietet. Meine Diplomarbeit wurde zu einem großen Teil durch meine Beteiligung am Entwurf und Bau von CircÛbi inspiriert. Nach meiner Rückkehr in die USA hat mich die Praxis der Wiederverwendung von Materialien motiviert, die ich an der ETH Zürich gelernt hatte. Ich übertrug diese Ideen auf den amerikanischen Kontext und entwarf ein Holzrahmensystem nach dem Prinzip „Design for Disassembly" als Antwort auf die amerikanischen Regeln der Verdichtung. Meine Arbeit wurde mit einem Preis ausgezeichnet, und diesen Sommer werde ich einen kleinen Pavillon auf einer Farm im Staat New York mit der von mir entwickelten Technik bauen. Demnächst werde ich in einem Entwurfsbüro in Portland, Oregon, arbeiten, das sich auf Konstruktionen mit Brettsperrholz spezialisiert hat. Ich plane, meine Forschungen über zerlegbare Holzstrukturen fortzusetzen. Ich bin gespannt,

Students who took my course were from Civil, Environmental and Geomatic Engineering, Architecture, Mechanical Engineering, Computer Science, etc. They collaborated on the design and construction of the CircÛbi pavilion, with the reused materials of the pavilions, learning about reuse practice and the latest research on digital technologies for circular construction. The conversations[15] emphasise that expanding the knowledge and experience base is beneficial for all disciplines.

[ZURICH ON MAY 2ND, 2024, ONLINE FROM BOSTON, US AND XINJIANG, CHINA, ON JUNE 13TH, 2024]

CDW   I am interested in knowing what motivated all of you to take our class.

YR   For me, there were two main reasons. One, it wasn't a computer science course, so it allowed me to broaden my horizon and interact with other fields of study. Two, I found the general sustainability aspect intriguing, especially the idea of using fewer resources in construction.

CH   I was immediately drawn to the course description on ETH Zurich's website. It offered me a chance to learn about cutting-edge material reuse and to gain real-world experience in designing and building a pavilion—something no course at Harvard Graduate School of Design (GSD) offers. My thesis was largely inspired by my involvement in the design and construction of CircÛbi. Upon returning to the US, I was motivated by the material reuse practices I learned at ETH Zurich. I applied these ideas to the American context, creating a design-for-disassembly wood framing system in response to US densification policies. My work won our thesis prize, and this summer, I'll be building a small pavilion on a farm in upstate New York using the technique I developed. I'm about to start working at a design office in Portland specialising in CLT construction. I plan to continue my research on demountable wood structures. I'm eager to see where this paradigm shift will lead and look forward to contributing to it.

CLV   For me, having just finished my bachelor thesis on disassembly, I wanted to learn more about deconstruction and the challenges and opportunities of circularity in the building industry. It was a

wohin dieser Paradigmenwechsel führen wird, und freue mich darauf, meinen Beitrag dazu zu leisten.

CLV Nachdem ich meine Bachelorarbeit zum Thema Demontage abgeschlossen hatte, wollte ich mehr über den Rückbau und die Herausforderungen und Chancen der Kreislaufwirtschaft im Bausektor erfahren. Es war eine großartige Gelegenheit, digitale Werkzeuge für die Bauindustrie zu erforschen, die normalerweise nicht so digitalisiert ist.

LM Da ich aus der Architektur komme, hat mich die Möglichkeit motiviert, etwas mit meinen eigenen Händen zu bauen und zu erforschen, wie wir eine zirkuläre Denkweise in der Architektur fördern können, die meiner Meinung nach derzeit fehlt. Alles in allem war es eine fantastische Erfahrung. Der Höhepunkt war für mich das interaktive Arbeiten. Das hat uns ermöglicht, die erlernten Technologien anzuwenden, was die Erfahrung viel praktischer und lehrreicher machte.

SL Ich war fasziniert von dem innovativen Ansatz des Kurses und dem Potenzial für eine breitere Anwendung. Der praktische Aspekt war besonders interessant. Der Kurs war einzigartig, weil es darum ging, im Maßstab 1:1 mit echten Materialien zu bauen. Im Gegensatz zu traditionellen Studios, in denen Entwurfsentscheidungen getroffen werden, bevor die Materialien ausgewählt werden, begannen wir mit den Materialien und entwickelten den Entwurf von dort aus. Das war eine ganz andere Herangehensweise. Zurzeit reise ich durch Asien, ich war in Japan, Nepal, Indien und China. Als nächstes geht es nach Kirgistan, bevor ich in die Schweiz zurückkehre. Ich sehe ein großes Potenzial in der zirkulären Architektur, insbesondere in Notsituationen mit knappen Ressourcen. Ich habe vor, für eine Nichtregierungsorganisation zu arbeiten, die am Wiederaufbau beteiligt ist, und will mich weiter mit nachhaltigen und zirkulären Baupraktiken beschäftigen. Kreislaufwirtschaft und gemeinschaftliches Bauen werden im Mittelpunkt meiner zukünftigen Arbeit stehen, wobei ich in kleinem Maßstab beginnen und Gemeinden in den Entwurfs- und Bauprozess einbeziehen möchte.

CA Für mich war es ein einzigartiger Kurs, der verschiedene Disziplinen kombiniert und eine Mischung aus Vorlesungen und

great opportunity to delve deeper into digital tools for the building industry, which is usually not so digitised.

LM   Coming from an architectural background, I was motivated by the chance to build something with my own hands and explore how we can foster a circular mindset in architecture, which I feel is currently lacking. Overall, it was a fantastic experience. The interactive activity sessions were the highlight for me. They allowed us to apply the technology we learned about, making the experience much more practical and insightful.

SL   I was intrigued by the course's innovative approach and its potential for larger-scale application. The hands-on aspect was particularly appealing. This course was unique because it involved building at full scale, using real materials. Unlike traditional studios, where design decisions come before material selection, we started with materials and developed the design from there. It was a completely different approach. I'm currently travelling through Asia, having visited Japan, Nepal, India, and China. Next, I'll head to Kyrgyzstan before returning to Switzerland. I see great potential in circular architecture, especially in emergency contexts with scarce resources. I plan to work for an NGO involved in reconstruction and continue exploring sustainable and circular construction practices. Circularity and collaborative building will be central to my future work, starting on a small scale and involving communities in the design and construction processes.

CA   For me, it was a unique course at ETH Zurich, combining different disciplines and offering a mix of lectures and interactive activities. It was truly special. Starting with available resources can be very rewarding. Each lecture introduced us to different technologies, from blockchain to human-robot collaboration. Typically, design starts with an idea, and then we choose the materials. This course reversed that process. We began with a diverse stock of materials and had to design around them, which was a new and challenging approach.

LM   The interdisciplinary nature was core to the course. It was challenging but efficient. Including experts from various fields improved the design process by allowing early identification and correction of mistakes.

interaktivem Arbeiten bietet. Es war wirklich etwas Besonderes. Es kann sehr lohnend sein, mit den vorhandenen Ressourcen zu beginnen. In jeder Vorlesung haben wir verschiedene Technologien kennengelernt, von Blockchain bis zu Mensch-Roboter-Kollaboration. Normalerweise beginnt der Entwurf mit einer Idee und dann wählen wir die Materialien aus. Dieser Kurs drehte den Prozess um. Wir begannen mit den Materialien und mussten um diese herum entwerfen, was eine neue und herausfordernde Herangehensweise war.

LM   Der interdisziplinäre Charakter war das Herzstück des Kurses. Es war herausfordernd, aber effizient, da die beteiligten Fachleute aus verschiedenen Bereichen den Entwurfsprozess verbessert haben, indem sie Fehler frühzeitig erkannten und korrigieren konnten.

EK   Hattet ihr während des Studiums andere Kurse, in denen ihr mit Studierenden aus anderen Fachbereichen zusammengearbeitet habt?

YR   Selten. Bei den wenigen Gelegenheiten, die ich hatte, gab es keine enge Zusammenarbeit. Es war meistens unabhängig vom normalen Studium.

CLV   Ich habe ähnliche Erfahrungen mit großen Kursen gemacht, an denen Studierende aus verschiedenen Fachbereichen teilgenommen haben, aber es war nicht so eng integriert wie in diesem Kurs, in dem wir Fachwissen aus verschiedenen Bereichen auf unterschiedliche Weise eingebracht haben.

CDW   Könnt ihr konkrete Beispiele nennen, wie ihr eure Expertise in den Kurs eingebracht habt?

YR   Bei der Datenbankaufgabe hatten einige Studierenden eine Bestandsaufnahme der Materialien gemacht. Die Informatikstudierenden wussten, wie man die Datenbank erstellt, während die Bauingenieur:innen und die Architekt:innen wussten, wie man die Materialien gruppiert und beschreibt.

CLV   Die enge Zusammenarbeit mit den Architekt:innen hat es mir ermöglicht, ihre Kreativität zu sehen, während wir uns aus der Sicht der Ingenieur:innen auf Praktikabilität und Machbarkeit konzentrierten.

EK   In your studies, have you had other courses where you interact with students from different departments?

YR   Rarely. In the few times I did, there wasn't much close interaction or collaboration. It was usually independent of normal studies.

CLV   I had a similar experience with large courses involving students from various departments, but it wasn't as closely integrated as in your course, where we had expertise from different fields contributing in different ways.

CDW   Can you give concrete examples of how you brought your expertise into the classroom?

YR   In the database task, some students had done an inventory of materials. The computer science students knew how to create the database, while the civil engineers and architects knew how to group and describe the materials.

CLV   Working closely with architects allowed me to see their creativity, while we focused on practicality and feasibility from an engineering perspective. It was great to collaborate and understand each other's ways of thinking.

CDW   That makes me happy because our goal was to bring you together to work collaboratively.

CLV   In our program, 'the Master of Integrated Building Systems (MIBS)', we can take courses in civil engineering, mechanical engineering, electrical engineering, and at the Energy Science Center. It is a very diverse program, with students from various engineering backgrounds and architects.

EK   In this course, you worked with students from different departments, professors, an architectural office, and a contractor. How was this experience for you?

YR   It was interesting to learn from professionals about the construction side of things, which was new to me as a computer

Es war toll, zusammenzuarbeiten und die Denkweise der anderen zu verstehen.

CDW   Darüber freue ich mich, denn unser Ziel war es, euch zusammenzubringen, um gemeinsam zu arbeiten.

CLV   In unserem Studiengang Master of Integrated Building Systems (MIBS) können wir Kurse in Bauingenieurwesen, Maschinenbau, Elektrotechnik und im Energy Science Center belegen. Es ist ein sehr vielfältiger Studiengang mit Studierenden aus verschiedenen Bereichen des Ingenieurwesens und der Architektur.

EK   In diesem Kurs habt ihr mit Studierenden verschiedener Fachrichtungen, Professor:innen, einem Architekturbüro und einem Bauunternehmen zusammengearbeitet. Wie war das für euch?

YR   Es war interessant, von Fachleuten etwas über die Konstruktion zu lernen, was für mich als Informatikstudentin neu war. Der Entwurf einer Verbindung dauerte mehrere Stunden, mehrere Fachleute und Studierende waren daran beteiligt. Dies verdeutlicht sowohl den Wert als auch die Herausforderungen der interdisziplinären Zusammenarbeit und macht den Prozess trotz möglicher Ineffizienzen auf einer realen Baustelle attraktiv und wertvoll. Lernen kann ineffizient sein, nicht wahr? (lacht)

CDW   Lernen muss nicht effizient sein. Es geht darum, die gelernten Prinzipien ein Leben lang im Gedächtnis zu behalten. Kreislaufwirtschaft durch Diskussionen, Konstruktionen und Fehler zu lehren, ist effektiver als eine PowerPoint-Präsentation.

CLV   Ich mochte die praktische Erfahrung, die Arbeit mit den Maschinen und den kreativen Umgang mit eingeschränkten Materialien. Das hat uns sehr mit dem Projekt verbunden. Die Zusammenarbeit hat erfordert, dass wir uns als Team zusammenfanden, sofort Entscheidungen trafen und hart arbeiteten, um den Zeitplan einzuhalten.

EK   Wenn ihr auf eure Beweggründe für den Kurs zurückblickt, wie fandet ihr die Balance zwischen traditionellem Zimmermannshandwerk und neuen digitalen Werkzeugen?

science student. Designing a joint took hours between multiple professionals and students. This highlights both the value and challenges of interdisciplinary collaboration, making the process engaging and valuable for learning despite the potential inefficiencies on a real construction site. Learning can be inefficient, right? (laughs)

CDW Learning doesn't have to be efficient. It is about remembering the principles you've learned for the rest of your life. Teaching circular economy through discussions, construction, and making mistakes is more effective than just a PowerPoint presentation.

CLV I enjoyed the real-world experience, working with machinery, and being creative with limited materials. It made us very attached to the project.

CDW Nice to hear that. You learned to be adaptable, working with limited materials and finding new solutions along the way. That is an important skill.

CLV Working together required us to come together as a team, making decisions on the spot and working hard to meet the schedule.

EK Looking back at your motivations for the course, how did you find the balance between traditional carpentry and emerging digital tools?

YR I found the mix appealing. The physical construction was new to me. I was also surprised at how little digitalisation there is in the construction industry, but seeing what is possible and what is being taught was inspiring.

CLV I'm learning a lot about simulations and computational design, focusing on detecting existing building materials and renovating or building new structures with them. I want to become an expert in this field and manage the trade-off between operational and embodied emissions.

YR I see the potential to advance circularity and sustainability in construction by improving digitalisation. Many labour-intensive

YR Ich fand die Mischung reizvoll. Das physische Bauen war eine tolle Abwechslung für mich. Ich war auch überrascht, wie wenig Digitalisierung es in der Baubranche gibt, aber zu sehen, was möglich ist und was gelehrt wird, war spannend.

CLV Ich beschäftige mich viel mit Simulationen und computergestütztem Entwerfen, wobei ich mich darauf konzentriere, vorhandene Baustoffe zu finden und mit ihnen Gebäude zu bauen oder zu renovieren. Mein Ziel ist es, Expertin auf diesem Gebiet zu werden und den Konflikt zwischen Emissionen im Betrieb und grauen Emissionen im Gebäude zu managen.

YR Ich sehe das Potenzial, Kreislaufwirtschaft und Nachhaltigkeit im Bauwesen durch eine bessere Digitalisierung voranzutreiben. Viele arbeitsintensive Aufgaben könnten digitalisiert werden, was nachhaltige Praktiken in einem kapitalistischen System praktikabler machen würde.

CLV Ich habe gelernt, dass verschiedene Büros unterschiedliche Anreize und Möglichkeiten haben, digitale Technologien einzusetzen. Führende Firmen können den Weg weisen, aber kleinere Büros können Schwierigkeiten haben, digitale Talente anzuziehen. Das ist ein gesellschaftliches Problem, das gelöst werden muss. In die Zukunft denkende Büros wie Herzog & de Meuron können den Weg weisen. Es erfordert Anfangsinvestitionen und das Erkennen von Trends, um digitalen Werkzeugen Priorität einzuräumen.

EK Die Branche scheint aus Spezialist:innen und Expert:innen zu bestehen. Wie hat es euch sozial und kulturell beeinflusst, mit anderen Studierenden auf einer Baustelle zu arbeiten? Wie habt ihr die Diskussionen mit den Fachleuten auf der Baustelle empfunden?

CA Es war sehr hilfreich. Wir haben viel von den Fachleuten gelernt, und sie haben von unseren Ideen profitiert. Michael Wick, ein Handwerksprofi, hat mich gelehrt, wie man Menschen und Aufgaben vor Ort effektiv managt. Sein Führungsstil und seine Denkweise haben mich beeindruckt.

tasks could be digitised, making sustainable practices more viable in a capitalist system.

CLV I learned that different firms have different incentives and possibilities for applying digital technologies. Leading firms can show the way, but smaller firms might struggle to attract digital talent. There is a societal problem to solve. Firms with a futuristic mindset, like Herzog & de Meuron, can lead the way. It takes initial investment and seeing the trends to prioritise digital tools.

EK It seems the industry is made up of specialists and experts. How did working with students on a construction site impact you socially and culturally? How did you find the discussions with professionals on site during construction?

CA It was very helpful. We learned a lot from the experts, and they also gained insights from our ideas. Michael Wick, a professional craftsman, taught me how to manage people and tasks on site, effectively. His leadership and spirit were inspiring.

LM It was a valuable experience in managing different stakeholders and collaborating to create something together.

EK Some of you participated in both the design preparation and the construction of the CircÛbi Pavilion. Can you explain your design process for this project?

CH The final design emerged from a small competition among the architecture students in the course. In the initial phase, we proposed a pavilion design using materials reclaimed from the deconstruction of the Huber Pavilions. I've always loved that salvaged materials bear the marks of time and nature, so I wanted to highlight these dimensions in the pavilion design. My initial idea involved a circular array of trusses holding a tensioned fabric, anchored to a rock from the Huber Pavilions' foundation. However, after discussions, we realised fabric might be too risky to use due to wind load, so we switched to using tensioned ropes connecting the trusses, with plants climbing up the ropes to manifest the poetry of time.

Physisches Modell von Clara He für den CircÛbi-Designwettbewerb

Physical model by Clara He for the CircÛbi design competition

CDW　How did this assembly experience differ from your other design studios, especially considering you built what you designed?

CH　The main difference was the reversed approach to design and form-finding. Traditionally, design decisions are made before materials are sourced, but with CircÛbi, we designed based on available materials. It was my first time working on a real construction site at full scale, which was both fun and a valuable lesson.

SL　My design process focused on maximising the potential of the materials we had. I paid close attention to their properties and weaknesses. Using the iconic trusses from the Huber Pavilions, I aimed to reflect their structural strength and triangular shape in the design, making something strong yet simple within a week. It was a collective effort. While it was challenging to balance responsibilities and motivation, the collaboration led to the best ideas and necessary refinements.

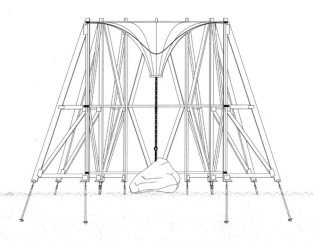

Beitrag von Clara He zum Entwurfswettbewerb für CircÛbi: Der Stein in der Mitte verweist auf das Sprichwort „Steter Tropfen höhlt den Stein", dass also andauernde Anstrengung zum Erfolg führt.

Design submission by Clara He for the CircÛbi design competition: the rock in the middle comes from the saying 'any drop can wear a rock', meaning that constant effort brings success

LM Es war eine wertvolle Erfahrung, mit verschiedenen Interessengruppen zu arbeiten und gemeinsam etwas zu schaffen.

EK Einige von euch waren sowohl an der Entwurfsvorbereitung als auch am Bau des CircÛbi-Pavillons beteiligt. Könnt ihr den Entwurfsprozess für das Projekt erläutern?

CH Der endgültige Entwurf ging aus einem kleinen Wettbewerb unter den Architekturstudierenden des Kurses hervor. Wir schlugen einen Pavillon vor, der die Materialien verwenden sollte, die beim Rückbau der Huber Pavillons anfallen. Mir hat schon immer gefallen, dass wiederverwendete Materialien die Spuren der Zeit und der Natur tragen, deshalb wollte ich diese Eigenschaften im Entwurf hervorheben. Meine ursprüngliche Idee sah eine kreisförmige Anordnung von Dachbindern vor, die ein gespanntes Gewebe halten, das an einem Stein verankert ist, der aus dem Fundament der Huber Pavillons stammt. Nach einigen Diskussionen stellten wir jedoch fest, dass die Verwendung des Gewebes aufgrund der Windlasten zu riskant sein könnte. Deshalb haben wir uns entschieden, die Binder mit gespannten Seilen zu verbinden, an denen Pflanzen emporranken, um die Poesie der Zeit sichtbar zu machen.

CDW Inwiefern unterscheidet sich diese Erfahrung von anderen Entwurfsstudios, insbesondere wenn man bedenkt, dass ihr gebaut habt, was ihr entworfen habt?

CH Der Hauptunterschied war die umgekehrte Herangehensweise an Entwurf und Formfindung. Traditionell werden Entwurfsentscheidungen getroffen, bevor Materialien beschafft werden, aber bei CircÛbi haben wir auf der Grundlage der verfügbaren Materialien entworfen. Es war das erste Mal, dass ich auf einer echten Baustelle im Maßstab 1:1 gearbeitet habe.

SL Mein Entwurfsprozess konzentrierte sich auf die Maximierung des Potenzials der Materialien, die uns zur Verfügung standen. Ich habe mich intensiv mit ihren Eigenschaften und Schwächen auseinandergesetzt. Mit den ikonischen Dachbindern der Huber Pavillons wollte ich deren strukturelle Stärke und Dreieckigkeit in meinem Entwurf widerspiegeln und innerhalb einer Woche etwas

CH   We formed small groups, each responsible for developing specific details such as the foundation, the deck, the joints, and the ropes. Intense discussions and collective brainstorming were crucial, especially for challenges like the joint between trusses.

CDW   Loukas, you were involved in digital fabrication of this joint. What did you learn from that?

LM   Our group had to create wooden joints to support the project, exploring CNC milling. Working with reused materials was challenging but taught us to think creatively and find solutions with what we had, rather than starting with ideal materials. I believe limitations [of working only with reused materials, not raw materials] actually enhance creativity. Constraints make you think outside the box and innovate, leading to more beautiful and optimised results.

CA   Having a stock of materials pushes you to understand and creatively use what is available. Our discussions helped me see the value in building something educational and demonstrative, using the trusses for student projects rather than discarding them.

LM   It is all about designing for the future, considering how buildings can be disassembled and materials reused, rather than glued or welded together permanently.

CDW   Were there any challenges in translating your drawings into a physical structure, and how did you deal with the tolerances you built into your design?

CH   Even with careful planning, there were many on-site adjustments. For example, Michael [Wick], who oversaw the construction, pointed out that the small triangles we were using for the joints were too weak. We had to make them larger and place them inside. We also made adjustments to the foundations due to the site slope and reorganised the assembly sequence. The construction of CircÛbi was a continuous process of learning and problem-solving.

SL   Yes, translating the design into a real structure was challenging. Professionals helped us focus on details and practicalities.

Starkes und doch Einfaches schaffen. Es war eine Gemeinschaftsleistung. Obwohl es eine Herausforderung war, Verantwortung und Motivation unter einen Hut zu bringen, führte die Zusammenarbeit zu den besten Ideen und den notwendigen Verfeinerungen.

CH Wir haben kleine Gruppen gebildet, die jeweils für die Entwicklung spezifischer Details wie die Fundamente, die Brücken, die Verbindungen oder die Seile verantwortlich waren. Intensive Diskussionen und kollektives Brainstorming waren entscheidend, vor allem für Herausforderungen wie die Verbindung zwischen den Bindern.

CDW Loukas, du warst an der digitalen Herstellung dieser Verbindung beteiligt. Was hast du dabei gelernt?

LM Unsere Gruppe musste mithilfe von CNC-Fräsen Holzverbindungen herstellen. Die Arbeit mit wiederverwendeten Materialien war eine Herausforderung, aber sie hat uns gelehrt, kreativ zu denken und Lösungen mit dem zu finden, was wir hatten, anstatt mit idealen Materialien zu beginnen. Ich glaube, dass diese Einschränkungen die Kreativität tatsächlich fördern. Sie zwingen einen, über den Tellerrand hinauszuschauen und innovativ zu sein, was zu schöneren und optimierten Ergebnissen führt.

CA Wenn man einen Bestand an Materialien hat, ist man gezwungen, das Vorhandene zu verstehen und kreativ damit umzugehen. Unsere Diskussionen haben mir geholfen, den Wert darin zu erkennen, etwas Lehrreiches und Anschauliches zu bauen und die Dachbinder für Projekte von Studierenden zu verwenden, anstatt sie zu entsorgen.

LM Es geht darum, für die Zukunft zu planen und darüber nachzudenken, wie Gebäude demontiert und Materialien wiederverwendet werden können, anstatt sie dauerhaft zu verkleben oder zu verschweißen.

CDW Gab es irgendwelche Herausforderungen bei der Umsetzung der Zeichnungen in eine physische Struktur, und wie seid ihr mit den Toleranzen umgegangen, die ihr in euren Entwurf eingebaut habt?

On-site adjustments were necessary, and working together with engineers and other students was crucial to finding solutions.

EK Did the digital tools you studied in our course impact the design process?

CH 3D scanning became an integral part of our workflow. We scanned the site to inform our design and create an inventory. The technology is becoming more accessible and crucial for enabling circular construction by providing a well-documented stock.

SL Digital tools opened up new possibilities, particularly in analysing the site and creating inventories. For example, we indeed used 3D scanning to understand site elevations and potential material uses, which informed our design decisions.

CDW We started the course with a talk on traditional ecological knowledge by Julia Watson[16] and discussed the importance of not getting lost in digital possibilities. The purpose is to do something better for society and the environment. Did you receive that message?

YR Yes, digitalisation is good but not always necessary. It is important to question whether it is needed and find the best solution, even if it is not the digital solution.

CLV I was thinking of examples where digital tools are helpful, like Building Information Modeling (BIM) for real-time project management, but not all digital fabrication is efficient. It is all about finding a balance and using our minds. You have to try things and see what works.

SL Yes, don't be afraid of on-site adjustments and always allow buffer time for construction. Circular construction requires flexibility and creativity, making it essential to plan for various scenarios.

CDW You have to try it and not be afraid to test new things on-site. I like that mindset. What other connections are important for circular construction, beyond materials?

CH Trotz der sorgfältigen Planung gab es viele Anpassungen vor Ort. Zum Beispiel wies Michael Wick, der die Bauleitung innehatte, darauf hin, dass die kleinen Dreiecke, die wir für die Verbindungspunkte verwendet hatten, zu schwach waren. Wir mussten sie vergrößern und innen anbringen. Außerdem haben wir die Fundamente an das Gefälle des Geländes angepasst und die Montagereihenfolge neu organisiert. Der Bau von CircÛbi war ein ständiger Prozess des Lernens und der Problemlösung.

SL Ja, die Umsetzung des Entwurfs in eine reale Struktur war eine Herausforderung. Fachleute haben uns dabei geholfen, uns auf die Details und praktische Aspekte zu konzentrieren. Es waren Anpassungen vor Ort notwendig, und die Zusammenarbeit mit den Ingenieur:innen und anderen Studierenden war entscheidend, um Lösungen zu finden.

EK Haben die digitalen Werkzeuge, die ihr in unserem Kurs kennengelernt habt, den Entwurfsprozess beeinflusst?

CH Das 3D-Scannen ist zu einem integralen Bestandteil unseres Arbeitsablaufs geworden. Wir haben als Grundlage für unseren Entwurf den Standort gescannt und so eine Bestandsaufnahme gemacht. Die Technologie wird immer zugänglicher und ist für das zirkuläre Bauen unerlässlich, da sie eine gut dokumentierte Bestandsaufnahme ermöglicht.

SL Die digitalen Werkzeuge haben neue Möglichkeiten eröffnet, insbesondere bei der Standortanalyse und der Bestandsaufnahme. Zum Beispiel haben wir 3D-Scans verwendet, um die Höhe des Geländes und die mögliche Verwendung von Materialien zu verstehen. Das war für unsere Entwurfsentscheidungen hilfreich.

CDW Zu Beginn des Kurses haben wir einem Vortrag von Julia Watson über traditionelles ökologisches Wissen[17] gehört und darüber diskutiert, wie wichtig es ist, sich nicht in den digitalen Möglichkeiten zu verlieren. Ihr Sinn liegt darin, etwas Besseres für die Gesellschaft und die Umwelt zu schaffen. Ist die Botschaft angekommen?

LM Connecting people is crucial. This course brought together diverse expertise, fostering a paradigm shift towards more sustainable practices.

EK Any advice for future students?

CA Just start. It may be hard initially, but with reused materials, you can be creative and resourceful.

LM Have the courage to envision the potential in reused materials. It can lead to something beautiful.

CDW Great closing words: just do it, have courage, and see the potential. Thank you for sharing your experiences and congratulations on your work.

YR Ja, Digitalisierung ist gut, aber nicht immer notwendig. Es ist wichtig, die Notwendigkeit zu hinterfragen und die beste Lösung zu finden, auch wenn diese nicht digital ist.

CLV Ich habe an Beispiele gedacht, bei denen digitale Werkzeuge hilfreich sind, wie Building Information Modeling (BIM) für Projektmanagement in Echtzeit. Aber nicht jede digitale Produktion ist effizient. Es geht darum, ein Gleichgewicht zu finden und unseren Verstand zu benutzen. Man muss Dinge ausprobieren und sehen, was funktioniert.

SL Ja, man sollte keine Angst vor Anpassungen auf der Baustelle haben und immer einen Zeitpuffer für den Bau einplanen. Die zirkuläre Bauweise erfordert Flexibilität und Kreativität, daher ist es wichtig, für verschiedene Szenarien zu planen.

CDW Man muss ausprobieren und darf keine Angst haben, neue Dinge auf der Baustelle zu testen. Diese Denkweise gefällt mir. Was ist sonst noch für das zirkuläre Bauen wichtig?

LM Die Verbindung zwischen den Menschen ist entscheidend. Dieser Kurs hat verschiedene Kompetenzen zusammengebracht und einen Paradigmenwechsel hin zu nachhaltigeren Praktiken gefördert.

EK Habt ihr Tipps für zukünftige Studierende?

CA Einfach anfangen. Der Anfang kann schwierig sein, aber mit wiederverwendeten Materialien kann man kreativ und einfallsreich arbeiten.

LM Habt den Mut, euch das Potenzial von wiederverwendeten Materialien vorzustellen. Daraus kann etwas Schönes entstehen.

CDW Großartiges Schlusswort: Mach einfach, hab Mut und sieh das Potenzial. Vielen Dank, dass ihr eure Erfahrungen mit uns geteilt habt und herzlichen Glückwunsch zu eurer Arbeit.

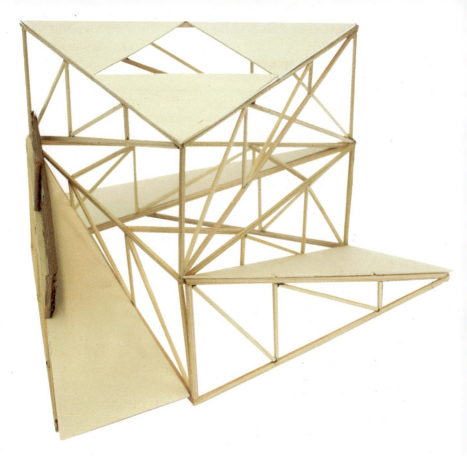

Modell des Entwurfs von Samuel Labhard zum Entwurfswettbewerb für CircÛbi: das Binder-Schloss

Physical model of Samuel Labhard's design for the CircÛbi design competition: the castle of trusses

Gespräch mit der ehemaligen Departementsvorsteherin Architektur Annette Spiro und dem Architekten Florian Schrott

Annette Spiro praktiziert als Architektin in der Schweiz und ist emeritierte Professorin der ETH Zürich. Nach Träumen von der Seefahrt und anderen Berufen absolvierte sie eine Ausbildung zur Goldschmiedin an der Zürcher Hochschule der Künste (ZHdK). Sie studierte Architektur an der ETH Zürich und schloss ihr Studium bei Professorin Flora Ruchat-Roncati mit dem Hatt-Bucher-Preis ab. Sie arbeitete für Guillermo Vazquez Consuegra und Herzog & de Meuron. 1989 emigrierte sie nach Brasilien und kehrte 1991 in die Schweiz zurück, wo sie mit ihrem Partner Stephan Gantenbein in Zürich ihr eigenes Büro gründete. Nach dem Gewinn mehrerer Wettbewerbe konzentrierte sich das Büro auf Wohnungsbau, Umbauten und Stadtentwicklung. Ab 2007 war sie Professorin für Architektur und Konstruktion im Departement Architektur an der ETH Zürich und von 2015 bis 2017 Departementsvorsteherin, bevor sie 2023 emeritiert wurde.

Florian Schrott führt zusammen mit Maria Spanou das Büro Spanou Schrott Architekten SIA in Zürich. Während seines Studiums an der ETH Zürich war er zusammen mit Tobias Baitsch Hauptorganisator der Sommerschule „European Architecture Students Assembly 2005" in Bergün und absolvierte Praktika in Zürich und Rotterdam. Nach dem Studium arbeitete er bei Haerle Hubacher und Oester Pfenninger, beide in Zürich. Parallel zu seiner selbstständigen Tätigkeit begann er als Assistent und Oberassistent von Prof. Annette Spiro an der ETH Zürich zu unterrichten, gefolgt von einer Vertretungsprofessur an der Hochschule Biberach (HBC), einem laufenden Lehrauftrag am Haus der Farbe, Zürich, und einer Gastprofessur an der HBC.

Conversation with former Dean Annette Spiro and architect Florian Schrott

Annette Spiro is a practising architect in Switzerland and Professor Emeritus at ETH Zurich. After dreaming of seafaring and other professions, she trained as a gold- and silversmith at the School of Applied Arts in Zurich (ZHdK). She studied architecture at ETH Zurich, graduating under Professor Flora Ruchat-Roncati and winning the Hatt-Bucher Prize. She worked for Guillermo Vazquez Consuegra and Herzog & de Meuron. In 1989, she emigrated to Brazil and returned to Switzerland in 1991, founding her own practice in Zurich with her partner, Stephan Gantenbein. After winning multiple competitions, they focused on housing, renovations, and urban development. She became a professor at ETH Zurich in 2007 and was Dean of Architecture from 2015 until 2017, before retiring in 2023.

Florian Schrott runs the office Spanou Schrott Architekten SIA in Zurich together with Maria Spanou. During his studies at ETH Zurich, he was the main organiser of the 'European Architecture Students Assembly 2005' summer school in Bergün with Tobias Baitsch and completed internships in Zurich and Rotterdam. After graduating, he worked for Haerle Hubacher and Oester Pfenninger, both in Zurich. Parallel to his self-employed work, he began teaching as an assistant and senior assistant to Professor Annette Spiro at ETH Zurich, followed by a deputy professorship at University of Applied Sciences - Hochschule Biberach (HBC Biberach), ongoing lectureship at Haus der Farbe, Zurich, and a guest professorship in Biberach.

Annette Spiro und Florian Schrott im Interview

Annette Spiro and Florian Schrott, interviewed about the Huber Pavilions

Als ehemalige Departementsvorsteherin für Architektur an der ETH Zürich war Annette Spiro maßgeblich an der Umnutzung der Huber Pavillons beteiligt. Gemeinsam mit ihrem Oberassistenten, dem Architekten Florian Schrott schlug sie die komplette Verlegung der Pavillons vor. Im Gespräch[18] konzentrieren sich Catherine De Wolf und Elias Knecht auf die Frage, wie sich durch die Errichtung von Prototypen für reale Gebäude auf dem Campus mit wiederverwendeten oder nachwachsenden Materialien praktisches Lernen in den Lehrbetrieb integrieren lässt.

[ZÜRICH, 24. MAI 2024]

CDW   Bevor wir auf die Huber Pavillons und das Umnutzungsprojekt zu sprechen kommen, kannst du, Annette, uns etwas über deine Lehre an der ETH Zürich im Allgemeinen und das Lehmkuppelprojekt im Besonderen erzählen? Dieses Projekt und die Wiederverwendung der Huber Pavillons unterstreichen die Bedeutung von realen studentischen Bauinitiativen in unserer Lehre.

AS   Die Lehmkuppel wurde von einem Assistenten initiiert, auch Studierende und Freiwillige aus anderen Fachbereichen waren daran beteiligt. Wir haben vergessene Techniken an moderne Verfahren angepasst. Es ist wichtig, dass engagierte Menschen solche Bauprojekte auf dem Campus leiten, wie es bei der Lehmkuppel und den Huber Pavillons der Fall war, wo die Studierenden vom Entwurf bis zum Bau beteiligt waren. Studierende eignen sich hervorragend für experimentelle Projekte wie die Lehmkuppel. Ihr frischer Blick und ihr Ideenreichtum führen oft zu außergewöhnlichen Ergebnissen. Sie haben noch keine festen Vorstellungen und können daher freier und innovativer denken. Martin Rauch, ein Experte für den Lehmbau, hat uns bei dem Projekt unterstützt.

CDW   Das klingt wie CircÛbi, der mit einer Masterarbeit begann und sich zu Lehrveranstaltungen und Entwurfsstudios entwickelte. Die Architekturstudierenden der ETH Zürich hatten eine enge Beziehung zu den Huber Pavillons, da sie für ihre Kurse und Entwurfsstudios viele Stunden dort verbracht haben. Florian, hattest du als Student auch Unterricht in den Huber Pavillons?

FS   Ich habe ein Semester mit Peter Märkli in den Huber Pavillons verbracht. Wir bauten ein beeindruckend großes Modell der Zürcher

As former Dean of Architecture at ETH Zurich, Annette Spiro played a crucial role in the reuse of the Huber Pavilions. She collaborated with her lead assistant, Florian Schrott, to propose the complete reuse of the pavilions. We had a conversation[17] with them in the HIL building, which houses both the Department of Architecture and the Department of Civil, Environmental and Geomatic Engineering, on the ETH Zurich Hönggerberg campus. This conversation focused on how we can use hands-on learning in our teaching approach, by building prototypes of real-world buildings on campus with reused or regenerative materials.

[ZURICH, SWITZERLAND MAY 24TH, 2024]

CDW   Before discussing the Huber Pavilions and the reuse project, Annette, can you tell us about your teaching at ETH Zurich more generally, and the clay cupola project in particular? This project, like the reuse of the Huber Pavilions, highlights the importance of student-led and real-world construction initiatives in our teaching.

AS   The clay cupola was initiated by an assistant and involved students and volunteers from other departments. We adapted forgotten techniques to modern processes. It is crucial for passionate individuals to lead these campus construction projects, as seen with the clay dome and Huber Pavilion projects, involving students from design to construction. Students are excellent candidates for experimental projects like the clay dome. Their fresh perspectives and inventive minds often lead to exceptional results. They haven't yet developed fixed preconceptions, which allows them to think more freely and innovatively. We had help from an expert clay builder, Martin Rauch, for building this dome.

CDW   This sounds similar to CircÛbi, starting from a master's thesis and evolving into teaching and design studios with students. The ETH Zurich architecture students became attached to the Huber Pavilions, as they had spent many hours in them for their classes and design studios. Florian, as a student, did you have classes in the Huber Pavilions?

FS   I attended a semester with Peter Märkli in the Huber Pavilions. We built an impressively large 1:50 scale model of a part of

Altstadt im Maßstab 1:50. Der Pavillon bot den nötigen Raum für die Zusammenarbeit in einem großen Team. Die Pavillons passten gut zu Märklis Unterrichtsstil, weil sie eine Gruppendynamik erzeugten.

AS   Ich habe erst später begriffen, wie revolutionär diese Pavillons sind. Die Raumaufteilung war wunderschön, mit zweigeschossigen Räumen und einem transparenten, hellen Innenraum. Sie standen wie Pfahlbauten auf dem Boden und vermittelten ein Gefühl von Leichtigkeit und Topografie. Sie waren perfekt für ihre Nutzung konzipiert. Später erfuhr ich, dass sie für den Rückbau konzipiert waren, was damals nicht üblich war. Die Wiederverwendung der Gebäude oder ihrer Materialien ist eine Herausforderung im Lehrbetrieb, da sie einen langfristigen und groß angelegten Bauprozess erfordert.

FS   Bei der Kombination von Unterricht und realem Bauen sind verschiedene Ebenen zu berücksichtigen. Aus der Sicht der Studierenden müssen sie ihre eigenen Entwürfe entwickeln und verschiedene Themen erforschen. Langfristige Projekte können sie auf ein Thema beschränken, was es schwierig macht, eine sinnvolle Kontinuität zu gewährleisten, ohne dass die Lernerfahrung selbst monoton wird.

Lehmkuppelprojekt, geleitet von Annette Spiro   Clay Cupola Project, led by Annette Spiro at ETH Zurich

the old town of Zurich, for which the pavilion offered the necessary space for the collaboration in a big team. Being situated in the pavilions suited Peter Märkli's teaching style well, creating a group dynamic.

AS   I realised later how pioneering these pavilions are. The spatial layout is beautiful with two-story rooms and a transparent, clear interior. They stand on the ground like pile dwellings, creating a light, topographical feel. They were perfectly designed for their use. I later learned they were designed to be dismantled, which wasn't a common concept back then. Reusing them or their materials is a challenge for a teaching setting, because that would require a long-term, large-scale building process.

FS   There are different levels to consider for combining teaching and real-world construction. From the students' perspective, they need to develop their own designs and explore various topics. Long-term projects can confine them to one subject, making it difficult to ensure meaningful continuity without becoming monotonous in the learning experience itself.

Detail des Kuppelprojekts, geleitet von Annette Spiro   Detail of the Cupola Project, led by Annette Spiro

AS Die Herausforderung liegt in langfristigen, groß angelegten Bauprojekten. Experimentelle Projekte wie die Lehmkuppel eignen sich für die Studierenden jedoch sehr gut.

CDW Es kann herausfordernd sein, den Zeitplan für den praktischen Bau und den Lehrbetrieb unter einen Hut zu bringen. Um die Huber Pavillons als Lernerfahrung nutzen zu können, mussten wir die Semester- und Stundenpläne der laufenden Kurse mit dem Zeitplan des Ab- und Wiederaufbaus koordinieren, mehrere Zeitschienen managen und die Anreize der verschiedenen Beteiligten verstehen.

AS Wir haben mehrere Versuche unternommen, den kompletten Wiederaufbau der Pavillons anderswo auf dem Campus vorzuschlagen. Anfangs wurden diese Ideen gut aufgenommen, aber dann ließ das Interesse nach. Ein Vorschlag war, sie anders wieder aufzubauen oder die Materialien in neuen Projekten wiederzuverwenden.

CDW Wir wollten die Pavillons so wiederverwenden, wie sie waren, und fanden Interessenten. Der Zeitplan und die Transportkosten stellten jedoch eine große Herausforderung dar. Schließlich haben wir die Materialien auf verschiedene Projekte verteilt und einen Teil für den von unseren Studierenden entworfenen und gebauten Pavillon CircÛbi auf dem Campus behalten.

EK Die von euch entwickelten Pläne, zum Beispiel die Kombination des studentischen Projekthauses mit den Pavillons, spielten eine wesentliche Rolle, um die Wiederverwendung der Materialien zu ermöglichen. Ist die teilweise Demontage und Verteilung der Pavillon-Materialien aus eurer Sicht ein Misserfolg oder fördert sie das Konzept der Wiederverwendung?

AS Das ist eine gute Frage. Ich denke, beide Perspektiven sind gültig. Einerseits ist es faszinierend, Teile wiederzuverwenden, um neue Architekturen zu schaffen. Andererseits hatten die Pavillons eine einzigartige architektonische Qualität, die durch ihre Schönheit und Funktionalität Nachhaltigkeit verkörperte. Beide Ansätze – das Bewahren der Form und das Schaffen neuer Konstellationen – haben ihre Berechtigung und sind auf ihre Weise wertvoll.

AS The challenge lies in long-term, large-scale building projects. However, students are excellent for experimental projects like the clay dome.

CDW Aligning the timelines of real-world construction and teaching can be challenging. When we wanted to use the Huber Pavilions as a learning experience, we had to coordinate the semesters and the schedules of ongoing classes with the schedule of dis- and re-assembly, managing multiple timelines and understanding the incentives of different stakeholders.

AS We made several attempts to propose rebuilding the pavilions elsewhere on the campus. Initially, these ideas were well-received, but then interest waned. One suggestion was to reconstruct them differently or reuse the materials in new projects.

CDW We aimed to reuse the pavilions as they were, finding interested parties. However, the timeline and transport costs posed significant challenges. In the end, we distributed the materials across various projects, including keeping some on campus for the pavilion that our students designed and built, which they called "CircÛbi".

EK The plans you developed, such as combining the Student Project House with the pavilions, played an essential role to enable the reuse of materials. From your perspective, should the partial dismantling and distribution of pavilion materials be seen as a failure, or does it enhance the concept of reuse?

AS That is a good question. I think both perspectives are valid. On one hand, reusing parts to create new architectures is fascinating. On the other hand, the pavilions had a unique architectural quality that embodied sustainability through their beauty and functionality. Both approaches—preserving form and creating new constellations—are justified and valuable in their own right.

CDW There is a rich history behind the Huber pavilions, from their construction and appreciation to the emotional connection

CDW   Die Huber Pavillons haben eine lange Geschichte, von ihrer Errichtung über ihre Wertschätzung bis hin zur emotionalen Bindung der Menschen an sie. Schließlich wurden sie abgebaut und ihre Teile wiederverwendet. Einige davon werden in einer Ausstellung in der Kunsthalle Zürich zu sehen sein. Indem wir die Pavillons von den Studierenden digitalisieren lassen, zahlreiche Fotos machen und Diskussionen wie die heutige führen, hoffen wir, den Huber Pavillons neues Leben einzuhauchen. Auf diese Weise kann ihr Erbe eine ähnliche architektonische Qualität in zukünftigen Projekten inspirieren, sowohl auf unserem Campus als auch darüber hinaus.

AS   Auf jeden Fall. Es sind keine Denkmäler im herkömmlichen Sinn, aber sie sind sehr wertvoll.

FS   Obwohl die gescheiterte Wiederverwendung der Pavillons als Gebäude eine verpasste Chance ist, ist es großartig, dass ihre Materialien jetzt in verschiedenen anderen Projekten eingesetzt werden und ihr Geist so dazu dient, Ziele mit einer breiteren Perspektive zu erreichen.

AS   Ich glaube, dass diese Bemühungen die Akzeptanz von Wiederverwendung und Kreislaufbau wesentlich gefördert haben. Wichtig ist auch die interdisziplinäre Zusammenarbeit, die sich daraus ergeben hat.

EK   Das ist ein guter Punkt, denn wir befinden uns derzeit im HIL-Gebäude, in dem die Fachbereiche Architektur sowie Bauingenieurwesen, Umwelttechnik und Geomatik unter einem Dach untergebracht sind. Wir haben das Privileg, mit Leuten aus verschiedenen Disziplinen zusammenzuarbeiten, zum Beispiel aus der Umwelttechnik und der Informatik. Zirkuläres Bauen erfordert diesen kollaborativen Ansatz zusätzlich zu den realen Aspekten der Baustelle.

FS   Es ist wichtig, dass die Studierenden praktische Erfahrungen auf Baustellen sammeln. Die ETH verlangt Praktika in Büros, aber ich denke, dass Praktika auf Baustellen genauso wichtig wären. Das Verständnis für die praktischen und kooperativen Aspekte des Bauens ist von unschätzbarem Wert.

people have to them. Eventually, they were disassembled, and their parts reused. Some of these parts will be featured in an exhibition at the Kunsthalle in Zurich. By having students digitally scan the pavilions, taking numerous photographs, and holding discussions like ours today, we hope to give the Huber pavilions a new life. This way, their legacy can inspire similar architectural quality in future projects, both on our campus and beyond.

AS Absolutely. These aren't monuments in the traditional sense, but they hold significant value.

FS While reusing the pavilions as buildings is a missed opportunity, it is great that their materials are now part of various other projects, using their spirit to achieve goals with a broader perspective.

CDW CircÛbi and the reuse of building materials in other projects wouldn't have been possible without your groundwork. I want to thank you for your contributions.

AS I believe this effort has significantly advanced the acceptance of reuse and circular construction. It is also important to note the cross-department collaboration that has emerged from this.

EK A good point, because we are currently in this building [the HIL building], where these different departments [architecture and civil, environmental, and geomatic engineering] are under the same roof. We have the privilege of working with people from various disciplines, such as environmental engineering and computer science. Circular construction requires this collaborative approach, alongside the real-world aspects of construction sites.

FS It is crucial for students to gain practical experience on construction sites. Our school requires internships in offices, but I think internships on construction sites would be equally important. Understanding the practical, collaborative aspects of construction is invaluable.

AS It is about integrating construction into the design process, not just as a means to an end. Circular construction adds a new

AS Es geht darum, das Bauen in den Entwurfsprozess zu integrieren, es nicht nur als Mittel zum Zweck zu sehen. Das zirkuläre Bauen fügt eine neue Dimension hinzu, die fantasievolle Ansätze erfordert. Das ist etwas, worin die Studierenden mit ihren neuen Perspektiven sehr gut sind.

CDW Es ist schwierig, die Schönheit von Gebäuden zu beurteilen. Die Huber Pavillons sind ein gutes Beispiel für das stimmige Zusammenspiel mit ihrer Umgebung und ihrem Kontext. Gestern war ich Jurymitglied für den Preis des Schweizerischen Ingenieur- und Architektenvereins (SIA),[19] und eine häufige Frage aus dem Publikum während der Preisverleihung war, wie man die Schönheit eines Gebäudes beurteilt. Wir haben uns an den Davoser Qualitätskriterien für Baukultur orientiert,[20] zu denen auch die Schönheit gehört. Es war eine Herausforderung, dies dem Publikum objektiv zu erklären, aber einige Jurymitglieder erwähnten Stimmigkeit. In der Kreislaufwirtschaft bezieht sich Stimmigkeit sowohl auf die Umweltauswirkungen als auch auf den Kontext. Die Huber Pavillons waren ein Beispiel dafür, denn sie waren gut in den Campus integriert, erfüllten die Bedürfnisse der Studierenden und Professor:innen, und sie waren mit leichten Materialien für die Demontage konzipiert, was ihre Auswirkungen auf die Umwelt minimierte. Das ist es, was wir unseren Studierenden durch solche Projekte beibringen wollen.

AS Ja, das Entwerfen aus der Konstruktion heraus war ein wichtiger Schwerpunkt, nicht nur als Mittel zur Umsetzung von Ideen, sondern auch als Quelle der Inspiration. Das zirkuläre Bauen fügt eine weitere Ebene hinzu, zusätzlich zu den bereits vorhandenen wie Standort, kultureller Kontext und Nachhaltigkeit. Fantasie ist der Schlüssel. Ich bin dankbar für die Art und Weise, wie diese Geschichten, an denen wir beteiligt waren, sich dank deiner Bemühungen zu vielversprechenden neuen Schritten entwickelt haben.

CDW Danke, Annette, für all deine Arbeit, die dieses Abenteuer der Wiederverwendung möglich gemacht hat und dafür, dass du in deiner Abschiedsvorlesung die Bedeutung der Huber Pavillons hervorgehoben hast. Das zeigt, wie wichtig sie für dich und unsere Gemeinschaft sind.

CDW   Judging the beauty of buildings is complex. The Huber pavilions were a good example of being coherent with their environment and context. Yesterday, I was part of the jury for the Swiss Society of Engineers and Architects (SIA) Prize[18], and a frequent question from the audience during the awarding ceremony was how to assess the beauty of a building. We used the Davos Baukultur Quality Criteria[19], which includes beauty. Explaining this objectively to the audience was challenging, but some jury members mentioned coherence. In circularity, coherence involves both environmental impact and context. The Huber pavilions exemplify this by being well-integrated into the campus, meeting the needs of architecture students and professors, and being designed for disassembly with lightweight materials, minimising their environmental impact. This is what we aim to teach our students through their projects.

AS   Yes, design rooted in construction was a major focus, not just as a means to realise ideas but as a source of inspiration. Circular construction adds another layer to this: it is a new layer, added to already existing ones such as location, cultural context, and sustainability. Imagination is key. I'm grateful for how these stories, which we were involved in, have evolved into promising new steps, thanks to your efforts.

CDW   Thank you for all your work which enabled this reuse adventure and for highlighting the importance of the Huber Pavilions in your farewell lecture, Annette. It shows how significant they are to you and to our community.

3 Verbindung mit der Geschichte der Huber Pavillons

3 Connecting with the History of the Huber Pavilions

In der Hieroglyphensprache der ETH auf dem Hönggerberg heisst der Architekturpavillon HIP, was «Hönggerberg, Ingenieurbau, Provisorium» bedeutet. (Bild hf.)

Ein Architektur-Provisorium auf dem Hönggerberg

wsp. Die Architekturstudenten leiden auf dem Hönggerberg unter akutem *Platzmangel*. Die Zahl der Studierenden nimmt stetig zu, die baulich-räumliche Entwicklung hinkt hinterher, deren Planung ist noch nicht abgeschlossen, so dass man nicht weiss, wo und wann einmal definitiv gebaut werden kann. Unter solchen Umständen kommen bloss Provisorien in Frage, Baracken meint man; aber Baracken im herkömmlichen Sinn sind mit dem Ansehen einer Architekturschule kaum zu vereinbaren.

Der Baukreis 4 des *Amtes für Bundesbauten* legte das Problem vertrauensvoll in die Hände *Prof. Benedikt Hubers*, und dieser entschloss sich zu einer neuartigen Holzkonstruktion und damit ohne Bedenken zu einem Baracken-Anklang, dem er aber leichte *Eleganz* verlieh durch die schlanken Stützen einer- und eine plastische Gliederung der *Galerie* anderseits. Dazu kommt das *Licht*, das durch grosse Fensterflächen hereinströmt und vom transparenten Weissanstrich fast gar intensiviert wird. Nicht weniger als 120 Zeichnungsplätze und vier Räume für Professoren und Dozenten hat das Bauwerk in zwei verschieden grossen Teilen anzubieten.

Benedikt Hubers *Pavillon* – so heisst das Bauwerk offiziell – ist, abgesehen von der Aufgabe, Platz zu schaffen, ein *Demonstrationsobjekt:* Es nimmt Rücksicht auf den derzeit grossen Holzanfall und ist geeignet, die Studenten mit dem Werkstoff Holz und neuen Konstruktionsprinzipien vertraut zu machen. In einigen Jahren wird man dann auch sehen, ob sich der Verzicht auf Gifte (Holzschutz) rechtfertigt.

«In einigen Jahren»: da steckt kein Hinweis auf eine beschränkte Lebensdauer dahinter, ganz im Gegenteil. Der Holzbau kann ein halbes Jahrhundert oder mehr überdauern und problemlos demontiert und anderswo wieder aufgestellt werden. Die *Kosten* kommen auf 1,2 Mio. Fr. zu stehen, also auf 10 000 Fr. je Arbeitsplatz oder 363 Fr. je Kubikmeter. Prof. Hubers Mitarbeiter waren die Architekten Ruedi Bolli und Peter Gerber.

Bei der Wiederverwendung der Materialien der Huber Pavillons wurde mir bewusst, dass ein grosser Teil der mündlichen Überlieferungen aus den Gesprächen mit den beteiligten Fachleuten verloren gehen würde, wenn sie nicht dokumentiert würden. Durch die Verknüpfung mit ihrer Geschichte und deren Weitergabe unterstreicht dieses Kapitel, wie wichtig es ist, nicht nur unsere Architektur und die Baumaterialien zu erhalten, sondern auch die Narrative, die sie begleiten.

Historischer Überblick

Die Huber Pavillons, ursprünglich zwischen 1987 und 1991 vom Departement Architektur errichtet, bestanden aus drei Gebäuden auf dem ETH-Campus Hönggerberg.[21] Entworfen wurden sie von Professor Benedikt Huber in Zusammenarbeit mit Rudolf Bolli von Atelier 3. Die Pavillons waren als temporäre Lösung für zusätzliche Lernräume gedacht und für eine Lebensdauer von fünf bis zehn Jahren gebaut.

Benedikt Huber (1928–2019) war ein renommierter Schweizer Architekt, Professor für Städtebau und Raumplanung an der ETH Zürich und der TU Dresden, Architekturtheoretiker und Herausgeber der Zeitschrift *Werk* sowie Verlagsleiter der Zeitschriften *SI+A* und *IAS*. 1954 gründete er zusammen mit seiner Frau Martha Huber-Villiger ein Architekturbüro in Zürich. 1993 erhielt er eine Auszeichnung des Basler Heimatschutzes.

Huber Pavillon HIP, fotografiert im Jahr 1987   Huber Pavilion HIP, as seen in 1987

During the reuse of the Huber Pavilions' materials with Barbara Buser, Momoyo Kaijima, and Elias Knecht, I realised much of the rich oral history from conversations with experts involved would be lost if they were not documented. Connecting with their history and sharing these narratives, this chapter highlights the importance of preserving not only our architecture and building materials but also the stories that accompany them.

Historical overview

The Huber Pavilions, originally constructed between 1987 and 1991 by the Department of Architecture, consisted of three buildings on the ETH Zurich Hönggerberg campus[20]. Designed by architect Rudolf Bolli, they were intended as a temporary solution for additional learning spaces and built for a lifespan of five to ten years.

In 1991, the City of Zurich[21] awarded the 'Prize for good buildings of the City of Zurich' (*Auszeichnung für gute Bauten der Stadt Zürich*) for the Huber Pavilions' architectural excellence and for their historic role at the university. The pavilions were designed by Professor Benedikt Huber in collaboration with Rudolf Bolli from Atelier 3. Benedikt Huber (1928–2019) was a renowned Swiss architect, a professor of urban design and spatial planning at ETH Zurich and Dresden University of Technology (TU Dresden), a scholar of

Huber Pavillon HIP, fotografiert im Jahr 1991   Huber Pavilion HIP, as seen in 1991

Die Pavillons hießen ursprünglich „Provisorische Erweiterungsbauten für die Zeichnungssäle", wurden aber später nach Benedikt Huber als „Huber Pavillons" bekannt. 1991 verlieh die Stadt Zürich den Huber Pavillons die Auszeichnung für gute Bauten wegen ihrer architektonischen Qualität und historischen Bedeutung für die Universität.[22]

Als die Pavillons gebaut wurden, befand sich die ETH Zürich in einem bedeutenden Erweiterungs- und Modernisierungsprozess, um der wachsenden Zahl von Studierenden und Mitarbeitenden gerecht zu werden. Die Bauten, die Teil eines umfassenderen Projekts zur Förderung von Bildungs- und Forschungseinrichtungen waren, regten dazu an, die Wiederverwendung von Materialien und nachhaltige Praktiken zu überdenken und befassten sich mit dem Bedarf an anpassungsfähigen Lernumgebungen für die Departemente Architektur sowie Bau, Umwelt und Geomatik.

Die Huber Pavillons waren mehr als 30 Jahre lang ein fester Bestandteil des Campus der ETH Zürich. Sie waren bekannt für ihre physische Präsenz und die pädagogischen Möglichkeiten, die sie den Studierenden boten. Sie beherbergten architektonische Entwurfsstudios und vielseitige Räume für eine Vielzahl von Aktivitäten. Ihr ikonisches Design mit den dreieckigen Dachbindern, den großen offenen Innenräumen und den dazwischenliegenden Gartenbereichen ermöglichte es, unterschiedliche Lernstile zu berücksichtigen.

Zeichnung von Benedikt Huber (vermutlich in Zürich) an seine zukünftige Frau Martha Villiger. Die Handzeichnung wurde bei einem Austausch mit Sabina Tenti[23] im Archiv fotografiert.

Drawing by Benedikt Huber (presumably) in Zurich sent to Martha Villiger (not yet 'Huber') in Paris or Tokyo. This hand drawing was photographed during an exchange with Sabina Tenti[22] at the archives

architectural theory, and the editor of the journal 'Werk' as well as publishing director for the journals 'SI+A" and "IAS'. He founded an architectural practice in Zurich in 1954 with his wife, Martha Huber-Villiger. He also received an award from the Basel Heritage Society in 1993. The pavilions were originally named ETH Hönggerberg *Provisorium, Zeichensäle* (meaning temporary drafting rooms), but later became more commonly known as 'Huber Pavilions', named after Benedikt Huber.

At the time the pavilions were built, ETH Zurich was undergoing significant expansion and modernisation to accommodate the growing number of students and staff. Thus, the pavilions, which were part of a broader effort to promote facilities for education and research, encouraged rethinking material reuse and sustainable practices, addressing the need for adaptable learning environments for both the Departments of Architecture and Civil, Environmental, and Geomatic Engineering.

An integral part of the ETH Zurich learning environment for over 30 years, the Huber Pavilions were renowned for their physical presence and the pedagogical opportunities they provided for students. They housed architectural design studios and versatile spaces for a variety of activities. The iconic design of the pavilions, featuring triangular truss-shaped roofs, large open-space interiors, and garden areas in between, effectively accommodated different learning styles.

Innenraum der Studios in den Huber Pavillons   Interior of the Huber Pavilions' studios

Wiederverwendung der Materialien der Pavillons

Zu Beginn unseres Engagements wollten wir alle Pavillons durch einfaches Verlegen wiederverwenden. Bald stellte sich jedoch heraus, dass die Pavillons so konzipiert waren, dass sie sich schnell aufbauen und leicht entfernen (und entsorgen) ließen, aber nicht unbedingt so, dass die Materialien wiederverwendet werden konnten. Aufgrund des temporären Charakters der Pavillons hatten die Architekt:innen leichte Materialien wie Holz und einfache Beschläge gewählt, um die zukünftige Demontage zu erleichtern. Das gewählte Holz war im Vergleich zu dem, was heute für einen temporären Bau verwendet würde, von außergewöhnlich guter Qualität. Die Überdachung zwischen den Pavillons bestand aus Buche, einem Holz, das für seine Langlebigkeit, Tragfähigkeit und Schönheit bekannt ist; im Inneren waren die Balken aus weiß gestrichener Fichte, was den Räumen eine helle und einladende Atmosphäre verlieh. Die Demontage dieser Materialien erwies sich jedoch als mühsamer, als ursprünglich gedacht. Viele der Holzteile waren zusammengefügt worden, ohne daran zu denken, wie schwierig es sein würde, die Nägel zu entfernen und die Teile zerstörungsfrei voneinander zu trennen.

Es war eine Herausforderung, die Gebäude zu demontieren, ohne die Materialien zu beschädigen, vor allem bei genagelten und geklebten Elementen. Aber Elias Knechts Engagement und die Zusammenarbeit mit erfahrenen Handwerker:innen von Unternehmen wie Wick Upcycling und Eberhard Bau ermöglichten die Neuverteilung vieler Bauteile innerhalb von zwei Wochen. Dabei wurden Kosten, Platz und Zeit abgewogen und Online-Marktplätze wie useagain.ch genutzt, um lokale Abnehmer:innen für überschüssige Materialien zu finden.

Aber es gab noch weitere Schwierigkeiten. Bevor die ausgewählten Materialien wiederverwendet werden konnten, mussten sie auf ihren Zustand hin untersucht, sorgfältig zerlegt, katalogisiert und neu verteilt werden. Die praktischen und logistischen Herausforderungen des Transports, der Lagerung und der Konservierung der Materialien mussten gemeistert werden. Es stellte sich die Frage, wie viel Material insgesamt anfällt und wie viele Materialeinheiten auf ein Transportfahrzeug passen. Wir mussten das optimale Verhältnis von Lkw-Ladung und Lagerkapazität ermitteln, die Sicherheit und Zugänglichkeit der Materialien in den Lagerräumen gewährleisten und die Materialien vor Witterungseinflüssen schützen.

Reusing the pavilions' materials

In the beginning of our involvement, we intended to reuse all the pavilions by simply relocating them. But we soon discovered the pavilions had been designed for quick assembly and ease of removal (for disposal), not necessarily ease of reuse of materials. We learned that, due to their original temporary status, the designers had chosen lightweight materials, such as wood and simple hardware, to facilitate future disassembly. We also noticed that the wood chosen was of exceptional quality, compared to what we would use today for something 'temporary'. The exterior overhang between the pavilions featured beech, a kind of wood known for its durability, strength, and beauty; inside, the trusses were made of spruce, painted white, lending a bright and inviting atmosphere to the interiors. But, the actual process of disassembling these materials required more effort than we had initially imagined. Indeed, a lot of the wooden parts were assembled together, without consideration for how easy it would be to remove the nails and disconnect the parts in a non-destructive manner.

Disassembling the buildings without damaging materials was challenging, especially with nailed and glued elements, but Elias Knecht's dedication and collaboration with skilled artisans from companies such as Wick Upcycling GmbH and Eberhard Bau AG enabled the reallocation of many parts within two weeks, balancing cost, space, and time, and using online marketplaces like useagain.ch to find local recipients for surplus materials.

Still, there were further complications. Before reusing the selected materials, we had to assess their condition and carefully dismantle, catalogue, redistribute, and re-allocate them. Fundamental questions arose regarding the cumulative material volume and how many material units could be accommodated on a single transportation vehicle. We needed to determine the optimal ratio of truckloads to storage capacity and ensure material safety and accessibility in storage rooms. Additionally, we had to devise methods to safeguard materials against weathering, and effectively manage the practical and logistical challenges of transporting, storing, and preserving all the materials for reuse.

Within two weeks, around 30% of the Huber Pavilions' components were assigned for reuse in other projects; the rest went to the Eberhard recycling facilities. This amount of reusable materials was

Innerhalb von zwei Wochen wurden ca. 30 Prozent der Bauteile der Huber Pavillons zur Wiederverwendung anderen Projekten zugeteilt, der Rest ging an die Firma Eberhard Recycling. Das ist tatsächlich eine außergewöhnlich hohe Wiederverwendungsrate für eine Abbruchbaustelle: 30-mal mehr als das eine Prozent, das normalerweise bei anderen zirkulären Bauprojekten wiederverwendet wird.

Eine weitere Herausforderung war der Zeitdruck, unter dem das Projekt stand. Wir wussten, dass zirkuläres Bauen eine detaillierte Planung und Koordination erfordert, aber die engen Zeitpläne, die bei Bauprojekten oft vorgegeben sind, lassen wenig Raum für die detaillierten Prozesse, die für einen sorgfältigen Rückbau und die Sortierung der Materialien erforderlich sind. Ich habe dies bei fast allen zirkulären Projekten gesehen, wie zum Beispiel bei der Wiederverwendung des Glases aus dem Centre Pompidou in Paris:[24] Das Timing der sorgfältigen Demontage und Verteilung war entscheidend für die Rettung der Glasscheiben. Eine gute Planung ermöglicht ein besseres Bestandsmanagement und eine bessere Identifizierung wiederverwendbarer Komponenten, was die Effizienz und Nachhaltigkeit des Bauprozesses erhöht.

Wir hatten auch darüber nachgedacht, ganze Wandsegmente der Pavillons wiederzuverwenden und an anderen Standorten wieder aufzubauen. Die Transportkosten erwiesen sich jedoch als Hindernis. Der Transport von sperrigen Materialien ist mit logistischen Schwierigkeiten und finanziellen Belastungen verbunden, die die finanziellen Vorteile der Wiederverwendung von Bauteilen übersteigen können. Diese Herausforderung macht deutlich, dass die Transportlogistik bereits in der Planungsphase von zirkulären Bauprojekten berücksichtigt werden muss. Die Untersuchung lokaler Wiederverwendungsmöglichkeiten und innovativer Transportlösungen könnte dazu beitragen, diese Kosten zu senken und die Wiederverwendung großer Bauteile praktikabler zu machen. Die Vision der Wiederverwendung ganzer Bauwerke ist verlockend, erfordert aber eine sorgfältige Berücksichtigung des wirtschaftlichen Transports, um tatsächlich realisierbar zu sein.

Insgesamt unterstreichen die Erkenntnisse aus unserem Projekt die Bedeutung von vorausschauender Planung, Koordination und Flexibilität für das zirkuläre Bauen. Die Erstellung eines detaillierten Materialinventars und die Einplanung von genügend Zeit für einen sorgfältigen Rückbau sind entscheidende Schritte.

actually an exceptionally high ratio of materials reused from a demolition site: 30 times more than the 1% of materials usually reused in other 'circular' construction projects.

The project's time constraints also posed a challenge. We knew that circular construction necessitates detailed planning and coordination, yet tight schedules often imposed by construction projects leave little room for the detailed processes required for the careful deconstruction and sorting of materials. I have seen this in almost all circular projects, such as in the reuse of glass from Centre Pompidou in Paris[23]: timing of careful disassembly and distribution was crucial for saving the glass. Proper planning facilitates better inventory management and identification of reusable components, thus enhancing the efficiency and sustainability of the construction process.

We had also envisioned reusing entire panels of the pavilions, disassembling them in sections, and rebuilding them on other sites. But transport costs turned out to be a showstopper. Transporting bulky materials involves logistical complexities and financial burdens that can outweigh the financial benefits of reusing components. This challenge highlights the need to consider transportation logistics early in the planning stages of circular construction projects. Exploring local reuse options and innovative transport solutions could help mitigate these costs and make the reuse of large components more feasible. Thus, while the vision of reusing entire structures is compelling, it requires careful consideration of transport economics to be truly viable.

Huber Pavillons während des Rückbaus, 2022   Huber Pavilions during deconstruction in 2022

Die Koordination aller Beteiligten und die Definition klarer Ziele helfen, Missverständnisse zu vermeiden. Eine flexible Planung mit anpassungsfähigen Strategien und Notfallplänen kann unvorhergesehene Hindernisse aus dem Weg räumen. Die richtige Zuweisung von Ressourcen, zum Beispiel durch Investitionen in geeignete Werkzeuge und die Schulung von Mitarbeitenden, erhöht die Effizienz. Die Dokumentation von Prozessen und die Einrichtung von Feedbackschleifen liefern Erkenntnisse für eine kontinuierliche Verbesserung.

Ein pädagogischer Vorteil

Bei der Wiederverwendung dieser Materialien waren die Studierenden an der Bestandsaufnahme, der Demontage, der Verteilung, dem Entwurf und dem Bau beteiligt. Insbesondere die Demontage des Gebäudes vermittelte den Architektur- und Ingenieurstudierenden unschätzbare praktische Erfahrungen bei der Gestaltung dauerhafter Materialverbindungen für die spätere Wiederverwendung – eine Lektion, die weit über das hinausgeht, was Bücher vermitteln können. Bei der Bewältigung der oben genannten Herausforderungen lernten sie, dass eine einfache Demontage für die Wiederverwendung von Bauteilen am Ende ihres Lebenszyklus von entscheidender Bedeutung ist.

Die Rettung und Wiederverwendung der symbolträchtigsten Baumaterialien und Strukturelemente, wie der weißen Fachwerkbinder, war für mich eine Möglichkeit, die Essenz und den historischen Wert der Pavillons für zukünftige Generationen zu bewahren. Nachdem die letzten Überreste der Pavillons entfernt worden waren, begann der Transformationsprozess Gestalt anzunehmen. Als ein Symbol der Resilienz entwarfen Studierende einen neuen Pavillon – CircÛbi –, für den sie die Materialien einsetzen, die nicht an andere Wiederverwendungsprojekte in der Schweiz gegangen waren.

Zu Beginn des Projekts suchte ich nach einem idealen Standort auf dem Campus für den neuen Pavillon. Glücklicherweise stellte mir die Abteilung Immobilien der ETH einen Standort zur Verfügung, an dem ich mit den Studierenden praktische Fallstudien für meine Kurse durchführen konnte. Da das Campusgelände öffentlich ist und dem Schweizer Staat gehört, ist für jedes Bauvorhaben dort eine Baugenehmigung erforderlich. Aus diesem Grund haben wir

Overall, lessons learned from our project underscore the importance of advanced planning, coordination, and flexibility in circular construction. Creating a detailed material inventory and scheduling sufficient time for careful disassembly are crucial steps. Ensuring that all stakeholders are aligned and setting clear objectives minimises miscommunication. Flexible planning with adaptive strategies and contingency plans can address unforeseen roadblocks. Proper resource allocation, such as investing in appropriate tools and training personnel, enhances efficiency. Documenting processes and establishing feedback loops provide insights for continuous improvement.

An educational benefit

In reusing these materials, students participated in their inventory, disassembly, distribution, and design and construction. Taking apart a building, in particular, provides architecture and engineering students with invaluable practical experience in designing durable material connections for future reuse, a lesson far surpassing what books can teach. By undertaking the above-mentioned challenges, they learned that designing for straightforward disassembly is essential for reusing components at the end of their lifespan.

Salvaging the most iconic building materials and structural elements, such as the emblematic white trusses, and reusing them, was for me a way to preserve the essence and historical value of the pavilions for future generations. As the last remnants of the pavilions were cleared, a transformation process began to take shape. As a symbol of resilience, a new pavilion (CircÛbi) was designed by students using the materials not distributed to other reuse projects across Switzerland.

At the start of the project, I looked for an ideal construction site on campus where the new pavilion could stand. Thankfully, the real estate department allocated a space where I could experiment with practical construction case studies with students for my courses. Since the grounds of the campus are public and belong to the Swiss Federal State, any construction in this zone legally requires a building permit. Therefore, early in the process of undertaking our reuse project on campus, professional assistance was sought to ensure the success and quality of the endeavour. Over the following months,

von Anfang an professionelle Hilfe in Anspruch genommen, um den Erfolg und die Qualität unseres Projekts sicherzustellen. In den folgenden Monaten begann die Zusammenarbeit mit dem Architekturbüro Baubüro in situ, das sich auf Umnutzungen spezialisiert hat, mit der Baufirma Wick Upcycling und dem Ingenieurbüro B3. Der Pavillon CircÛbi wurde von den Studierenden als Katalysator entworfen, um andere zu inspirieren, die Prinzipien der Kreislaufwirtschaft zu übernehmen und lokale Gemeinschaften zu befähigen, ihre gebauten Ressourcen zu erhalten.

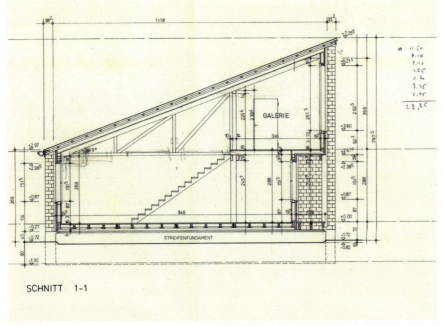

Archiv der Originalzeichnungen der Fassadenansicht

Archives of the original elevation drawings

we began collaborating with the architecture firm baubüro insitu ag, specialising in reuse, with contractor Wick Upcycling GmbH, and with the engineering office B3 Kolb AG. Our structure, CircÛbi, was designed by our students as a catalyst for inspiring others to adopt circular economy principles and empowering local communities to preserve their built resources.

Karte der Schweiz mit den Orten, an denen die Materialien der Huber Pavillons wiederverwendet wurden

Map of Switzerland showing places the materials were distributed to and reused.

Gespräch mit Rudolf Bolli, Architekt und Projektleiter der Huber Pavillon

Rudolf Bolli ist Architekt und Mitbegründer der Bolli Gerber Architekten AG Atelier 3 im Ruhestand. Er studierte Architektur an der ETH Zürich mit Diplomabschluss bei Prof. Benedikt Huber. Das notwendige Praktikum absolvierte er bei Ernst Gisel, was ihn für seine spätere berufliche Tätigkeit nachhaltig prägte. Nach dem Studium lehrte er als als Teilzeitassistent bei Prof. Benedikt Huber. Wegen dieser Zusammenarbeit wurde Atelier 3 mit der Realisierung, Planung und Ausführung der drei temporären Pavillons auf dem ETH-Campus beauftragt, die von der Stadt Zürich wegen ihres wegweisenden Entwurfs für temporäre Pavillons die Auszeichnung für gute Bauten erhielten.

Rudolf Bolli während des Gesprächs, hinter ihm ein Modell der Knotenverbindung des Übergangs zwischen den Pavillons

Rudolf Bolli during the conversation, next to an exhibited model of the nodal connection of the overhang

Conversation with Rudolf Bolli, architect and project leader of the Huber Pavilions

Rudolf Bolli is a retired architect and co-founder of Bolli Gerber Architekten AG "Atelier 3". He studied architecture at ETH Zurich with Prof. Benedikt Huber. He completed an internship with Ernst Gisel, which had a profound and lasting effect on his professional career to follow. After completing his studies, he taught as a part-time assistant to Prof. Benedikt Huber. As a colleague of Prof. Benedikt Huber, Atelier 3 was subsequently commissioned with the planning and execution of the the three temporary pavilions on ETH Hönggerberg Campus, which were awarded the 'Prize for good buildings of the City of Zurich' for their pioneering design of temporary structures.

Rudolf Bolli, Elias Knecht und Catherine De Wolf (von links nach rechts) im Gespräch

Rudolf Bolli in conversation with Elias Knecht and Catherine De Wolf (from left to right)

Das Gespräch war Teil einer größeren Initiative zur Dokumentation der umfangreichen mündlichen Überlieferungen zu den Huber Pavillons und ihrer Rolle im zirkulären Bauen. Zusätzlich zu diesem Buch sollen fortlaufende Diskussionen und eine Ausstellung das Vermächtnis der Pavillons weiterführen und die dauerhafte Wirkung von einfachem und effizientem Design aufzeigen.[25]

[ZÜRICH, 2. MAI 2024]

CDW   Rudolf, du hast mit Atelier 3 an den Huber Pavillons gearbeitet. Kannst du uns etwas über das Projekt erzählen?

RB   Ich war etwa fünfeinhalb Jahre Assistent von Professor Huber und hatte damals ein Büro mit Peter Gerber namens Atelier 3. Zu der Zeit bestand an der ETH der Bedarf nach mehr Platz. Wir dachten, dass neue professionelle Zentren eine Lösung sein könnten. Das hat sich Schritt für Schritt durch die Arbeit verschiedener Assistent:innen, sowohl Architekt:innen als auch Künstler:innen, entwickelt. Die Huber Pavillons wurden zunächst als „Provisorische Erweiterungsbauten für die Zeichnungssäle" oder einfach als „Provisorien" bezeichnet. Sie wurden in drei Phasen vom Ende der 1980er- bis zum Anfang der 1990er-Jahre errichtet. Unser Büro hatte das Privileg, bereits privat für Professor Huber zu arbeiten, der diese Pavillons als temporäre Räumlichkeiten plante. Er wandte sich zur Mitarbeit an uns und so kam es zur gemeinsamen Planung und Realisierung dieser temporären Pavillonbauten.

CDW   Du hast den Begriff „provisorisch" erwähnt. Wie lange sollte dieses Provisorium ursprünglich halten?

RB   Das Projekt sah vor, dass die Pavillons ungefähr sieben bis acht Jahre stehen sollten. Da Zeit ein entscheidender Faktor war, war ein schneller Planungs- und Bauprozess nötig. Aus diesem Grund haben wir uns für eine modulare Holzbauweise entschieden. Bald bestand der Bedarf nach zusätzlichem Platz und so wurde ein zweiter Pavillon geplant und hinzugefügt, ein dritter folgte. An dem Prozess waren drei verschiedene Bauunternehmen beteiligt. Der erste Pavillon wurde komplett von einer einzigen Firma gebaut, der zweite von einem Konsortium aus zwei Holzbaufirmen und der dritte von einer weiteren Firma. Das Projekt nahm von selbst Fahrt auf, da die Pavillons von Anfang an beliebt waren. Der erste Pavillon,

In the course of writing this book, we had the honour to speak[24] with Rudolf Bolli, the original architect of the Huber Pavilions. The discussion in my office on campus was part of a broader initiative to document the rich oral history surrounding the Huber Pavilions and their role in circular construction. In addition to this book, the pavilions' legacy endures through ongoing discussions and an exhibition, demonstrating the lasting impact of simple, effective design.

[ZURICH, MAY 2ND, 2024]

CDW   Rudolf, I understand you worked with Atelier 3 on the Huber Pavilions. Can you tell us a bit about that project?

RB   I was an assistant to Prof. Huber for about five and a half years. During that time, I ran an office with Peter Gerber called 'Atelier 3'. It was during this period that the need for more space emerged. We realised that building new professional centres could be a solution, which evolved step by step through the work of various assistants, both architects and artists. Initially, the Huber Pavilions were known as the 'provisional extensions for the drafting

Modell der Verbindung der Holzelemente in der Auskragung des Huber Pavillons, hergestellt mithilfe von Colin Schütz von den Facility Services der ETH

Exhibition of the node made for the connection of timber elements in the Huber Pavilions' overhang, with the help of Colin Schütz from facility services

eine provisorische Holzkonstruktion, wurde mit der Auszeichnung für gute Bauten der Stadt Zürich gewürdigt, was zu dieser Zeit ein Novum war. Diese Anerkennung bestätigte seine Funktionalität und Beliebtheit. Er war zwar nicht klimatisiert und daher im Sommer sehr heiß, verfügte aber über eine gute Querlüftung mit den öffenbaren Fenster.

CDW Du hast intensiv mit Elias an seiner Masterarbeit zusammengearbeitet und uns wertvolles Material zur Verfügung gestellt.

RB Wir sind durch meine Verbindung zu Professor Huber während meiner Assistenzzeit zu diesem Projekt gekommen. Darauf folgte der Einstieg in die Projekte der ETH Zürich, beginnend mit einer kleinen Sanierung an der Scheuchzerstrasse, die ein Projektleiter der Abteilung Bauten ETHZ initiierte. Unser anfänglicher „Pavillon-Erfolg" führte zu weiteren Aufträgen, da die Bauherren gerne mit Architekt:innen zusammenarbeiteten, die sie kannten und denen sie vertrauten konnten. Die Versetzung der Pavillons haben wir mehrfach untersucht, Studien und Berechnungen durchgeführt, die letzte im Jahr 2014. Die jetzige Lösung – der Rückbau und die Beseitigung der Pavillons – sehe ich als letzten logischen Schritt.

CDW Wie du sagst, wurden die Pavillons als temporäre Struktur, als Provisorium entworfen, mit der Absicht, dass sie leicht abgebaut werden können. Sah die Planung vor, die Materialien nach dem Abbau zu entsorgen, oder war bereits an die Möglichkeit der Wiederverwendung gedacht? Bei der Demontage haben wir die hohe Qualität der Materialien bemerkt. Die innovativen Verbindungen sind ziemlich einzigartig. War es wichtig, nicht nur für die Demontage, sondern auch für die Wiederverwendung zu entwerfen, oder war das zu diesem Zeitpunkt noch kein Thema?

RB Damals dachten wir nicht an eine Wiederverwendung der Pavillons, aber der ursprüngliche Entwurf sah eine mögliche Demontage vor. Die Fassaden waren mit vorgefertigten Fenstern ausgestattet, die leicht montiert und demontiert werden konnten. Hätte man einen Umzug nach zehn oder zwölf Jahren statt nach 30 Jahren in Betracht gezogen, wäre die Situation vielleicht

rooms,' or simply 'temporary structures' (*Provisorium* in German). These structures were constructed in three different phases, from the late 1980s to the early 1990s. Our office had the privilege of working privately for Professor Huber, who envisioned these pavilions as short-term spaces for ETH Zurich. He specifically approached us with this request for co-operation, leading to the collaborative creation of the temporary buildings.

CDW   You mentioned the term "Provisorium", or temporary. How long was this temporary solution originally intended to last?

RB   The plan was for the pavilions to last about seven to eight years. Since time was a crucial factor, we needed a rapid planning and construction process. This urgency led us to adopt modular timber construction. Soon the need for more space became clear and so we added a second pavilion, followed by a third. This process involved three different actors. The first was built entirely by a single company; the second was a collaborative effort by a consortium of two timber builders; and the third was constructed by yet another company. The project gained momentum as the pavilions were popular from the beginning. The first pavilion, a temporary wooden structure, won an award in Zurich, which was quite rare at that time. This recognition affirmed its practicality and popularity. Despite lacking air conditioning and thus being warm in the summer, it had good cross-ventilation and operable windows.

CDW   You collaborated extensively with Elias on his master's thesis and shared valuable documentation, providing us with crucial insights.

RB   We got involved in this project through my connections with Professor Huber during my time as teaching assistant. Our involvement in ETH Zurich's projects began after a small renovation on Scheuchzerstrasse, initiated by a project manager of the ETH section for buildings. Our initial success with the pavilions led to more work — as they enjoyed working with architects they knew and trusted. We explored the relocation of the pavilions multiple times, conducting studies and calculations, the last ones in 2014. I see the current solution—dismantling the pavilions and reusing their materials elsewhere—as the last logical step, aligning with the idea of a temporary solution.

anders gewesen. Einmal wollte jemand alle drei Pavillons kaufen und nach Süddeutschland oder Schaffhausen bringen, um sie als Hühnerställe zu nutzen, aber dieser Plan scheiterte. Hinzu kommt, dass die damaligen Dämmstandards nicht mehr den heutigen Anforderungen entsprechen, was eine Wiederverwendung der gesamten Gebäude erschwert hat. Doch die Bauteile, die gut demontierbar sind, können wiederverwendet werden.

EK Kannst du uns mehr über die verwendeten Materialien sagen, insbesondere über das hochwertige Holz? Wir sind immer noch beeindruckt von dessen Qualität.

RB Die Pavillons zeigen die Faszination der Holzbauweise, die mich immer mehr beeindruckt. Holz ist ein nachhaltiges Produkt, das durch sein Gewicht und seine Stabilität ideal für die Elementbauweise ist.

CDW Im Vergleich zu anderen Holzbauten, die wir abgebaut haben, war dieses Gebäude aus sehr hochwertigem, dichtem Holz gebaut. War es damals üblich, so hochwertiges Holz zu verwenden, oder gab es dafür einen anderen Grund?

RB Das war keine Absicht, der Lieferant hat beste Qualität zu einem guten Preis geliefert. Richtig verwendetes Holz ist fast unsterblich, solange es nachtrocknen kann und keiner dauernden Feuchtigkeit ausgesetzt ist.

EK Wie war die Zusammenarbeit zwischen Studierenden und Professor:innen in den Huber Pavillons?

RB Die einzigartige Arbeitsumgebung der Pavillons förderte starke interne Verbindungen zwischen Studierenden und Professor:innen und schuf einen idealen Kontext für die Zusammenarbeit. Die Pavillons hatten den Charakter eines Ateliers, das die Menschen zusammenbrachte. Diese Atmosphäre trug wahrscheinlich zu ihrer Beliebtheit bei. Ein weiterer einzigartiger Aspekt war die Mischung von Diplomand:innen und Studierenden, die hier zusammenarbeiteten.

CDW Die Fachwerkbinder, die die großen Räume überspannten, haben wesentlich zur räumlichen Qualität beigetragen und

CDW   Rudolf, as you note, the pavilion was designed as a temporary structure, a *Provisorium,* with the intention that it could be easily disassembled. When you were designing it, did you envision the materials being discarded after disassembly, or did you consider the possibility of reuse? During our disassembly, we noticed the high quality of the materials. The innovative connections are quite unique. Was there a focus on designing not just for disassembly but also for reuse, or was that not a consideration at the time?

RB   At the time, we didn't consider the pavilions' further reuse, but the original design did account for potential disassembly. The facades had prefabricated windows, designed for easy assembly and disassembly. If relocation had been considered after ten or twelve years instead of thirty the situation might have been different. At one point, someone wanted to buy and move all three pavilions to southern Germany or Schaffhausen for use as chicken coops, but this plan fell through. Additionally, the insulation standards of that time wouldn't meet today's requirements, complicating the reuse of the entire buildings. Only the materials that are easy to disassemble can be reused.

Verbindung zwischen den Pavillons   Overhang between pavilions

die Zusammenarbeit zwischen den Studierenden verbessert. Wir möchten dies in unserem neuen Gebäude wiederholen und die Studierenden in den Entwurfsprozess einbeziehen, um die ursprünglichen Dachbinder, die für den Entwurf entscheidend waren, zu würdigen.

RB Der Pavillon wurde als einstöckiges, temporäres Gebäude konzipiert. Die Idee war, ihn so stützenfrei wie möglich zu gestalten, mit Ausnahme der Galerie, die zusätzliche Stützen zum Abfangen erforderte. Zuerst dachten wir an dicke Balken oder Stahlträger, aber dann entdeckten wir die Nagelplattenbinder, die zwar nicht sehr ästhetisch, aber praktisch und einfach zu montieren waren und filigran in Erscheinung traten. Daher entschieden wir uns für diese Form und dazu, die Konstruktion sichtbar zu belassen. Wir haben diesen Ansatz in den Entwurf der Galerie integriert und sichergestellt, dass er auch die Brandschutzanforderungen erfüllt.

CDW Bei unserer Konstruktion dachten wir zunächst daran, die Binder aufgrund des begrenzten Platzes für die Wiederverwendung zu verkleinern. Deshalb haben wir die Verbindung

Dachbinder, verbunden durch einfache Nagelplatten   Trusses which are simply connected by nailed plates

EK Can you tell us more about the materials used, particularly the high-quality wood? We're still impressed by its quality today.

RB The pavilion showcases the fascinating nature of timber construction, which I find increasingly compelling. Timber is a sustainable product, offering advantages of weight and stability, making it ideal for prefabricated building elements.

CDW Even compared to other wooden buildings we have disassembled, this one had the highest quality, densest wood. Was it typical at that time to use such high-quality wood, or was there another reason for this?

RB This wasn't intentional; the supplier provided optimal quality at a good price. Properly used wood is almost immortal, as long as it can dry and isn't exposed to continuous moisture.

EK How was the collaboration between students and professors in the Huber Pavilions?

RB The unique work environment of the pavilion fostered strong personal connections among students and professors, creating an ideal context for collaboration. The pavilion had the character of a design studio, which brought people together. This studio-like atmosphere likely contributed to its popularity. Another unique aspect was the mix of senior diploma students working together.

CDW The trusses you designed for the roof, spanning these large rooms, significantly contributed to the spatial quality and greatly improved collaboration among students. We aim to replicate this in our new structure, involving students in the design process to honour the original trusses, which were central to the design.

RB The pavilion was designed as a single-story, temporary structure. The idea was to make it as column-free as possible, except in the gallery, where additional support was needed. Initially, we considered using thick girders or steel beams, but then

der Elemente mit den Platten untersucht. In Zusammenarbeit mit Studierenden experimentierten wir mit verschiedenen Verbindungsmethoden. Diese praktische Erfahrung hat gezeigt, dass es möglich ist, die Binder anzupassen und mit Stahlplatten zu verbinden, ohne sie zu verkürzen, indem wir einfach den Raum anders gestalteten. Der Prozess der Demontage und des Wiederaufbaus machte die Bedeutung der Materialverbindungen deutlich. Wir haben uns für einfache, effektive Lösungen entschieden, die den Nagelplatten der Holzbinder ähneln. Diese Verbindungen waren unkompliziert, kostengünstig und entsprachen dem temporären Charakter des Pavillons. Gutes Design beinhaltet oft einfache Lösungen, und die Nagelplatten waren ein Beispiel für diese Funktionalität, deren Effizienz und Einfachheit während der Entwurfsphase für viele Diskussionen sorgte.

RB Für mich sollte eine Holzkonstruktion filigran sein, um optisch ansprechend und passend zu wirken. Ziel war es, ein Tragwerk zu schaffen, das die statischen Anforderungen erfüllt und gleichzeitig leicht wirkt. Die Verwendung von Dachsparren in der erforderlichen Länge hätte zu sperrigen Trägern geführt, die Fachwerkbinder boten eine elegantere Optik und zusätzliche räumliche Vorteile durch den offenen Raum. 20 Jahre später wurde alles auf Erdbebensicherheit hin überprüft, und die Konstruktion schnitt dabei nicht gut ab. Wir überlegten, wie wir die Statik durch zusätzliche Verstärkungen verbessern könnten, aber diese Anpassungen wurden nie durchgeführt. Der Statiker führte die Untersuchungen durch, und wir suchten nach Lösungen, um die statischen Anforderungen zu erfüllen, wohl wissend, dass das Gebäude irgendwann abgerissen wird. Zu diesem Zeitpunkt war die ursprüngliche Konstruktion ausreichend und schneelasttauglich.

EK Du hast erwähnt, dass die Form der Pavillons durch Beschränkungen hinsichtlich Länge, Höhe und Nutzung beeinflusst wurde.

RB Diesen Teil des Prozesses finde ich besonders spannend. Der traditionelle, reine Holzbau hat strenge Regeln und Anforderungen. Zum Beispiel kann eine Betondecke vorgespannt und gestützt werden, um eine große Auskragung zu schaffen. Der sparsamere Umgang

we discovered nail plate trusses, which, while not visually appealing, were practical and straightforward to install and filigree in appearance. This led us to adopt this form and ultimately showcase the construction itself. We incorporated this approach into the gallery design, ensuring it also met fire protection requirements.

CDW In our structure, we initially considered making the trusses smaller due to limited space for reuse, leading us to explore connecting the truss elements with plates. Collaborating with students, we experimented with different connection methods. This hands-on experience showed that trusses could be adapted and connected with steel plates without shortening them, simply by redesigning the space. The deconstruction and reconstruction process highlighted the importance of material connections. We opted for simple, effective solutions akin to the nail plates of the wooden trusses. These connections were straightforward, cost-effective, and suited the pavilion's temporary nature. Good design often involves simple solutions, and the nail plates exemplified this practicality, sparking much discussion during the design phase for their efficiency and simplicity.

RB For me, timber construction needs to be delicate to appear visually pleasing. The goal was to create a structure that met the static requirements while maintaining a delicate appearance. Using rafters of the necessary length would have resulted in bulky beams, but trusses offered a more refined look and added spatial benefits for an open-plan layout. Twenty years later, there was a push to evaluate everything for earthquake safety, and the trusses didn't do well under these assessments. We considered how to add reinforcements for structural improvement, but these changes were never implemented. The structural engineer conducted the inspections, and we explored solutions to meet the static requirements, knowing that the structure would eventually be dismantled. At the time, the original design was sufficient, even handling snow loads.

EK You mentioned that the pavilions' shape was influenced by restrictions on length, height, and use.

mit Materialien wie Holz findet jedoch in einem engeren Rahmen statt. Diese Einschränkung macht den Reiz des Holzbaus aus. Seine Schönheit liegt in der Einfachheit und Eleganz. Es gibt zwar lange Bäume, aber kein Brett ist 50 Meter lang, ohne verleimt zu sein. Die Herausforderung und die Möglichkeit, kreativ zu sein, besteht darin, innerhalb dieser Grenzen zu arbeiten, ohne dass die Konstruktion klobig oder schwer wirkt. Eine gute Holzkonstruktion ist relativ einfach und geradlinig. Wenn man die zugrunde liegenden Prinzipien versteht, ist Holz sensationell schön und unglaublich vielfältig.

CDW In Bezug auf Kreislaufwirtschaft und Wiederverwendung stellen die Studierenden die nächste Generation von Ingenieur:innen und Architekt:innen dar, die sich mit den heutigen Umweltkrisen, der Erschöpfung der Ressourcen und der Abfallproduktion auseinandersetzen muss.

RB Nachhaltigkeit wird immer wichtiger und erfordert eine sorgfältige Produktauswahl. Meine Erfahrung ist, dass die meisten Gebäude, die wir gebaut haben, wieder abgebaut wurden, was zeigt, dass Gebäude nicht ewig halten. Wir alle müssen an die zukünftige Nutzung, den Rückbau und die Wiederverwendung denken. Holz ist ein erneuerbarer, nachhaltiger Baustoff, der viele dieser Kriterien erfüllt. Holzbauten wie beispielsweise das Gebäude des Tages-Anzeigers in Zürich von Shigeru Ban sind ein Beispiel für dieses Potenzial.

EK Die Wiederverwendung von Materialien aus den Huber Pavillons in verschiedenen Projekten an anderen Orten hat sehr viel Bedeutung. Zum Beispiel wurden 30 Fenster in die Ukraine geschickt, um dort kaputte Fenster zu reparieren.

RB Ich war mir nicht sicher, ob das funktionieren würde.

EK Es hat funktioniert. Ich habe 30 von ihnen persönlich ausgebaut und in einem Video gesehen, wie sie unversehrt in der Ukraine ankamen und eingebaut wurden. Wir hatten auch eine Ausstellung, bei der viele Studierende und Besuchende mit dem Material interagiert haben.

RB Das wusste ich nicht. Das ist großartig!

RB   I find this part of the process particularly exciting. Traditional timber construction has strict rules and requirements. For example, a concrete ceiling can be pre-stressed and supported to create an extended overhang, but being more economical with materials such as timber occurs within a narrower framework. This constraint is what makes it fascinating, because it challenges you to be creative within these limits. The beauty of timber construction lies in its simplicity and elegance. While you can find long trees, none are 50 metres long without being glued together. The challenge and opportunity for creativity come from working within these constraints, without the design appearing clumsy or cumbersome. Good timber construction is relatively simple and straightforward. When you appreciate the underlying principles, it is sensationally beautiful and incredibly diverse.

CDW   On the topic of circular economy and reuse, it seems that students represent the next generation of engineers and architects poised to address today's environmental crises, resource depletion, and waste generation.

RB   Sustainability is increasingly important, necessitating careful product choices. From my experience, most structures we have built have been dismantled, highlighting that buildings aren't eternal. We must all consider future use, dismantling, and reuse. Wood stands out as a renewable, sustainable material that meets many of these criteria. For example, wooden structures such as the Tages-Anzeiger building [Tamedia by Shigeru Ban] exemplify this potential.

EK   The reuse of the materials in different projects, in other places, was very meaningful. For example, thirty windows were sent to repair broken ones in Ukraine.

RB   I wasn't sure if that would work.

EK   It did. I personally removed thirty of them and saw on video that they arrived intact in Ukraine and were installed. We also had an exhibition that allowed many students and visitors to interact with the materials.

RB   I didn't know that. That is great!

EK Es ist faszinierend zu sehen, wie einzelne Teile eines Gebäudes die Geschichte fortschreiben können, wenn auch nicht als Ganzes.

RB Das ist sehr spannend. Dieses Konzept ist neu für mich, aber es entspricht den aktuellen Bedürfnissen. Obwohl es anders ist, zeigt es das Potenzial der Wiederverwendung von Holzstrukturen. In der Vergangenheit wurden Häuser abgebaut und wieder neu aufgebaut. Im Laufe der Zeit haben wir vergessen, wie das geht. Daraus entstehen kreative Ideen. Es ist toll zu sehen, wie die Elemente neue Formen annehmen.

CDW Diese neuen Formen zu beobachten, war für die Studierenden aus den verschiedenen Fachrichtungen wie Bauingenieurwesen, Architektur, Umwelttechnik, Maschinenbau und Management interessant. Für mich als Bauingenieurin war es eine Herausforderung zu sehen, wie Dachbinder auf unkonventionelle Weise eingesetzt werden, aber die kreative Nutzung, wie die liegende Verwendung eines Binders als Plattform, war beeindruckend. Unkonventionell, aber schön.

RB Das finde ich auch. Es ist aufregend, offen für neue Ideen zu sein und zu sehen, was junge Leute für tolle Sachen machen können.

EK Im nächsten Semester werden wir mit den Bindern ein Forum oder eine Plattform in der Kunsthalle Zürich bauen. Die Aufgabe wird darin bestehen, einen Teil des Entwurfs mit digitalen Technologien wie Computerdesign, künstlicher Intelligenz und digitaler Fertigung zu realisieren.

RB Bauen mit Robotern kann beeindruckend sein, aber manchmal auch überwältigend. Ich bevorzuge nach wie vor solide, traditionelle Materialien wie Holz. Mal sehen, was die Zukunft bringt. Manchmal ist weniger mehr. Ich glaube an den Wert der Bescheidenheit im Entwurf, aber es ist wichtig, es gut zu machen.

CDW Die Huber Pavillons waren einfache, unprätentiöse Lösungen für einen temporären Bedarf auf dem Campus. Ihr Design war pragmatisch und gemeinschaftsorientiert und nicht

EK	It is fascinating to see how individual parts of a building can continue the story, even if not as a whole.

RB	This is very exciting. This concept is new to me but aligns with current needs. Although it is different, it shows the potential of reusing wooden structures. Historically, houses were disassembled and rebuilt, and we can learn from that. We have forgotten how to do this over time. Creative ideas emerge from this. It is exciting to see how elements take on new forms.

CDW	Yes, considering these new forms were interesting to our students from various disciplines, including civil engineering, architecture, environmental engineering, mechanical engineering, and management. As a structural engineer, I found it challenging to see trusses used in unconventional ways, but seeing their creative use, like using a truss horizontally as a platform, was inspiring. It wasn't conventional, but it was beautiful.

RB	Yes, I feel the same way. It is exciting to be open to new ideas and see the amazing things young people can achieve.

EK	Next semester, we will use the trusses to build a forum or platform in the Kunsthalle. The task will be to design in part by using digital technologies, such as computational design, artificial intelligence, and digital fabrication.

Als Plattform verwendete Dachbinder, Studierendenprojekt von Béla Dalcher

Student project of the trusses used as a platform, by Béla Dalcher

für die Ewigkeit gedacht. Dieser Ansatz zeigt den Studierenden, dass Architektur nicht großartig sein muss, um nützlich zu sein.

EK   Die ursprüngliche Idee der Pavillons war, Raum für Studierende zu schaffen. Es ist wichtig zu sehen, dass es immer noch Raum für die Architekturausbildung und die Teilnahme an Diskussionen gibt, für Forschung, Kunstausstellungen und die Wiederverwendung ihrer Materialien. Ich würde sagen, der Raum der Pavillons ist immer noch lebendig.

RB   Wir wussten, dass die Pavillons nicht ewig halten würden, und jetzt bin ich gespannt, wie der nächste Lebenszyklus ihrer Materialien aussehen wird. Ich wünsche eurem Pavillon alles Gute.

RB Yes, robotic construction can be impressive but sometimes feels overwhelming. I still prefer solid, traditional materials like wood. We will see what the future brings. Sometimes less really is more. I believe in the value of modesty in design, but it is important to do it well.

CDW The Huber Pavilions were unpretentious, straightforward solutions for a temporary need on campus. The design was pragmatic and community-focused, not intended to last forever. This approach teaches students that architecture doesn't have to be grandiose to be meaningful.

EK The initial idea for the pavilions was to provide space for students. It is meaningful to see that there is still space for teaching architecture and engaging in these conversations, as well as in research, art exhibitions, and the reuse of its materials. I would say that the space of the pavilions is still alive.

RB Yes, we knew the pavilions wouldn't last forever, and now I'm looking forward to seeing what happens with the next life cycle of their materials. I wish your chair all the best.

CDW Thank you, it was a great honour to discuss the origins of the Huber Pavilions with you.

4 Praxis und Wissenschaft verbinden

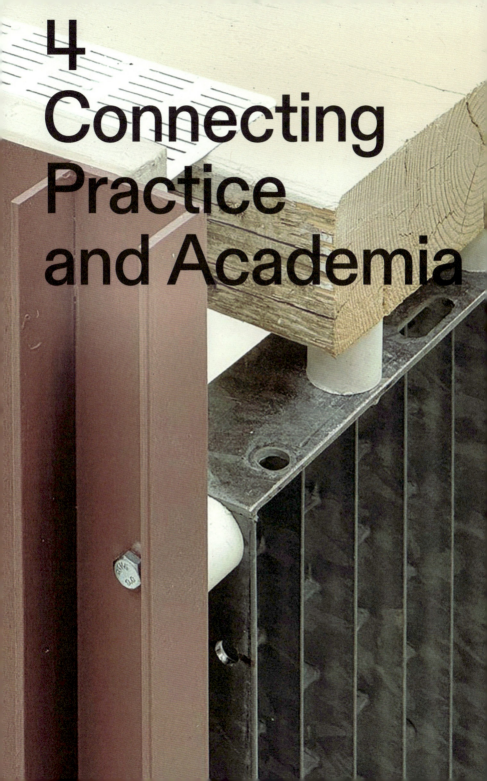

4
Connecting Practice and Academia

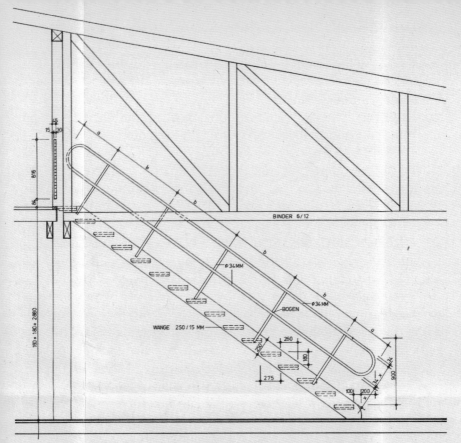

ANSICHT TREPPE GROSSER SAAL 1 : 20

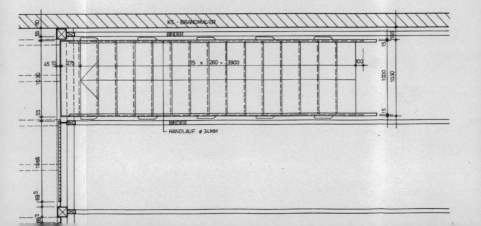

Aufgrund der Dringlichkeit der Klimakrise und der schädlichen Auswirkungen des Bausektors ist es von entscheidender Bedeutung, dass die neuesten architektonischen und ingenieurtechnischen Verfahren sowohl in die Lehre als auch in die Forschung einfließen. Genauso wichtig ist es, Spitzenforschung in praktischen Anwendungen umzusetzen, Studierende mit den neuesten Entwicklungen vertraut zu machen, bevor sie ins Berufsleben eintreten, und die innovativsten Fachleute in Vorlesungen und Forschungslabors einzuladen.

Jede Woche sind Menschen aus der Praxis in meinem CEA Lab zu Gast, um mit den Studierenden über ihre Arbeit und ihre Visionen für die Zukunft des zirkulären Bauens zu sprechen. Das können Leute aus renommierten Architekturbüros wie Herzog & de Meuron oder Baubüro in situ sein, aber auch politische Entscheidungsträger:innen der Europäischen Kommission, digitale Pionier:innen aus globalen Unternehmen wie Microsoft oder Vordenker:innen von Institutionen wie dem Club of Rome.

Die Gespräche in diesem Kapitel – mit dem Architekten Ralph Alan Mueller von Baubüro in situ und dem Nachhaltigkeitsexperten Michael Wick von Wick Upcycling sowie mit der Architektin Tazuru Harada und Sabrina Dinger, der Leiterin des Campus-Cafés – beleuchten den kulturellen Wandel, der sich in der Praxis der Branche vollzieht, hin zu einer stärkeren Berücksichtigung des zirkulären Bauens und zum bewussten Umgang mit Ressourcen. Die Fachleute geben dieses Wissen und diese Methoden auch an die nächsten Generationen weiter, die den Schlüssel zu einer gesünderen und nachhaltigeren Welt in sich tragen.

Der Nutzen der Pionierarbeit von Fachleuten für Studierende und Forschende

Während meines gesamten Studiums war ich immer wieder begeistert davon, Zugang zu Pionier:innen auf ihrem Gebiet zu haben. Zum Beispiel war Steven Beckers, der belgische Cradle-to-Cradle-Architekt und Experte für Kreislaufwirtschaft, mein Lehrer im Entwurfsstudio. Er hat meinen Blick auf Städte für immer verändert. Bei Laurent Ney, einem belgischen Ingenieur, der bekannt ist für seine eleganten Brücken, hatte ich ebenfalls ein Entwurfsstudio. Ich absolvierte auch ein Praktikum in seinem Büro, wo ich mich mit der grauen Energie in seinen Brückenentwürfen beschäftigte. Diese Erfahrung beeinflusste

Given the urgency of the climate crisis and the harmful effects of the construction sector, it is vital for both teaching and research to incorporate the latest architectural and engineering practices. Indeed, it is equally important to translate cutting-edge research into practical applications, to prepare students with the most recent advancements before they enter the workforce, and to invite the most innovative practitioners into classrooms and research labs.

Every week, I invite practitioners to come to my lab and speak with students about their work and vision for the future of circular construction. These can be practitioners from renowned architecture firms such as Herzog & de Meuron or baubüro in situ, or policy makers from the European Commission, digital pioneers from global companies such as Microsoft, or thought leaders from institutions such as the Club of Rome.

At the end of this chapter, two group conversations, one with architect Ralph Alan Mueller from baubüro in situ and sustainability expert Michael Wick from Wick Upcycling, and another with architect Tazuru Harada and campus café manager Sabrina Dinger, shed additional light on the current cultural shift among practitioners toward a greater consideration of circular construction, conscious use of

'Lichtenlijn' Fußgängerbrücke, Ney & Partners, Knokke-Heist, Belgien, 2004–2009

Lichtenlijn Footbridge by Ney & Partners in Knokke-Heist, Belgium, 2004–2009

meine Sichtweise auf die Bewertung der Treibhausgasemissionen, die bei Produktion, Transport, Bau, Wartung und Abbau von Baumaterialien entstehen. Ich lernte, dass (Fußgänger-)Brücken nicht nur aus Materialien bestehen, die die Umwelt beeinflussen, sondern auch Gemeinden verbinden und Verkehrsbehinderungen reduzieren.

Während meiner Promotion in den USA am Massachusetts Institute of Technology (MIT) vermittelten mir die Forschenden dort eine Fülle von Wissen über Technologie und Architektur. Es war nicht nur die Forschung, die mich dort beeindruckte, sondern auch die Verbindung zur Praxis. Ich werde immer dankbar sein für all die Türen, die mir mein Betreuer John Ochsendorf geöffnet hat. Er hat mich mit Kathrina Simonen bekannt gemacht, Professorin und Gründerin des Carbon Leadership Forum, das sich zum Ziel gesetzt hat, mit der Industrie zusammenzuarbeiten, um die in Gebäuden, Materialien und Infrastrukturen gebundenen grauen Emissionen zu eliminieren und so eine bessere Zukunft zu schaffen.[26]

Durch sie und meinen Betreuer lernte ich Wegbereiter:innen aus großen Ingenieur- und Entwurfsbüros wie Arup und Thornton Tomassetti kennen, die mir Daten für meine Doktorarbeit zur Verfügung stellten, weil sie wirklich etwas verändern wollten. Ich traf Frances Yang, Duncan Cox, Amy Hattan, Kristian Steele, Andrea Charlson und Adrian Campbell in San Francisco, New York und London. Diese innovativen Fachleute haben meinen Blick auf die gebaute Umwelt grundlegend verändert, was durch die enge Zusammenarbeit zwischen Universität und Praxis möglich wurde.

Wir müssen über das traditionelle Lernen im Klassenzimmer hinausgehen und praktisches, erfahrungsorientiertes Lernen fördern. Das verbessert nicht nur die technischen Fähigkeiten und stärkt das Verantwortungsbewusstsein für die Umwelt, sondern bringt Studierende und Forschende auch mit realen Herausforderungen in Verbindung, wie das Projekt zu den Huber Pavillons zeigt. Die Studierenden der ETH Zürich lernten dabei, indem sie bauten, was sie entworfen hatten.

Ein schöner Moment war die abschließende Entwurfsbesprechung, die der Lehrstuhl von Momoyo Kaijima organisierte. Die Architekturstudierenden hatten die Aufgabe bekommen, die Dachbinder der Huber Pavillons für den Entwurf eines neuen Lernraums zu verwenden. Aufgrund des begrenzten Platzes auf dem Campus bekamen sie realistische Vorgaben: Die Struktur durfte nicht größer als 12 × 12 Meter sein. Würden diese Auflagen ihre Kreativität

resources, and transferring this knowledge and methods to the next generations holding the key to a healthier, more sustainable world.

The benefit to students and researchers of pioneering practitioners

Throughout my time as a student, I was always amazed by the access I had to pioneers of the field. For example, Steven Beckers, the Belgian 'Cradle to Cradle' architect and circularity expert, was my design studio teacher. He forever changed the way I look at cities. Laurent Ney, the Belgian engineer famous for his elegant bridges and regenerating communities, was my design studio teacher a year later. I also did an internship in his office, consulting on the embodied carbon of their bridges. This experience changed how I look at embodied carbon assessments. I learned that (foot)bridges are not just materials with an environmental impact but also connect communities and reduce traffic congestion.

When I moved to the US to pursue a PhD at the Massachusetts Institute of Technology (MIT), I was exposed to a wealth of knowledge

Einige der Entwürfe, die die Studierenden aus den Dachbindern der Huber Pavillons entwickelt haben.

Some of the designs the students came up with from the same stock of trusses from the Huber Pavilions

einschränken? Das Ergebnis war verblüffend: Keines der Konzepte der Studierenden ähnelte dem anderen. Aufgrund ihrer bedeutenden Rolle in der Wiederverwendung in der Architektur wurde Barbara Buser als Gastkritikerin eingeladen. Ihre Reaktion: „Ich will nie wieder hören, dass die Wiederverwendung von Baumaterialien die Kreativität einschränkt. Dieses Studio ist der Beweis dafür, dass sie dadurch nur gefördert wird."

Ursprünglich hatten wir die Übung als Wettbewerb konzipiert. Um den Siegerentwurf auszuwählen, führten wir eine Abstimmung unter den Studierenden, den Labormitgliedern und den Fachleuten aus der Praxis durch. Zu denen gehörte Michael Wick, der für seine Fachkenntnisse als Schreiner, Schlosser und Bauunternehmer bekannt ist und sich auf wiederverwendete Materialien spezialisiert hat. Er gab uns wertvolles Feedback zur Umsetzbarkeit der Entwürfe innerhalb unseres begrenzten Zeitrahmens. Anstatt einen einzigen Entwurf auszuwählen, entschieden wir uns, die Entwürfe mehrerer Studierenden in einem großen Projekt zu kombinieren. In sechs intensiven Tagen bauten wir das endgültige Gebäude und stellten uns den Herausforderungen und Realitäten des zirkulären Bauens. Durch die Einbeziehung von Leuten wie Michael Wick wurden wir auf praktische Hindernisse aufmerksam gemacht und erhielten kritische Einblicke, die dieses Learning-by-Doing-Projekt sehr lehrreich machten.

Die Konstruktion des 7 Meter hohen Tragwerks aus wiederverwendeten Fachwerkbindern der Huber Pavillons stellte die Studierenden erwartungsgemäß vor einige Herausforderungen. Sie mussten sicherstellen, dass die Binder statisch einwandfrei und mit der neuen Konstruktion kompatibel waren. Dabei galt es Abmessungen, Toleranzen, Verbindungen und Tragfähigkeitsanforderungen zu berücksichtigen. Von entscheidender Bedeutung war es sicherzustellen, dass die Konstruktion stabil war. Um dies zu gewährleisten, arbeiteten die Studierenden eng mit dem Ingenieurbüro B3 zusammen, das die konstruktive Sicherheit des Entwurfs und des Baus überprüfte. Die Ingenieure wurden regelmäßig auf die Baustelle und ins Klassenzimmer eingeladen. Das Projekt erforderte einen sorgfältigen Umgang mit begrenzten Ressourcen wie Zeit, Budget und Werkzeugen, während gleichzeitig die Bauvorschriften und -bestimmungen eingehalten werden mussten. Darüber hinaus lernten wir in einem ausführlichen Kurs, den Philippe Honegger von der Bauunternehmung Marti leitete, etwas über die Sicherheit auf der Baustelle.

about technology and architecture through wonderful researchers there. It is not only the research that inspired me there, but also the connections to practice. I will always be grateful for all the doors to industry that my advisor, John Ochsendorf, opened up for me. He introduced me to Kathrina Simonen, a professor and the founder of the Carbon Leadership Forum, whose mission is to work with industry on eliminating embodied carbon in buildings, materials, and infrastructure towards a thriving future.[25]

Through her and my advisor, I met incredible trailblazers from large engineering and design offices such as Arup and Thornton Tomassetti, who shared data for my PhD because they truly wanted to make a difference. I met with Frances Yang, Duncan Cox, Amy Hattan, Kristian Steele, Andrea Charlson, and Adrian Campbell in San Francisco and New York, in the US, and in London in the United Kingdom. These innovative practitioners have fundamentally changed my way of looking at the built environment, made possible through these close university-practice collaborations.

We must go beyond traditional classroom learning to embrace hands-on, experiential learning, which not only enhances technical skills and fosters environmental responsibility but also connects students and researchers with real-world challenges, as exemplified by the Huber Pavilions project, where students at ETH Zurich learned by building what they designed.

One beautiful moment was our architecture students' final design review, organised by Momoyo Kaijima's chair. They had been given the specific assignment to use the trusses of the Huber Pavilions to design a new learning space on campus. They were given realistic constraints due to limited available space on campus: the structure could not exceed 12 by 12 metres. Were we limiting their creativity by giving them all of these constraints? The results were astonishing: none of the students came up with similar concepts. Given her foundational role in the field of reuse in architecture, Barbara Buser was invited as a guest critic. Her reaction: "I never ever want to hear that the reuse of building materials limits creativity. This studio is proof that it only stimulates it."

We initially structured the design exercise as a competition, to determine the best design. To select the winning design, we conducted a vote among students, lab members, and practitioners. Among the practitioners was Michael Wick, renowned for his expertise as a carpenter, metalworker, and contractor specialising in reused materials. He

Auf der Baustelle gab es zahlreiche Diskussionen über die Optimierung der Wiederverwendung von Materialien, die Bewertung der Umweltauswirkungen von Entwurfsentscheidungen und die Bewältigung der logistischen Herausforderungen bei der termingerechten Fertigstellung des Projekts. Diese praktische Erfahrung mit den Schwierigkeiten des zirkulären Bauens vermittelte den Studierenden, Lehrenden und Forschenden unschätzbare Erkenntnisse und erinnerte alle daran, wie schwierig es für die Baubranche ist, von einem linearen zu einem zirkulären Paradigma überzugehen. Es besteht kein Zweifel, dass die Konfrontation mit Hindernissen aus der realen Welt für uns als Forschende von entscheidender Bedeutung ist, damit wir uns verantwortungsvoll für politische Veränderungen einsetzen können.

Beiträge von Studierenden und Forschenden für die Baubranche

Eine weitere Zukunftsinitiative, das Projekt Zwhatt, sieht die Wiederverwendung der Huber Pavillons in einem realen Bauprojekt

Studierende arbeiten mit Alessandro Tellini und Federico Bertagna am Projekt CircÛbi.

Students working with Alessandro Tellini and Federico Bertagna on the project CircÛbi

provided valuable feedback on the feasibility of constructing the designs within our limited time frame. Instead of selecting one single design, we decided to combine the concepts of several students into one big class project. Over six intensive days, we built the final structure, facing the challenges and realities of circular construction. The involvement of practitioners like Michael Wick highlighted practical obstacles and provided critical insights, making this learning-by-doing exercise truly enlightening.

As expected, building the seven-metre tall structure with trusses reused from the Huber Pavilions presented several challenges for the students. They had to ensure the reused trusses were structurally sound and compatible with the new design, addressing its dimensions, tolerances, connections, and load-bearing needs. Ensuring structural stability for the assembly was crucial. To ensure this, they worked closely with B3 Kolb AG, an engineering firm that verified the structural integrity of their design and construction. These engineers were regularly invited on the construction site and in the classroom. The project required careful management of limited resources like time, budget, and tools, while also adhering to building codes and regulations. Additionally, we learned about construction site safety through an in-depth course taught by Philippe Honneger from Marti AG.

On the construction site, we engaged in numerous pedagogical discussions about optimising the reuse of materials, assessing the environmental impact of our design choices, and overcoming the logistical challenges of completing the project on schedule. This hands-on experience with the practical difficulties of circular construction yielded invaluable insights for students, teachers, and researchers alike, reminding everyone how challenging it is for the construction sector to transition from a linear to a circular paradigm. There is no doubt that facing real-world obstacles is always crucial for us, as researchers, to be able to responsibly advocate for policy changes.

On-going contributions of students and researchers to industry practitioners

Another industry-led future initiative, the Zwhatt project (introduced in Chapter 2), involves the reuse of the Huber Pavilions in a

außerhalb des Campus vor. Für dieses Bauvorhaben, unter der Leitung der Pensimo Management AG in Zusammenarbeit mit der Stiftung Turidomus, haben wir mit Baubüro in situ zusammengearbeitet, um ein Mock-up mit wiederverwendeten Materialien für den Bau von Studierendenwohnungen zu erstellen. Das auf zehn Jahre angelegte Projekt wird zu einem besseren Verständnis des zirkulären Bauens und der aktuellen Krise auf dem Zürcher Wohnungsmarkt beitragen. Die Umnutzung des Zwhatt-Areals soll das Gebiet schrittweise in ein gemischt genutztes Quartier umwandeln. Die Architekturbüros Baubüro in situ und Architekt*innen Edelaar Mosayebi Interbitzin (EMI) evaluieren zwei unterschiedliche Strategien für den Umbau des bestehenden Gewerbegebäudes aus dem Jahr 1981 und führen dazu eine zwei- bis dreijährige Testphase durch, während der Studierende in den beiden obersten Stockwerken wohnen werden.

Unter dem Motto „Bestandsgebäude als Chance" plant Baubüro in situ den Umbau des obersten Geschosses zu Mikroapartments. Ziel dabei ist die Kreislauffähigkeit, wobei der Erhalt des Gebäudes und die Wiederverwendung von Materialien im Vordergrund stehen. Neue Bäder und Küchen aus wiederverwendeten Materialien werden die Wohnungen in verschiedene Wohnbereiche unterteilen. So entsteht ein öffentlicher Raum im vorderen Teil der Wohnung und ein privater Bereich an der Fassade. Im Stockwerk darunter verfolgen EMI Architekt*innen mit ihrem Forschungsprojekt „Das wohltemperierte Haus" einen anderen Ansatz. Dieser sieht eine Neugestaltung des Gebäudes unter Verwendung von Metall und Lehm vor.

Durch dieses Projekt lernten die Studierenden etwas über Bau und Montage mit wiederverwendeten Materialien. Als Fallbeispiel diente der Entwurf von Baubüro in situ für die Renovierung des bestehenden Gebäudes in Zwhatt mit vier Wänden aus wiederverwendetem Holz und Polycarbonatplatten aus den Huber Pavillons. Zu Beginn des Kurses stellte Ralph Alan Mueller das Projekt vor. Anschließend wurden geeignete Holzbalken und Verkleidungsmaterialien aus dem eigenen Bestand identifiziert, gesammelt, vorbereitet und für die Montage vor Ort in Zwhatt auf Paletten verpackt. Auch für Baubüro in situ war dieses Projekt eine wertvolle Lernerfahrung. Ralph Alan Mueller hatte die Möglichkeit, seine Entwurfskonzepte in der Praxis zu erproben und zu verfeinern.

Viele meiner Studierenden arbeiten nach ihrem Abschluss für dieses innovative Büro. Sie sagen mir oft, dass „traditionelle" Ingenieur- oder Architekturbüros nicht das sind, was sie suchen. Sie wollen etwas

real-world building project off-campus. For this repurposed building project, led by Pensimo Management AG in collaboration with the Turidomus Foundation, we worked with baubüro in situ on the construction of mock-ups with reused materials for building student housing units. Taking place over ten years, the project will contribute a broader understanding of circular construction and the current housing market crisis in Zurich. The transformation of the Zwhatt site will gradually convert the area into a mixed-use neighbourhood. The architectural firms baubüro in situ and *Architekt*innen Edelaar Mosayebi Interbitzin* (EMI) are now evaluating two different strategies for renovating the existing 1981 commercial building. To do this, they are conducting a two to three-year test phase during which students will reside on the top two floors.

The firm baubüro in situ plans to convert the top floor into micro-apartments under the motto of 'Existing Buildings as an Opportunity' with circularity as a goal, focusing on preserving the building and reusing materials as much as possible. New bathrooms and kitchens, constructed from reused materials, will divide the apartments into various living areas. This allows for a public space in the front of the apartment and a private area towards the façade. Meanwhile, EMI Architects is pursuing a different approach on the floor below with their research project 'The Well-Tempered House'. This plan involves reconfiguring the building by using metal and clay construction.

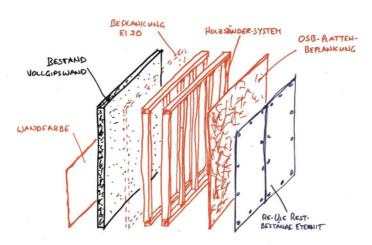

Konzept von Baubüro in situ für die Wiederverwendung mit Studierenden von Catherine De Wolf bei Pensimo

Concept of baubüro in situ for reuse with students of Catherine De Wolf at Pensimo

bewegen. Sie wollen für die Unternehmen arbeiten, die den Wandel herbeiführen. Diese enge Zusammenarbeit zwischen Praxis und Hochschule macht aus Aktivist:innen (denn viele der Studierenden in meinen Kursen sind leidenschaftliche Umweltaktivist:innen) Menschen, die aktiv Veränderungen herbeiführen. Durch die Konfrontation mit praktischen Herausforderungen und die Ermutigung, kreative Lösungen zu finden, erwerben sie die notwendigen Fähigkeiten, um das zirkuläre Bauen voranzutreiben und auszuweiten.

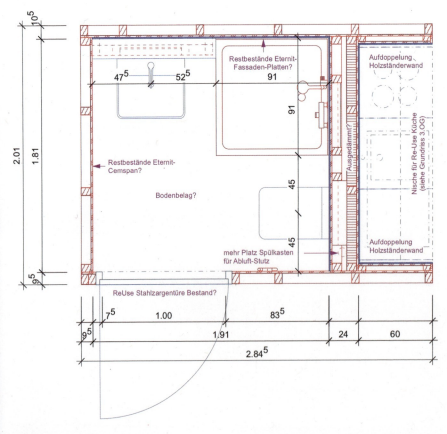

Plan des Baubüros in situ für Module, die von Studierenden von Catherine De Wolf aus wiederverwendeten Materialien gebaut wurden

Plan of baubüro in situ for modules built by students of Catherine De Wolf with reused materials

Through this project, students learned about construction and assembly using reclaimed materials. The design proposal by baubüro in situ for renovating the existing building in Zwhatt was used as a case study, featuring four walls made of reclaimed timber and polycarbonate plates from the Huber Pavilions. At the beginning of the class, Ralph Alan Mueller introduced the project. Subsequently, suitable timber beams and cladding materials from our own stock were identified, collected, prepared, and palletised for on-site assembly in Zwhatt. This project was also a valuable learning experience for baubüro in situ. Ralph Alan Mueller had the opportunity to test and refine his design concepts through the class exercises.

Many of my students eventually work for these innovative practitioners' firms after they graduate. They often tell me that 'traditional' engineering or architecture offices are not what they are looking for. They want to make a difference. They want to work for the practitioners who will bring change.

This close collaboration between practice and schools also transforms activists (because a lot of the students who take my class are passionate environmental activists) into more effective changemakers. By confronting real-world challenges and encouraging creative solutions, they gain the skills needed to advance and scale up circular construction.

Gespräch mit dem Architekten Ralph Alan Mueller und dem Handwerker Michael Wick

Ralph Alan Mueller ist Architekt im Baubüro in situ in Zürich. Nach dem Architekturstudium an der ETH Zürich folgten Lehr- und Wanderjahre in Los Angeles, Chur, Luzern, Basel und Baden. Er arbeitete für Frank O. Gehry, Graftlab, Bearth & Deplazes, Christ & Gantenbein, Joos & Mathys, bevor er sein eigenes Büro Unarc gründete. Er realisierte Kunst- und Bauprojekte und errichtete eine Reihe von temporären Bauten für das Theater Spektakel Zürich und die Kaserne Basel. Ein weiterer Schwerpunkt war die Arbeit mit denkmalgeschützten Kultur- und Wohnbauten. Er hat an der Hochschule Luzern, der ETH Zürich und der Universität Bremen unterrichtet.

Michael Wick ist Gründungsmitglied, Gesellschafter und Vorsitzender der Geschäftsleitung der Wick Upcycling GmbH mit der Werkstatt Wiederverwerckle. Nach seiner Ausbildung zum Schlosser absolvierte er den Bachelor of Science in Energie- und Umwelttechnik mit der Vertiefung Nachhaltigkeit und Umwelt. Michael Wick setzt sich für einen nachhaltigeren Umgang mit Ressourcen ein und bietet in seiner Werkstatt in Winterthur Altholz, Metall und Upcycling-Produkte an. Zudem unterstützt er Studierende der ETH Zürich bei (Um-)Bauprojekten als Sicherheitsbeauftragter und Experte für Wiederverwendung.

Gespräch mit Michael Wick im Büro von Baubüro in situ

Conversation with Michael Wick in the office of baubüro in situ

Conversation with architect Ralph Alan Mueller and craftsman Michael Wick

Ralph Alan Mueller is an architect at baubüro in situ in Zurich. After graduating in architecture from ETH Zurich, he spent years teaching and travelling in Los Angeles, Chur, Lucerne, Basel and Baden. He worked for Frank O. Gehry, GRAFT, Bearth & Deplazes, Christ & Gantenbein, Joos & Mathys and subsequently founded his own company UNARC. He implemented art and construction projects and realised a series of temporary buildings for the Theater Spektakel Zürich and the Kaserne Basel. He also focused on working with listed cultural and residential buildings. He has taught at the Lucerne University of Applied Sciences and Arts, the ETH Zurich, and the University of Bremen.

Michael Wick is a founding member, partner and chairman of the management board of Wick Upcycling GmbH, including a workshop known as 'Wiederverwerckle'. After his initial training as a metalworker, he completed a Bachelor of Science (B.Sc.) in Energy and Environmental Technology with a specialisation in sustainability and the environment. Wick is committed to a more sustainable use of resources and offers used wood, metal and upcycling products in his workshop in Winterthur. He also supports students at ETH Zurich in (re)construction projects as a safety officer and expert in reuse.

Gespräch mit Ralph Alan Mueller im Büro von Baubüro in situ

Conversation with Ralph Alan Mueller in the office of baubüro in situ

Catherine De Wolf und Elias Knecht sprachen[27] mit Ralph Alan Mueller, Projektleiter bei Baubüro in situ, und Bauunternehmer, Holz- und Metallbauer Michael Wick über die Lehre, die Praxis und die notwendige Forschung im Bereich zirkuläres Bauen. Ralph Alan Mueller spricht über seine Erkenntnisse und Sichtweisen zu Catherine De Wolfs Kurs, die Auswirkungen der Projekte und über Nachhaltigkeit im Wohnungsbau. Michael Wick, der verschiedene Studierendenprojekte wie CircÛbi und Zwhatt während der Bauphase unterstützt hat, erläutert seine Rolle bei den Projekten und die Wiederverwendung aus der Perspektive eines Bauunternehmens.

[ZÜRICH, 26. APRIL 2024]

EK Ralph, wir freuen uns sehr, dass wir dich und Baubüro in situ für unseren Kurs gewinnen konnten. Du hast viele Jahre Erfahrung in der Architekturlehre, insbesondere an der ETH Zürich. Wie bist du dorthin gekommen? Und wie hast du deine neue Leidenschaft für das Wiederverwenden entdeckt?

RM Nach meinem Studium bin ich viel gereist und habe in verschiedenen Büros gearbeitet, um unterschiedliche Arbeitsweisen kennenzulernen. Ab 2008 unterrichtete ich an der Hochschule Luzern Material, Struktur und Energie. Besonders spannend war das dritte Jahr, in dem ich die Einstellung von Architekt:innen zum Thema Energie untersuchte. 2010 wechselte ich an die ETH Zürich, wo ich neue Schwerpunkte entdeckte. Der aktuelle Fokus auf Wiederverwendung unterstreicht eine kritische Verschiebung in der Architektur, um bis 2050 Netto-Null-Emissionen zu erreichen. Das erfordert ein ständiges Hinterfragen und Integrieren neuer Ideen und Materialien. Der schnelle Übergang vom Konzept zu materiellen Überlegungen wie Beschaffung und räumliche Integration steht im Gegensatz zum linearen, konzeptionellen Fokus meines Studiums. Diese dynamische und gleichzeitige Auseinandersetzung mit Material und Konzept empfinde ich als sehr anregend.

EK Michael, wir haben in vielen Workshops mit dir gearbeitet, vor allem beim Bau von CircÛbi. Wie bist du dazu gekommen, mit wiederverwendeten Materialien zu arbeiten?

MW Es hat sich langsam ergeben, aber die Logik war immer da. Ich habe als Schlosser angefangen und Tore eingebaut, die in Holz

Ralph Alan Mueller, project leader at baubüro in situ, shared his insights with us, providing additional perspectives on the project, its impact, and sustainability in housing construction. Michael Wick, the contractor who helped us throughout the construction of the different student projects, such as CircÛbi and Zwhatt, is a wood and metalworker. We talked with him about his role and how he sees reuse from the perspective of a builder, and we had a conversation[26] with both of them in the offices of baubüro in situ in Zurich about how they view the teaching, the practice, and the research needed in circular construction.

[ZURICH, SWITZERLAND, APRIL 26TH, 2024]

EK   Ralph, we are very pleased to be working with you, and with baubüro in situ, for our class. You have many years of experience in teaching architecture at the university level, specifically at ETH Zurich. How did you get to where you are now? And how did you discover your new passion for reuse?

RM   After my studies, I travelled and worked in various offices to understand different practices. In 2008, I began teaching at the Lucerne University of Applied Sciences and Arts, focusing on materials, structure, and energy. The third year, examining architects' attitudes towards energy, was particularly exciting. In 2010, I joined ETH Zurich, encountering new focus areas. The current emphasis on reuse highlights a critical shift in architecture towards achieving net zero state by 2050. This involves continuously questioning and integrating new ideas and materials. The rapid transition from concept to material considerations, such as sourcing and spatial integration, contrasts with the linear, conceptual focus of my studies. I find this dynamic and simultaneous consideration of material and concept invigorating.

EK   Michael, we worked with you in many different workshops, but especially in the building of CircÛbi. How did you find yourself working on construction sites with reused materials?

MW   It happened very gradually, yet the logic was always there. First, I worked as a fitter, installing gates that were packaged in wood, which was then discarded as waste. To me, this wood was a valuable raw material, and I started building with it, finding it wasteful to use such good material for such a short period. When I began

verpackt waren, das dann als Abfall entsorgt wurde. Für mich war dieses Holz ein wertvoller Rohstoff, und ich begann, damit zu bauen, weil ich es für eine Verschwendung hielt, ein so gutes Material für nur so kurze Zeit zu verwenden. Mit Beginn meines Studiums beschäftigte ich mich immer mehr mit Themen im Bereich Energie- und Umwelttechnologien, insbesondere mit erneuerbaren Energien, Nachhaltigkeit und dem bewussten Umgang mit Ressourcen. Dazu gehören Kreislaufwirtschaft, Beständigkeit, Effizienz und Suffizienz. In dieser Zeit habe ich auch ein Unternehmen gegründet, das sich auf wiederverwendete Materialien spezialisiert hat, die Wick Upcycling GmbH.

CDW   Ihr helft den Studierenden zu verstehen, wie man mit wiederverwendeten Materialien plant und einen zirkulären statt linearen Ansatz verfolgt. Habt ihr eine Veränderung in der Art und Weise bemerkt, wie wir Architektur und Ingenieurwesen unterrichten?

RM   Nachhaltigkeit ist heute ein zentrales Thema, und die Studierenden sind sehr engagiert und gut informiert. Es ist ermutigend zu sehen, dass alle an einem Strang ziehen und etwas verändern wollen. Ich glaube, dass die Klimakrise dringend ist und dass gehandelt werden muss. Der Lockdown während der COVID-19-Pandemie hatte eine große Wirkung, weil er den Menschen Zeit gab, über die Gesellschaft nachzudenken und bestehende Normen infrage zu stellen. Während einige Menschen an alten Gewohnheiten festhielten, entwickelten andere ihr Denken weiter.

CDW   Vielleicht war es ein Moment der Rückbesinnung auf uns selbst und auf das, was wirklich wichtig ist? Es geht darum, sich mit unseren Grundwerten zu verbinden. Es ist wichtig zu verstehen, was für eine bessere Zukunft entscheidend ist, und um das zu erreichen, braucht es Reflexion.

RM   Für mich ist das ein bisschen wie ein Designprozess. Wenn man immer voll dabei ist und keine Pausen macht, verliert man die Relevanz seines Entwurfs aus den Augen. Countdown 2030[28] wurde während des Lockdowns entwickelt, einer Zeit, in der die Menschen die Möglichkeit hatten, nachzudenken und die Notwendigkeit von Veränderungen zu erkennen. Als ich über meinen Einfluss nachdachte, wurde mir klar, dass ich mich zwar sehr für Energiefragen

my studies, I became increasingly aware of issues related to energy and environmental technology, particularly renewable energy, sustainability, and the conscious use of resources. This includes the circular economy, consistency, efficiency, and sufficiency. During this time, I also founded an association specialising in reused materials, Wick Upcycling GmbH.

CDW   You are helping our students understand how to design with reused materials and adopt a circular rather than linear approach. Have you noticed a shift in how we teach architecture and engineering?

RM   Now, sustainability is a key focus, and students are highly engaged and knowledgeable about it. It is encouraging to see everyone moving in the same direction, committed to making a difference. I believe the climate crisis is urgent, and action is needed. The lockdown [related to the COVID-19 pandemic] had a significant impact, giving people time to reflect on society and question existing norms. While some people clung to old habits, others evolved their thinking.

CDW   Perhaps it was a moment for us to reconnect with ourselves and what truly matters, right? It is about connecting with our core values. It is essential to understand what is crucial for a better future, and achieving that requires reflection.

RM   It is similar to the design process for me now. If you're always fully immersed without taking a break, you lose perspective on the relevance of your design. Countdown 2030[27] was conceived during the lockdown, a time when people had the opportunity to reflect and realise the need for change. Reflecting on my impact, I realised during my teaching that while I was deeply involved in energy issues, my influence as a one-man company was limited due to financial constraints, but now I recognise the importance of effecting change and contributing to society, a realisation cemented by the lockdown.

CDW   So, is this desire to have an impact part of the reason you wanted to work with us? To transfer your knowledge to the next generation and influence how these students, entering the workforce, can learn from and collaborate with you?

engagierte, aber als Ein-Mann-Unternehmen aufgrund finanzieller Beschränkungen nur begrenzten Einfluss hatte. Jetzt weiß ich, wie wichtig es ist, Veränderungen herbeizuführen und einen Beitrag zur Gesellschaft zu leisten – eine Erkenntnis, die der Lockdown noch verstärkt hat.

CDW Ist dieser Wunsch, etwas zu bewegen, einer der Gründe, warum ihr mit uns zusammenarbeiten wolltet? Um euer Wissen an die nächste Generation weiterzugeben und Einfluss darauf zu nehmen, wie diese Studierenden, bevor sie in die Arbeitswelt eintreten, von euch lernen und mit euch zusammenarbeiten können?

RM Auf jeden Fall. Ich sehe die Herausforderung und den Reiz, mit diesen wiederverwendbaren Elementen zu arbeiten. Ich hoffe, die Studierenden inspirieren zu können, das einzigartige Potenzial dieses Ansatzes zu erkennen, und sie zu ermutigen, Elemente anders zu kombinieren und vielleicht sogar eine neue Designsprache zu entwickeln.

CDW Michael, danke, dass du immer für unsere Studierenden da bist und als Sicherheitsbeauftragter fungierst. Du bist immer mit uns auf den Bau- und Rückbaustellen unterwegs. Was hat dich dazu bewogen, uns bei diesen Vorhaben zu begleiten?

MW Indem wir zukünftige Architekt:innen sensibilisieren, können wir die Idee der Wiederverwendung verbreiten. So können wir uns von einem Verein zu einem Unternehmen und schließlich zu einem etablierten System entwickeln, in dem die Wiederverwendung den ihr gebührenden Respekt erfährt. Wir sind vom Verkauf kleiner Holzmengen in der Werkstatt zu großen Projekten übergegangen, zum Beispiel mit Baubüro in situ und der Zirkular GmbH, was die Treibhausgasemissionen erheblich reduziert. Die Zusammenarbeit mit der ETH Zürich ist in allen Bereichen spannend, weil sie Menschen mit unterschiedlichen Erfahrungen zusammenbringt. In deinem Kurs hatten wir Ingenieur:innen, Architekt:innen und Studierende mit handwerklichem Hintergrund, die alle einen wichtigen Beitrag geleistet haben. Es war auch faszinierend zu sehen, wie Studierende, deren Stärken nicht typisch handwerklich sind, bemerkenswerte Fähigkeiten zeigten. Das war für mich eine sehr positive Erfahrung.

RM Definitely. I recognise the challenges and the excitement of engaging with these reuse elements. I feel I can inspire the students to see the unique potential in this approach, encouraging them to combine elements differently and perhaps even develop a new design language when appropriate.

CDW Michael, thank you for always being there for our students and serving as our safety officer. You are always with us on the construction and deconstruction sites. What made you join us on these ventures?

MW By sensitising future architects, we can spread the idea of reuse. This allows us to progress from an association to a company, and ultimately to an established system where reuse earns the respect it deserves. We have moved from selling small amounts of wood in the workshop to large projects, like those with baubüro in situ and Zirkular GmbH, significantly reducing greenhouse gas emissions. The collaboration with ETH Zurich is exciting in all areas because it brings together people with diverse experiences. In your course, we had engineers, architects, and students with craft

Demontage von Fachwerkbindern und Treppen für die Wiederverwendung

Disassembly of trusses and staircase for later reuse

CDW Habt ihr etwas von dieser heterogenen Gruppe von Studierenden mit ihren unterschiedlichen Fachgebieten gelernt? Sie haben uns viel beigebracht, habt ihr auch neue Einsichten gewonnen?

MW Ja, es war auf jeden Fall faszinierend, etwas über Technik, Informatik, Strukturanalyse und die Herausforderungen beim Entwurf zu lernen und die verschiedenen Fähigkeiten zu beobachten. Die Vielfalt der Kompetenzen war für mich sehr anregend. Die Organisation und das Engagement von Anfang an waren entscheidend. Die Ideen der Studierenden und das architektonische Potenzial der Huber Pavillons waren spannend. Die erste Entwurfsphase mit der Beteiligung aller war sehr aufregend. Während der Bauphase verwandelte sich die anfängliche Unsicherheit schnell in eine gemeinsame Anstrengung. Besonders interessant war der schnelle Entscheidungsprozess auf der Baustelle, an dem Bauherren und Architekt:innen beteiligt waren. Es war eine sehr bereichernde Erfahrung zu sehen, wie das Projekt in so kurzer Zeit so gut zusammengewachsen ist.

CDW Wir hatten viele Diskussionen und mussten Entscheidungen gemeinsam treffen. Ist dieses Ausmaß an Diskussionen typisch für deine Arbeit, oder ist das eher in einem universitären Umfeld üblich, in dem Studierende ermutigt werden, ihre Meinung zu äußern?

MW Meiner Meinung nach waren die Diskussionen auf der Baustelle sehr konstruktiv. Ich denke, es gab echte Diskussionen über Dinge, die wir sofort ändern konnten. Das waren vernünftige Diskussionen. Manchmal ist es besser, Dinge auszuprobieren und Entscheidungen vor Ort zu treffen.

CDW Dinge auszuprobieren kann sehr effektiv sein, besonders, wenn man mit wiederverwendeten Materialien arbeitet, was eine Herausforderung sein kann. Was ist deiner Meinung nach wichtig, um Materialien, Menschen oder Disziplinen zu verbinden, um kreislauforientierter zu bauen?

MW Kommunikation und Bewusstseinsbildung sind entscheidend. Die Menschen müssen die Bedeutung der Wiederverwendung verstehen. Auf politischer Ebene brauchen wir Veränderungen, um

backgrounds, all contributing significantly. It was also fascinating to see students whose skills weren't typically characterised by craftsmanship showing remarkable abilities. It was a very positive experience for me.

CDW   Did you learn something from this diverse group of students, given their varying departments? While you taught us a great deal, did you also gain any new insights from them?

MW   Yes, absolutely, it was fascinating to learn about engineering, computer science, structural analysis, and design challenges, and to observe the various skills involved. The variety of expertise was very stimulating for me. The organisation and involvement from the start were key. The students' ideas and the architectural potential of the Huber Pavilions were exciting. The initial design phase, with everyone's participation, was very engaging. During construction, the initial uncertainty quickly turned into a collective effort. The quick decision-making process on site, involving clients and architects, was particularly thrilling. Seeing the project come together so cohesively in a short time was a very rewarding experience.

CDW   We had many discussions and decisions to make together. Is this level of discussion typical in your practice, or is it more common in a university setting with students who are encouraged to voice their opinions?

MW   In my opinion, the discussion on the construction site was very constructive. I think there were real discussions about things that we could change immediately. They were sensible discussions. Sometimes it's better to just try things out and make decisions on the spot.

CDW   Testing things out can be very effective, especially when working with reused materials, which can be challenging. What do you think is essential to connect, whether it is materials, people, or disciplines, to build in a more circular way?

MW   Communication and awareness are crucial. People need to understand the importance of reuse. Politically, we need changes to make reuse more feasible, like financial incentives or less stringent

die Wiederverwendung praktikabler zu machen, zum Beispiel finanzielle Anreize oder weniger strenge Vorschriften für wiederverwendete Komponenten, um nachhaltigere Praktiken zu fördern.

EK Mit deiner langjährigen Erfahrung in diesem Bereich und nachdem du dein eigenes Unternehmen gegründet hast, welchen Rat würdest du zukünftigen Planenden und Bauherren geben, die ähnliche Projekte in Angriff nehmen wollen?

MW Einfach anfangen. Denkt nicht zu viel über Businesspläne nach, probiert Dinge in kleinem Maßstab aus und lernt aus dem Prozess. Beginnt mit gebrauchten Komponenten, vielleicht indem ihr auf einer Baustelle fragt, ob ihr Fenster ausbauen dürft und sie auf dem Gebrauchtmarkt anbietet. So habe ich angefangen, und wenn ich mir Sorgen um das Geld gemacht hätte, hätte ich nie begonnen. Der Respekt vor dem Handwerk hilft, den Aufwand vor Ort einzuschätzen, und ermöglicht eine bessere Zusammenarbeit auf der Baustelle. Praktische Erfahrung ist bei der Planung von unschätzbarem Wert und hilft, fundierte Entscheidungen zu Materialien und Machbarkeit zu treffen.

regulations for reused components, to encourage more sustainable practices.

EK   With your extensive experience in this field and having set up your own business, what advice would you give to future planners and builders who want to tackle similar projects?

MW   Just start. Don't overthink business plans; try things out on a small scale and learn from the process. Begin with used components, maybe by asking to dismantle windows on a site and offering them on the second-hand market. That's how I started, and if I had worried about money, I would never have started. Respecting the craftsmanship involved helps them assess the effort required on-site and enables better collaboration with people. Practical experience is invaluable during planning, helping to make informed decisions about materials and feasibility.

Gespräch mit der Architektin Tazuru Harada und Sabrina Dinger, Leiterin des Campus-Cafés

Tazuru Harada ist Lehr- und Forschungsassistentin an der Professur für Architectural Behaviorology der ETH Zürich. Sie studierte Architektur an der Universität Tsukuba bei Prof. Momoyo Kaijima und wurde von der Japan Student Services Organization (JASSO) ausgezeichnet. Mit ihrer Diplomarbeit war sie Finalistin des Young Talent Architecture Award (YTAA). Mit einem Stipendium des japanischen Erziehungsministeriums (MEXT) absolvierte sie ein Masterstudium in Interaction Design and Innovation an der École nationale supérieure d'Arts et Métiers (ENSAM) in Paris, bevor sie in Frankreich an verschiedenen internationalen Projekten mit Schwerpunkt Architektur und Landschaft arbeitete.

Sabrina Dinger leitet für die SV Group die Alumni Lounge und das Campus-Café der ETH Zürich. Die Absolventin der Business School Davos interessiert sich für Bildung und Nachhaltigkeit und nutzt ihre Erfahrungen im Hospitality Management, um sinnvolle soziale Beziehungen zu fördern. Ihr Engagement, um bereichernde Erlebnisse für Gäste, Professor:innen und Studierende zu schaffen, macht sie zu einer geschätzten Partnerin in Bildungs- und Weiterbildungsinitiativen. Als Verantwortliche für die Alumni-Lounge auf dem ETH-Campus Hönggerberg sprang sie als „Bauherrin" für das Projekt Japan-Studio ein und unterstützte die Studierenden bei der Umsetzung.

Conversation with architect Tazuru Harada and campus café manager Sabrina Dinger

Tazuru Harada is teaching and research assistant in the Chair of Architectural Behaviorology at ETH Zurich. She pursued her studies in architecture at the University of Tsukuba with Prof. Momoyo Kaijima, for which she was highly praised by the Japan Student Services Organization (JASSO). She was a finalist in the Young Talent Architecture Award (YTAA) for her diploma project, and, thanks to a scholarship from the Ministry of Education in Japan (MEXT), she pursued a master's degree in interaction design and innovation at École nationale supérieure d'Arts et Métiers (ENSAM) in Paris, before working on various international projects focusing on architecture and landscape, in France.

Sabrina Dinger, who stepped into the role of client for the Japan Studio project, manages the Alumni Lounge and the campus café at ETH Zurich for the SV Group. She graduated from business school in Davos with an interest in education and sustainability, and uses her experience in hospitality management to promote meaningful social relations. Her commitment to creating enriching experiences for guests, professors, and students has made her a valued partner in educational and professional development initiatives. As the person in charge of the Alumni Lounge on the ETH Hönggerberg campus, she stepped in as a "client" for the Japan Studio project and helped students with its implementation.

Gespräch mit Sabrina Dinger (links) und Tazuru Harada (rechts) auf dem Campus

Conversation with Sabrina Dinger (left) and Tazuru Harada (right) on campus

Tazuru Harada und Sabrina Dinger waren maßgeblich an der Wiederverwendung einiger Materialien des Huber Pavillons beteiligt. Als Assistentin am Lehrstuhl von Momoyo Kaijima spielte Tazuru Harada eine wichtige Rolle bei der Unterstützung der Studierenden beim Entwurf und der Herstellung von Möbeln aus den wiederverwendeten Materialien. Sabrina Dinger, die das Café und Restaurant auf dem Campus leitet, zeigte den beteiligten Studierenden, was es bedeutet, sich mit realen Bedürfnissen und Einschränkungen auseinanderzusetzen[29].

[ZÜRICH, 6. JUNI, 2024]

CDW   Das Interesse des Campus-Managements am Japan-Studio von Momoyo Kaijima hat gezeigt, dass ihr euch für die Anwendung der Prinzipien der Kreislaufwirtschaft einsetzt. War dieser Fokus auf Wiederverwendung neu für euch oder hattet ihr das bereits als wichtig erachtet?

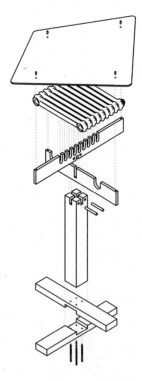

Die Studierenden des Japan Studios haben aus wiederverwendeten Materialien der Huber Pavillons Möbel für das Campus-Café hergestellt

The students of the Japan Studio made furniture for the campus café with reused materials from the Huber Pavilions

Tazuru Harada and Sabrina Dinger played significant roles in the reuse of some of the materials from the Huber Pavilion. As an assistant in Momoyo Kaijima's chair, Tazuru played a key part in helping students design and create furniture from the repurposed materials. Sabrina Dinger, who manages the campus café and restaurant, taught students who were reusing Huber Pavilions materials for the cafe what it means to confront real-world needs and constraints[28].

[ZURICH, JUNE 6TH, 2024]

Einsatz der Möbel des Japan Studios aus dem Campus-Café im Kurs „Digital Transformation for Circular Construction", um mithilfe von Extended Reality deren Auf- und Abbau zu zeigen

Reusing the Japan Studio furniture from the campus café in the 'Digital Transformation for Circular Construction' course to teach about using extended reality for dis- and re-assembly

SD Die Anwendung dieser Forschung direkt auf unserem Campus hat uns gezeigt, wie recycelte Materialien verarbeitet werden können. Der Austausch mit den Studierenden war unglaublich anregend und hat Spaß gemacht.

TH Wir haben das Konzept eines japanischen Teehauses, in dem es sowohl um Raumgefühl und Erlebnis als auch um das Teetrinken geht, auf den Schweizer Kontext übertragen, und die Studierenden haben dabei viel gelernt. Durch das Entwerfen echter Möbel für das Café, die sogenannte Alumni Lounge, konnten sie wertvolle praktische Erfahrungen sammeln. Wir standen jedoch vor der Herausforderung, wiederverwendete Materialien zu verwenden und gleichzeitig die Sicherheit zu gewährleisten und die Vorschriften einzuhalten. Es war ein komplexer, aber bereichernder Lernprozess.

CDW Könnt ihr die besonderen Schwierigkeiten beschreiben, auf die ihr gestoßen seid? Hatten sie hauptsächlich mit der Verwendung wiederverwendeter Materialien zu tun oder damit, dass die Studierenden den Prozess erst noch lernen mussten?

TH Es gab zwei Herausforderungen. Die Studierenden mussten die Geschichte und die Eigenschaften des Materials respektieren, was manchmal verwirrend war. Sie lernten, dass reale Projekte Sicherheits- und Gebrauchsnormen erfüllen müssen und nicht nur auf dem Papier gut aussehen dürfen. Es ist großartig, echte Auftraggebende wie die Alumni Lounge zu haben, aber wir müssen den Umfang begrenzen, um es handhabbar für die Studierenden zu machen, und uns auf praktische, kleinere Designs konzentrieren.

SD Mir war nicht klar, wie viele Detailarbeit nötig ist, um zu gewährleisten, dass alles stabil und sicher ist, zum Beispiel um sicherzustellen, dass die Outdoor-Möbel so sicher sind, dass sie nicht umkippen, wenn jemand draufklettert. Durch diesen Prozess habe ich gelernt, die Mühe und die Überlegungen zu schätzen, die in das Design einfließen. Es war auch schön zu sehen, dass die Leute die wiederverwendeten Materialien in der Lounge bemerkten und schätzten.

CDW Die Tische in der Lounge sind zum Gesprächsthema geworden, weil sie so einzigartig sind. Elias, du warst Assistent bei CAB für dieses Studio, was hast du dabei gelernt?

CDW   Seeing the campus management's interest in Momoyo Kaijima's Japan Studio showed us your commitment to applying circular economy principles in the design and construction of the café. Was this focus on reuse new for you, or had you already considered it important?

SD   The application of this research directly on our campus taught us how reused materials can be transformed. The exchange of ideas with the students was incredibly stimulating and enjoyable.

TH   We translated the concept of a Japanese tea house, which is as much about a sense of space and experience as drinking tea, into the Swiss context, and the students learned a lot from it. Designing real furniture for the cafe, known as the Alumni Lounge, gave students valuable practical experience. However, we faced challenges using reused materials while ensuring safety and adhering to regulations. It was a complex but enriching learning process.

CDW   Could you elaborate on the specific difficulties you faced with Momoyo Kaijima's students? Were they mainly due to using reused materials or because the students were still learning the process?

TH   There were dual challenges. Students had to respect the material's history and characteristics, which was sometimes confusing. They learned that real-world projects must meet safety and usability standards, not just look good on paper. It is great to have more real clients like the Alumni Lounge, but we also need to limit the scope to make it manageable for students, focusing on practical, smaller-scale designs.

SD   I didn't realise how much detail goes into making sure everything is stable and safe, for example, ensuring that outdoor furniture is secure enough that it won't tip over if someone climbs on it. The process made me appreciate the effort and thought that goes into design. It was also gratifying to see people notice and appreciate the reused materials in the lounge.

CDW   The tables in the lounge have become conversation starters because they're so unique. Elias, you were an assistant in CAB for this studio, what did you learn from this process?

EK Wir haben viel über die praktischen Aspekte der Wiederverwendung gelernt. Zum Beispiel werden die Polycarbonatplatten vom Dach des Huber Pavillons jetzt als Tischplatte verwendet. Wir mussten herausfinden, wie wir sie reinigen können, ohne sie zu beschädigen. Diese Erfahrung ist für das Verständnis der praktischen Aspekte von Baumaterialien von unschätzbarem Wert.

CDW In diesem Semester haben wir die Tische sogar verwendet, um den Studierenden mithilfe von Extended Reality zu zeigen, wie man sie auf- und abbaut.

SD Ich bin immer offen für neue Projekte, sowohl innerhalb als auch außerhalb der Lounge. Die Studierenden sind bei diesem Projekt wie eine zweite Familie geworden, und ich werde ihre Anwesenheit und ihren Enthusiasmus vermissen. Vielleicht könnt ihr aus den Holzresten der Huber Pavillons einen neuen Entwurf für die Betonbänke im Außenbereich machen?

CDW Mit Vergnügen!

EK   We learned a lot about the practical aspects of reuse. For example, the polycarbonate roof panels of the Huber Pavilions are now used as tabletops. We had to consider how to clean them without damaging them. This experience is invaluable for understanding the practicalities of building materials.

CDW   This semester we even used the tables in our CEA teaching, showing students how to assemble and disassemble them using extended reality.

SD   I'm always open to new projects, whether inside or outside the lounge. The students became like a second family during this project, and I will miss their presence and enthusiasm. Maybe you can find a new design for the concrete benches outside with the leftover wood from the Huber Pavilions?

CDW   With pleasure!

5 Verbindungen zwischen den Beteiligten im Bausektor

5 Connecting Actors within the Construction Sector

Das Prinzip des zirkulären Bauens bringt die richtigen Personen mit den richtigen Materialien und Technologien zusammen, um die Wiederverwendung von Bauteilen zu ermöglichen. Kooperation und Kommunikation helfen dabei, die Ziele abzustimmen, die Anstrengungen zu synchronisieren und sicherzustellen, dass alle Beteiligten an einem Strang ziehen.

Materialvermittlung

Das „Matchmaking" im Bausektor, das Architekturschaffende, Bauunternehmen und Bauherrschaft mit den verfügbaren wiederverwendbaren Baustoffen zusammenbringt, ist von entscheidender Bedeutung für die Förderung von Nachhaltigkeit und die Reduzierung von Abfällen. Durch die effektive Zusammenführung derer, die über Materialien verfügen, mit denen, die sie benötigen, lassen sich potenzielle Abfälle in wertvolle Ressourcen umwandeln. Dies trägt nicht nur zur Minimierung der Umweltauswirkungen bei, sondern kann auch die Kosten für die Beschaffung von Materialien senken.[30] Die Materialvermittlung stellt sicher, dass hochwertige und langlebige Materialien aus abgerissenen Gebäuden ein neues Leben in anderen Projekten erhalten und so zu effizienteren und umweltfreundlicheren Baupraktiken beitragen.

Digitale Technologien spielen eine zentrale Rolle dabei, diesen Prozess zu erleichtern. Fortschrittliche Werkzeuge wie KI, Blockchain und Extended Reality können die Effizienz und Genauigkeit bei der

PERSONEN/ UNTERNEHMEN	PROJEKT	MATERIALIEN DER HUBER PAVILLONS
Zürich International	Tisch im Atelier	Glasplatten
Sujets Objets/Coralie Berchtold und Yann Junod	Tavolo-non-finito auf der Biennale Svizzera del Territorio in Lugano	Metallpaneele
VVZ-Atelier Allmendstrasse	Materialbestand zum Verkauf	Treppe
Markus Willi	Erweiterung Bauernhaus auf dem Hönggerberg	Paneele, Treppe
Wick Upcycling GmbH	Verkleidung eines Sanierungsprojekts	Holzbretter
Wick Upcycling GmbH	Vorrat für Werkstatt	Lärchenbretter

In the circular reuse model, effective matchmaking connects the right people with the right materials and technologies, enabling the reuse of building components. Collaboration and communication help align goals, synchronise efforts, and ensure that all stakeholders are on the same page.

Matchmaking

Matchmaking in the construction sector, which brings together architects, contractors, and building owners with available reusable building materials, is crucial for promoting sustainability and reducing waste. By effectively linking those who have materials with those who need them, we can transform potential waste into valuable resources. This helps minimise the environmental impact but also potentially can reduce costs[29] associated with procuring new materials. Matchmaking ensures that high-quality, durable materials from deconstructed buildings find new life in other projects, contributing to more efficient and eco-friendly construction practices.

PEOPLE & COMPANIES	PROJECT	HUBER PAVILIONS' MATERIALS
Zurich International	Table at Atelier	Glass plates
Sujets Objets / Coralie Berchtold and Yann Junod	Tavolo-non-finito at Biennale Svizzera del Territorio in Lugano	Metal panels
VVZ Atelier Allmendstrasse	Material stock for sale	Stairs
Markus Willi	Extension of farmhouse on Hönggerberg	Panels, stairs
Wick Upcycling GmbH	Cladding of refurbishment project	Timber boards
Wick Upcycling GmbH	Stock for Shop	Larch boards
Bau-Teilen, Katharina Riedl	DJ desk for the Zürcher Zentralwäscherei	Timber, metal balustrades
RE-WIN	Windows for Ukraine	Windows
Genossenschaft Stadtufer Lichtensteig	Hall apartments, studios	Timber, windows, doors, panels, lamps, appliances, light sensors, balustrades
Oekofacta GmbH	Small House / Kleines Haus	Trusses, timber, panels, larch boards

PERSONEN/ UNTERNEHMEN	PROJEKT	MATERIALIEN DER HUBER PAVILLONS
Bau-Teilen, Katharina Riedl	DJ-Pult in der Zürcher Zentralwäscherei	Balustraden aus Holz und Metall
RE-WIN	Fenster für die Ukraine	Fenster
Genossenschaft Stadtufer Lichtensteig	Hallenwohnen, Ateliers	Holz, Fenster, Türen, Paneele, Lampen, Lichtsensoren, Geländer
Oekofacta GmbH	Kleines Haus	Dachträger, Holz, Paneele, Lärchenbretter
Drack Gartenbau	Materialbestand zum Verkauf	Holz, Treppe, Steine, Beton
Flury + Furrer Architekten GmbH	Umbau bei Kunstgiesserei St. Gallen	Holz, Fenster, Türen, Paneele, Treppe, Lampen, Steine, Beton, Dachplatten
Flury + Furrer Architekten GmbH	Atelier Jim Dine	Lampen, Metalltreppe, Holzbalken
Petra Hagen Hodgson, ZHAW, Gabriela Dimitrova, University of Liechtenstein	Garten-Pavillon	Holz, Sanitärobjekte, Lampen, Haushaltsgeräte
Jaden Greusing, Studierender ETH Zürich	Renovierung	Vorhänge
Verein Freiraum Belpberg, Jan Eisenmann	Innenrenovierung	Holz, Sanitärobjekte
Verein Paradogma	Badehalde bei der Badenerfahrt	Dachplatten
Esther Feuz	Sanierung einer überdachten Gartenanlage	Dachplatten
Elias Knecht	Dachbefestigungen	Verschnitt Lärchenbretter
Philippe Wessling, Wick Upcycling GmbH	Waggonbau	Holzbretter von Dachplatten
Alumni-Lounge ETH	Sandkasten	Dachträger
SIQ-Kollektiv	Bühne im Alten Denner, Schwammendingen	Holzbretter von Dachplatten
Jaime Leroy Longhi	Waggonbau	Holzbretter von Dachplatten
Jaime Leroy Longhi	Renovierung Wohnung	Holzbretter
Arno Covas und Jules Henz	Kultur Hardgut	Betonplatten, Holzbretter, Balken
ETH Facility Services	Lagermaterial	Spiegel

Übersicht von Personen und Unternehmen, die Materialien der Huber Pavillons wiederverwendet haben

PEOPLE & COMPANIES	PROJECT	HUBER PAVILIONS' MATERIALS
Drack Gartenbau	Material stock for sale	Timber, stairs, stones, concrete
Flury + Furrer Architekten GmbH	Refurbishments at Kunstgiesserei St. Gallen	Timber, windows, doors, panels, stairs, lamps, appliances, stones, concrete, roofing
Flury + Furrer Architekten GmbH	Jim Dine Atelier	lamps, metal staircase, timber beams
Petra Hagen Hodgson, ZHAW, Gabriela Dimitrova, University of Liechtenstein	Garden Pavilion	Timber, sanitary elements, lamps, appliances
Jaden Greusing, ETH Zurich student	Refurbishment	Curtains
Verein Freiraum Belpberg Jan Eisenmann	Interior Refurbishment	Timber, sanitary elements
Verein Paradogma	Badehalde at Badenerfahrt	Roofing
Esther Feuz	Refurbishment garden roof structure	Roofing
Elias Knecht	Roof connection details	Larch board cut-offs
Philippe Wessling, Wick Upcycling GmbH	Waggon building	Timber roof sheathing
Alumni Lounge ETH	Sand Box	Trusses
SIQ Collective	Stage at Alter Denner in Schwammendingen	Timber roof sheathing
Jaime Leroy Longhi	Wagon Building	Timber roof sheathing
Jaime Leroy Longhi	Interior apartment refurbishment	Timber boards
Arno Covas and Jules Henz	Kultur hardgut	Concrete slabs, timber boards, beams
ETH Facility Services	Stock material	Mirrors

Individuals and companies who reused Huber Pavilion materials within their projects

Zusammenführung von Interessierten mit den richtigen Materialien erheblich verbessern. KI kann große Datenmengen analysieren, um Materialverfügbarkeit und -nachfrage vorherzusagen, während Blockchain für Transparenz und Verfolgbarkeit im Materiallebenszyklus sorgt. Extended Reality kann visualisieren, wie wiederverwendete Materialien in neue Entwürfe passen, was Architekturschaffenden und Bauherren die Integration in ihre Projekte erleichtert. Diese Technologien rationalisieren den gesamten Prozess und erleichtern den Beteiligten die Wiederverwendung von Baustoffen, was letztendlich zu einer nachhaltigeren Bauindustrie führt.

Im Kurs „Digital Transformation for Circular Construction" erforschten wir innovative digitale Technologien anhand der Wiederverwendung von Materialien aus den Huber Pavillons. Einer der wichtigsten Schritte war die Einführung von Materialpässen mit QR-Codes, die in die Fachwerkbinder eingraviert wurden. Diese QR-Codes sind mit digitalen Produktpässen (DPP) verknüpft, die detaillierte Informationen über die Eigenschaften, die Herkunft und die bisherige Verwendung der Materialien enthalten. Die Studierenden haben eine umfassende Datenbank erstellt, um die Materialien zu katalogisieren und eine effiziente Verfolgung und Verwaltung zu ermöglichen. Dieses System erleichtert den frühen Austausch von Materialien durch einfachen Zugriff auf wichtige Daten. So lässt sich sicherstellen, dass wiederverwendete Materialien schnell in neue Bauprojekte integriert werden können, was Nachhaltigkeit und Kreislaufwirtschaft in der Bauindustrie fördert.

Ein großer Teil der Materialvermittlung erfolgte jedoch auch manuell, insbesondere im Rahmen der Masterarbeit von Elias Knecht. Er musste mit verschiedenen Akteur:innen der Baubranche Kontakt aufnehmen, von den Abbrucharbeiter:innen von Eberhard Bau bis zu Einzelpersonen, die Materialien für private und professionelle Projekte sammeln. Die wiederverwendeten Materialien wurden für eine Reihe von Projekten verwendet, von kleinen Tischen bis hin zu ganzen Gebäudeteilen (siehe Seite 230–233).

Beim Aufbau einer „Tinder for Reuse"-Vermittlungsplattform ist es von entscheidender Bedeutung, den menschlichen Faktor zu berücksichtigen, indem ein breites Spektrum von Beteiligten – von den Abbrucharbeiten bis hin zum Entwurf – einbezogen wird. Die Erleichterung von persönlichen Kontakten und Netzwerken kann das Vertrauen und die Zusammenarbeit fördern, die für eine erfolgreiche Wiederverwendung unerlässlich sind. Die Plattform sollte einen

Digital technologies play a pivotal role in facilitating this matchmaking process. Advanced tools like AI, blockchain, and extended reality can significantly enhance the efficiency and accuracy of matching stakeholders with the right materials. AI can analyse vast amounts of data to predict material availability and demand, while blockchain ensures transparency and traceability in the material's lifecycle. Extended reality can help visualise how reused materials will fit into new designs, making it easier for architects and builders to incorporate them into their projects. These technologies streamline the entire process, making it more accessible and practical for stakeholders to participate in the reuse of building materials, ultimately driving the construction industry towards greater sustainability.

In our class 'Digital Transformation for Circular Construction', we explored innovative digital technologies by reusing materials from the Huber Pavilions. One key initiative was the implementation of material passports, which involved engraving QR codes on the trusses. These QR codes are linked to Digital Product Passports (DPPs), containing detailed information about the materials' properties, origins, and previous uses. My students created a comprehensive database to catalogue these materials, enabling efficient tracking and management. This system facilitates early material exchange by providing easy access to critical data, ensuring that reclaimed materials can be quickly matched with new construction projects, thereby promoting sustainability and circular economy principles in the building industry.

However, much of the matchmaking was also done manually, primarily within Elias Knecht's master's thesis. This required him to engage with various stakeholders in the construction industry, from demolition workers at Eberhard Bau AG to individuals collecting materials for personal and professional projects, including the Ticino Biennale. The reused materials were applied to a range of projects, from small-scale tables to entire structural elements in buildings. The presented tables give a sense of how many people are involved in the reuse of the materials.

When building a 'Tinder for Reuse' matchmaking platform, it is crucial to consider the human factor by engaging a diverse range of stakeholders, from demolition workers to designers. Facilitating personal connections and networking can foster trust and collaboration, essential for successful material reuse. The platform should create value by highlighting the benefits of reused materials, promoting sustainability, and encouraging creativity. Showcasing successful projects can help illustrate the potential and benefits of reuse, inspiring more users to participate.

Mehrwert schaffen, indem sie die Vorteile von wiederverwendeten Materialien hervorhebt, Nachhaltigkeit fördert und die Kreativität anregt. Die Präsentation erfolgreicher Projekte kann dazu beitragen, das Potenzial und die Vorteile der Wiederverwendung zu veranschaulichen und mehr Nutzende zur Teilnahme zu motivieren.

Im Rahmen meiner Forschungs- und Lehrtätigkeit stoße ich häufig auf Software oder Websites, die auf dieses Konzept der Vermittlung abzielen. Thibaut Menny[31], einer meiner Doktoranden, arbeitet viel mit der französischen Industrie zusammen, um ein Tool namens C1OPO (was auf Französisch „Es ist verfügbar!" bedeutet) zu entwickeln. In Frankreich konnte ich an der Zusammenführung der gebogenen Glasscheiben der berühmten Rolltreppen und außen liegenden Gänge des Centre Pompidou („chenille" genannt – frz. für Raupe, Sanierung: Elioth) mit dem Projekt Papillon (frz. für Schmetterling) von Maximum Architecture mitarbeiten: Aus der Raupe wurde ein Schmetterling.

Zu dieser Zeit stand ich in Kontakt mit vielen Akteur:innen der Wiederverwendung in Frankreich, wie Cycle Up, einer Plattform für gebrauchte Baumaterialien und -geräte, und Mobius, einem Beratungszentrum für Wiederverwendung und Lager für wiederverwendete Baumaterialien. Seitdem arbeite ich mit dem Bauunternehmen Bouygues Construction zusammen, um weitere Untersuchungen über die Zusammenführung von wiederverwendeten Materialien durchzuführen. Sie haben das Unternehmen Cyneo[32] ins Leben gerufen, das die Wiederverwendung im Bausektor erleichtert und unterstützt, indem es den Beteiligten – wie Materiallieferant:innen, kleinen und mittleren Unternehmen, Handwerker:innen, Hersteller:innen, Demontageunternehmen, Projektmanager:innen, lokalen Behörden und Gruppen in der Kreislaufwirtschaft – bei der Entwicklung und Umsetzung von ökologischen, wirtschaftlichen und lokalen Wiederverwendungsinitiativen hilft.

In der Schweiz bin ich Mitglied von Cirkla, einer Organisation, die alle Akteure im Bereich der Wiederverwendung zusammenbringt. Organisationen, Unternehmen, öffentliche Einrichtungen und Privatpersonen bündeln ihre Kräfte, um Nachfrage, Angebot und Know-how zu verbinden. Um Materialien zu finden und zu verteilen, wie zum Beispiel die der Huber Pavillons, habe ich oft die Vermittlungsplattform useagain.ch genutzt, die wiederverwendete Bauelemente verkauft. Für meine Kurse habe ich auch „Materialjäger" von Vermittlungsfirmen wie Zirkular engagiert. Die Liste der

Throughout my research and teaching, I often come across software or websites that are working towards this matchmaking concept. Thibaut Menny[30], one of my PhD students, works a lot with the French industry on developing a matchmaking tool called 'C10PO' (which reads 'It's available!' in French). During my time in France, I had the chance to work on the matchmaking of the bent glass panes from the famous *Chenille* (meaning 'caterpillar' in French) —the external escalators and hallways— of the Centre Pompidou, which was being renovated by engineering company Elioth, and the *Papillon* (meaning 'butterfly' in French) project by Maximum Architecture: the caterpillar became the butterfly.

At the time, I was in contact with many reuse actors in France, such as Cycle Up, a platform for second-hand building materials and equipment for professionals, and Mobius, a reuse consultancy and storage facility for reconditioning building materials. Since then, I started working with the construction company Bouygues Construction for further research on the matchmaking of reused materials. They initiated the Cyneo facilities[31], which enables and supports the growth of reuse companies in the building sector by aiding construction industry stakeholders—such as material suppliers, SMEs, craftspeople, manufacturers, demolition companies, project managers, local authorities, and circular economy groups—in developing and implementing ecological, economic, and local reuse initiatives.

In Switzerland, I am part of Cirkla, an association that unites all stakeholders involved in reuse. Organisations, companies, public entities, and individuals combine their efforts to bring together demand, supply, and expertise in the field of reuse. To find and distribute materials, as for the Huber Pavilions' materials, I used the useagain.ch matchmaking platform a lot, which sells reused building components. In my teaching, I also hired 'material hunters' from matchmaking companies like Zirkular GmbH. The list of reuse actors[32] in this ecosystem is extensive, but the key point is that each country is currently developing platforms for matchmaking for reused building materials, driven by a rapidly increasing demand.

To be efficient in matchmaking, an intuitive interface is needed for connecting available materials with potential projects. It should cater to a variety of applications, from small-scale creations to large structural elements, showcasing the versatility of reused materials. Additionally, providing educational resources and success stories can inform and encourage users about the benefits and possibilities of

Beteiligten in diesem Ökosystem ist lang,[33] aber das Wichtigste ist, dass jedes Land Plattformen für die Vermittlung von wiederverwendeten Baumaterialien entwickelt, angetrieben von einer schnell wachsenden Nachfrage.

Für eine effiziente Zusammenführung ist eine intuitive Schnittstelle erforderlich, um verfügbare Materialien mit potenziellen Projekten zu verknüpfen. Sie sollte für eine Vielzahl von Anwendungen geeignet sein, von kleinen Designs bis hin zu großen Strukturen, um die Vielseitigkeit von wiederverwendeten Materialien zu verdeutlichen. Darüber hinaus können Infomaterialien und Erfolgsgeschichten den Nutzenden die Vorteile und Möglichkeiten der Wiederverwendung näherbringen und sie ermutigen. Die Berücksichtigung rechtlicher und regulatorischer Aspekte ist ebenfalls von entscheidender Bedeutung, um die Einhaltung von Vorschriften und einen reibungslosen Betrieb in der Branche zu gewährleisten.

Neben der dargestellten Verteilung wurden die Materialien der Huber Pavillons auch auf useagain.ch veröffentlicht, um ihre Verbreitung zu erleichtern.

Materialjagd

„Materialjäger:innen" sind Fachleute im Bereich des zirkulären Bauens, die auf die Identifizierung, Beschaffung und Bewertung von wiederverwendbaren Baumaterialien aus bestehenden Gebäuden spezialisiert sind. Ihre Aufgabe besteht darin, die Komponenten von Gebäuden zu verstehen, die Machbarkeit und Legalität ihrer Wiederverwendung zu bestimmen und sie mit neuen Bauprojekten abzugleichen. Materialjäger:innen müssen über umfassende Kenntnisse der Baupraxis, der Materialeigenschaften und des rechtlichen Umfelds verfügen, um sicherzustellen, dass die wiederverwendeten Materialien den Standards der Branche und den Projektanforderungen entsprechen.

material reuse. Addressing regulatory and legal considerations is also vital to ensure compliance and smooth operation within the industry.

Aside from the distribution among different individuals and companies displayed in the presented tables, the Huber Pavilions' materials were also published in useagain.ch in order to simplify the distribution process.

Material hunting

A 'material hunter' is a professional in the field of circular construction who specialises in identifying, sourcing, and assessing reusable building materials from existing structures. This role involves understanding the components of buildings, determining the feasibility and legality of reusing these materials, and matching them with new construction projects. Material hunters must possess a broad knowledge of construction practices, material properties, and the regulatory landscape to ensure that reclaimed materials meet industry standards and project requirements.

Demontierte Materialien aus den Huber Pavillons werden an verschiedene Praktizierende aus der Industrie zur Wiederverwendung in anderen Bauprojekten in der Schweiz und der Ukraine verschickt

Disassembled materials from the Huber Pavilions distributed to different industry practitioners for reuse in other built projects in Switzerland and Ukraine

Gespräche mit der Anthropologin Anna Buser und dem Materialjäger und Architekten Christoph Müller

Anna Buser ist Projektleiterin bei CSD Engineers, wo sie zirkuläres Bauen einführt und umsetzt, mit dem Ziel, Wiederverwendung praktikabler, überzeugender und leichter umsetzbar zu machen. Nach einem Bachelor in Sozialanthropologie an der Universität Zürich und einem Master in Critical Urbanism an der Universität Basel wurde sie eine der führenden Expertinnen für zirkuläres Bauen und Materialwiederverwendung. Sie ist wissenschaftliche Mitarbeiterin am Lehrstuhl Circular Engineering for Architectue (CEA) an der ETH Zürich. Im Bereich Architektur und nachhaltiges Bauen arbeitet sie derzeit mit Universitäten und Industriepartnern zusammen, um die Prinzipien der Wiederverwendung in Lehrpläne und Berufspraxis zu integrieren.

Christoph Müller ist Mitbegründer der Zirkular GmbH und berät Bauherren und Architekturschaffende. Er studierte Architektur an der Technischen Universität Wien. Seine Schwerpunkte sind Strategien zur Erhaltung von Gebäuden und Planungsunterstützung bei der Wiederverwendung von Bauteilen. Davor arbeitete er als Projektleiter bei Baubüro in situ mit dem Schwerpunkt Flüchtlingsunterkünfte. Zu Beginn seiner beruflichen Laufbahn war er auch für die UNO und internationale Nichtregierungsorganisationen im Bereich des humanitären Wohnungsbaus tätig.

Im Gespräch mit Anna Buser   Conversation with Anna Buser

Conversations with anthropologist Anna Buser and material hunter and architect Christoph Müller

Anna Buser is a project manager at CSD Engineers where she introduces and implements circularity in construction with the aim of making reuse more practicable, compelling and viable. After completing her Bachelor in Social Anthropology at the University of Zurich and Master in Critical Urbanism at the University of Basel, she became a leading expert in circular construction and material reuse. She works as a scientific assistant at the Chair of CEA. In the world of architecture and sustainable construction, she currently collaborates with universities and industry partners to integrate reuse principles into educational curricula and professional practices.

Christoph Müller is co-founder of Zirkular GmbH and advises real estate developers and architects. He holds a degree in architecture from the Vienna University of Technology (TU Wien). His main focus is on strategies for the preservation of buildings and planning support for the reuse of building components. Before joining Zirkular GmbH, he worked as a project manager at baubüro in situ with a focus on housing for refugees. At the beginning of his career, he also worked for the United Nations (UN) and international nongovernmental organisations (NGOs) in the field of humanitarian shelter.

Im Gespräch mit Christoph Müller   Conversation with Christoph Müller

Anna Buser hat ihre Masterarbeit über Abfallmanagement geschrieben, ist in der Schweizer Wiederverwendungsszene gut vernetzt und verfügt über einen beeindruckenden anthropologischen Hintergrund. Sie arbeitet für Firmen wie Sustainable Materials Mindset (Sumami, ursprünglich die Abkürzung für Sustainable Material Mining) und Colombi Schmutz Dorthe (CSD) Ingenieure. Christoph Müller arbeitet als „Materialjäger" für die von ihm mitbegründete Zirkular GmbH, ein Beratungsunternehmen, das Kunden mit wiederverwendeten Materialien für Architekturprojekte zusammenbringt. Wie das Gespräch[34] zeigt, haben die beiden die richtigen Leute verknüpft.

[ZÜRICH, SCHWEIZ, 26. APRIL 2024 UND 24. MAI 2024]

EK   Du bist ein sehr erfahrener Planer und Architekt auf dem Gebiet des zirkulären Bauens. Wie bist du zu diesem Thema gekommen?

CM   Nach der Tätigkeit in einem konventionellen Zürcher Architekturbüro und einem Umzug nach Südostasien bin ich in die Schweiz zurückgekehrt. Ich wechselte dann zum sozialen Wohnungsbau, gründete die Zirkular GmbH und suchte nach einer sinnvollen Arbeit in der Architektur mit sozialen Aspekten.

CDW   In unserem Labor erforschen wir digitale Technologien zur Unterstützung des zirkulären Bauens und locken damit verschiedene Fachleute an, darunter auch Informatiker:innen. Obwohl die Industrie höhere Gehälter zahlt, ziehen wir sie an, weil wir ihnen eine sinnvolle Aufgabe bieten, bei der sie ihre Fähigkeiten einsetzen können, um eine bessere Zukunft durch umweltfreundlicheres Bauen zu fördern.

CM   Die Wiederverwendung mag heute eine Nische sein und etwas seltsam erscheinen, aber wenn sich die Vorschriften und gesetzlichen Anforderungen ändern, wird es eine große Nachfrage nach unserer Arbeit geben.

CDW   Es geht darum, mehr Wert zu schaffen und dabei weniger zu verschmutzen oder weniger Abfall zu produzieren, indem man Abfall in Reichtum verwandelt. Anna, kannst du deine Doppelrolle im Labor und außerhalb, insbesondere in der Praxis der Wiederverwendung, erläutern?

Anna Buser wrote her master's thesis on waste management, has a great network in the world of reuse in Switzerland, and an impressive background in anthropology. Anna Buser also works part time in industry, for companies such as sustainable material mining (known as 'sumami' and now called Sustainable Materials Mindset) and Colombi Schmutz Dorthe (CSD) Engineers, which helps facilitating connections. Through Anna, I later met Christoph Müller as a 'material hunter' for Zirkular GmbH, which he co-founded. Zirkular GmbH is a consulting firm that connects clients with reused materials for architectural projects. Both of them connected the right people with each other, which was evident in our conversation[33].

[ZURICH, SWITZERLAND, ON APRIL 26TH, 2024 AND MAY 24TH, 2024]

EK   You are a well-experienced planner and architect in the field of circular building. How did you get into this field?

CM   After working in a conservative Zurich architecture office and relocating to Southeast Asia, I returned to Switzerland, transitioned to affordable housing, co-founded Zirkular GmbH, and sought meaningful work in architecture with social aspects.

Elias Knecht und Catherine De Wolf im Gespräch   Elias Knecht and Catherine De Wolf conducting the conversation

AB Alles begann damit, verschiedene Wiederverwendungs-Pionier:innen zu filmen, mit ihnen in Kontakt zu treten und ihnen Fragen zu ihrer Arbeit zu stellen. So lernte ich Sumami und das Team kennen, das useagain.ch[35] entwickelt hat, und wurde Teil der Initiative. Später kam ich zu CSD Ingenieuren, durch die Fusion von Sumami mit dem Unternehmen. Durch die Initiative Re-Win,[36] ein Projekt, das ich mit Barbara Buser initiierte, um zu verhindern, dass Fenster weggeworfen werden, bekam ich die Möglichkeit, die Plattform useagain.ch auszuprobieren. Wir testeten die Plattform, um Fenster für Kriegs- und Katastrophengebiete zu inventarisieren, wo durch Bomben täglich viele Fenster kaputt gehen. Das Projekt wuchs, und wir erhielten weitere Fenster, unter anderem von den Huber Pavillons. Freiwillige halfen bei der Demontage und Vorbereitung, sodass wir schließlich über 1000 Fenster in die Ukraine schicken konnten. Dass ich sowohl in der Praxis als auch in der Wissenschaft tätig bin, hilft mir zu verstehen, wie Wiederverwendung in der Realität funktioniert und wie sie sich durch die Digitalisierung an der ETH Zürich ausweiten lässt. So schließt sich der Kreis, indem kreative Ideen mit praktischer Anwendung kombiniert werden.

EK Wie hat dein Hintergrund als einzige Anthropologin an unserem Lehrstuhl geholfen, die Kluft zur Industrie zu überbrücken?

AB Mit Menschen zu sprechen, Kontakte zu knüpfen und zuzuhören ist entscheidend. Die Anthropologie hilft mir, die Projektdynamik und den ganzheitlichen Ansatz der Wiederverwendung zu verstehen. Sie hat mir eine einzigartige Perspektive auf das Thema gegeben, die meine praktischen Erfahrungen ergänzt. Das Huber-Wiederverwendungsprojekt hat mir geholfen, die Digitalisierung zu verstehen, zum Beispiel digitale Zwillinge und computergestütztes Design. Ich habe gesehen, wie digitale Werkzeuge das zirkuläre Bauen unterstützen können. Bei CSD Ingenieure erforschen wir neue Werkzeuge, um Prozesse zu vereinfachen. Dass Studierende telefonbasierte LiDAR-Scans verwenden, zeigt die praktische, erschwingliche Anwendung.

CDW Mit einem Fuß in der Wissenschaft und einem Fuß in der Praxis zu stehen, stellt sicher, dass unsere Arbeit in der realen Welt nützlich ist. Wie seht ihr eure Rolle als Bindeglied zwischen den Bedürfnissen der Industrie und der akademischen Forschung?

CDW   In our lab, we are researching digital technologies to aid circular construction, attracting various profiles, including computer scientists. Although industry offers higher salaries, we attract them because we offer a meaningful purpose, enabling them to use their skills to promote a better future through less polluting construction.

CM   Reuse might seem niche and a bit odd now, but as regulations and legal requirements change, there will be significant demand for our work.

CDW   It is about creating more value while polluting less or producing less waste by turning waste into wealth. Anna, can you explain your dual role in the lab and outside, particularly in reuse practice?

AB   It all started with filming different pioneers in reuse, connecting with them, and asking questions about their work. That is how I got to know sumami GmbH and their team, who are the developers of useagain.ch[34], which led to me being involved in the initiative. I later joined CSD Engineers due to its fusion with sumami. I tested the platform useagain.ch through the Re-Win[35] initiative, a project that I started with Barbara Buser to save windows from being thrown away. We employed the platform to be able to inventory windows for war zones,

Demontage von Fenstern aus den Huber Pavillons für die Initiative Re-Win

Disassembly of windows from the Huber Pavilions for the Re-Win initiative

CM   Wenn ich mit den Studierenden arbeite, wird mir bewusst, wie viel wir nicht wissen und wie viel wir auf der Grundlage der aktuellen Daten nur vermuten. Die Studierenden stellen viele Fragen, und obwohl ich sie bis zu einem gewissen Grad beantworten kann, handelt es sich oft eher um Vermutungen als um absolutes Wissen. Das wird wahrscheinlich so bleiben, bis gewisse Standards festgelegt sind.

CDW   Das kann man als Chance sehen: Indem wir unbeantwortete Fragen erforschen, können wir die Branche gemeinsam neu gestalten. Wenn wir die Antwort nicht kennen, können wir sie finden und hoffentlich bessere Normen und Standards im Bauwesen schaffen.

CM   Es ist befriedigend, direkte Ergebnisse im Bereich des zirkulären Bauens zu sehen, in dem nichts festgelegt ist und sich alles entwickelt. Im Gegensatz zur konventionellen Architektur, wo Veränderungen Jahre dauern, sieht man hier schnell Fortschritte.

AB   Die Überbrückung der Kluft zwischen Wissenschaft und Praxis ist so wichtig. Der Austausch von Wissen über Plattformen wie die Library of Reuse[37] macht Forschung zugänglich und anwendbar. Eine Masterarbeit oder ein Buch zum Beispiel kann über solche Plattformen ein breiteres Publikum erreichen und anderen helfen, von unserer Arbeit zu lernen.

CM   Es ist von unschätzbarem Wert, schon früh zu lernen, wie man Materialien effizient wiederverwendet. Während meines Studiums hatte ich nie die Gelegenheit, eine Baustelle zu besuchen. Das

Die Materialien der Huber Pavillons, die über die Plattform useagain.ch vertrieben wurden

The materials of the Huber Pavilions distributed via the useagain.ch platform

where a lot of windows are shattered by bombs every day. The project grew, and we received more windows, including those from the Huber Pavilions. Volunteers helped dismantle and prepare them, eventually sending over a thousand windows to Ukraine. Being involved in both practice and academia helps me understand how reuse works in real life and how it can be scaled up through digitalisation at ETH Zurich. It closes the loop, combining imaginative ideas with practical application.

EK   As the only anthropologist at our chair, how has your background helped in bridging the gap with the industry?

AB   Knowing how to talk to people, connect, and listen is crucial. Anthropology helps me understand project dynamics and the holistic view of reuse. It has given me a unique perspective on the subject, complementing my practical experiences. The Huber reuse project helped me understand digitalisation, such as digital twins and computational design. I have seen how digital tools can aid circular construction. At CSD Engineers, we are exploring new tools to make processes easier. Seeing students use phone-based LiDAR scans indicates practical, affordable applications.

CDW   Having one foot in academia and one in practice ensures our work is useful in the real world. How do you see your role in connecting industry needs with academic research?

CM   When working with your students, I realise how much we don't know and how much we are guessing, based on current data. Students ask many questions, and while I can answer them to some extent, it is often more of an educated guess than absolute knowledge. This will likely continue until certain standards are established.

CDW   You could see this as an opportunity: researching unanswered questions allows us to reshape the industry together. If we don't know the answer, we can figure it out and hopefully create better norms and standards in construction.

CM   It is satisfying to see immediate results in a field [circular construction] where nothing is fixed and everything is developing.

Verständnis von Bauelementen hilft beim Entwerfen mit wiederverwendeten Materialien. Es ist wie mit Legosteinen – man verändert ein Teil und fügt passende an.

CDW Wie gelingt es, die Mentalität der Kundschaft zu ändern und ihre Erwartungen zu erfüllen?

CM Das ist immer eine Herausforderung, besonders wenn es um Kosten, Industriestandards, Garantien und Gewährleistungen geht. Architekt:innen wissen, dass Bauherren diese Fragen stellen werden, und sind daher nicht bereit, Risiken einzugehen. Einige sind risikofreudiger als andere. Man muss ihre Bereitschaft einschätzen und entsprechend handeln.

CDW Bei Projekten mit Studierenden, die wiederverwendete Materialien einsetzen, mussten wir eine Versicherung abschließen und Sicherheitsprotokolle erstellen. Im Bauwesen gibt es immer einen Verantwortlichen.

CM Im linearen Bau sind die Verantwortlichkeiten klar. In fünf Jahren wird es eine ähnliche Klarheit beim zirkulären Bauen geben. Die Bauherren berücksichtigen oft die Kosten der Wiederverwendung, und wir geben ihnen Unterlagen an die Hand, die ihnen bei der Bewertung helfen. Mut ist wichtig: Ich muss meine Ziele kennen und ehrlich mit Kund:innen über die Auswirkungen meiner Arbeit kommunizieren. Verkaufe den Wert deines Konzepts, nicht nur ein Bild. Im Gegensatz zu meiner Ausbildung, die sich auf Stararchitektur konzentrierte und Nachhaltigkeit vernachlässigte, liegt der Schwerpunkt heute auf sozialer Architektur und praktischen Projekten. Die Studierenden verlangen heute nach effektivem Wissen und stellen wichtige Fragen über Machbarkeit und Herausforderungen. Dieser neue Fokus auf Nachhaltigkeit passt zu meinen Stärken im Projekt- und Kostenmanagement, die ich kreativ einsetzen kann.

EK Wird „Materialjäger:in" zu einem neuen Beruf in der Kreislaufwirtschaft?

CM Im Idealfall sollte es ein anerkannter Ausbildungsberuf werden. Materialjäger:innen sollten sich mit Bauteilen und deren

Unlike conventional architecture, where changes take years, in this field, you see progress quickly.

AB Bridging the gap between academia and practice is so essential. Sharing knowledge through platforms like the Library of Reuse[36] makes research accessible and applicable. A master's thesis or a book, for example, can reach a wider audience through such platforms, helping others learn from our work.

CM Learning to reuse materials efficiently early on is invaluable. During my studies, I never had the chance to be on a construction site. Understanding building components helps in designing with reused materials. It is like Lego – you change one part and make others fit.

CDW How do you deal with changing clients' mindsets and managing their expectations?

CM That is always challenging, especially with fears related to cost, industry standards, warranties, and guarantees. Architects know clients will ask these questions, leading to a reluctance to

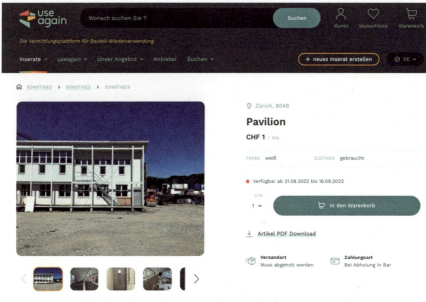

Die kompletten Huber Pavillons wurden auf useagain.ch kostenlos zur Abholung angeboten, aber das Problem war der Transport der gesamten Gebäude.

The entire Huber Pavilions were offered for free pick up at useagain.ch, yet transporting them proved to be an obstacle

Wiederverwendbarkeit mit Gesetzen und Machbarkeit auskennen. Sie sollten in der Lage sein, Bauteile zu bewerten und praktische Ratschläge zur Wiederverwendung zu geben.

AB   Beim zirkulären Bauen geht es darum, klein anzufangen, aus Erfahrungen zu lernen und schrittweise zu expandieren. Die Vernetzung der Beteiligten, der Austausch von Wissen und die kontinuierliche Verbesserung der Prozesse werden uns dabei helfen, dieses Ziel zu erreichen. Es gibt noch so viel zu tun, und ich bin gespannt auf die Zukunft des zirkulären Bauens.

CDW   In der Tat haben wir noch viel zu tun, um die Bauindustrie zu verändern. Aber zu sehen, wie ihr das zirkuläre Projektmanagement umsetzt, gibt mir Hoffnung.

CM   Ich freue mich darauf, in Zukunft mit deinen Studierenden zu arbeiten, denn sie werden bereits über das nötige Grundwissen verfügen.

take risks. Some architects are more open to risk, while others are not. You have to gauge their willingness and manage accordingly.

CDW   When working on projects with students using reused materials, we had to ensure insurance and thorough safety protocols. In construction, there is always someone responsible.

CM   In linear construction, responsibilities are clear. In five years, circular construction will have similar clarity. Contractors often factor in reuse costs, and we provide documents to help them assess these. Courage is essential: know your goals and communicate honestly with clients about your work's impact. Sell the value of your concept, not just an image. Unlike my education, which focused on *starchitects* and ignored sustainability, today's classes emphasise social architecture and practical projects. Students now demand impactful knowledge, asking insightful questions about feasibility and challenges. This new focus on sustainability aligns with my strengths in project and cost management, allowing me to apply them creatively.

EK   Is 'material hunter' becoming a new profession within the circular environment?

CM   Ideally, it would become a recognised apprenticeship. A material hunter should understand construction components and their reusability, legality, and feasibility. They should be able to assess building components and provide practical advice on reuse.

AB   Circular construction is about starting small, learning from experience, and gradually scaling up. Connecting stakeholders, sharing knowledge, and continuously improving processes will help us achieve this goal. There is so much more to come, and I'm excited about the future of circular construction.

CDW   Indeed, we have a lot to do to change the construction industry, but seeing you make circular project management happen gives me hope.

CM   Just keep doing what you are doing. I'm looking forward to working with your students in the future, as they will already have the foundational knowledge we need.

6 Verbindung von Disziplinen

6 Connecting Disciplines

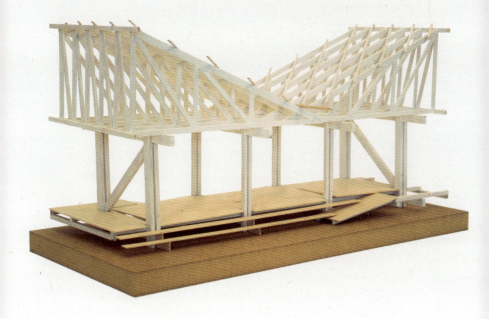

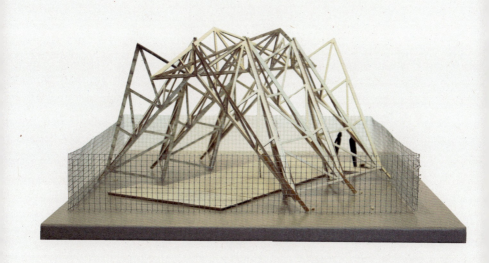

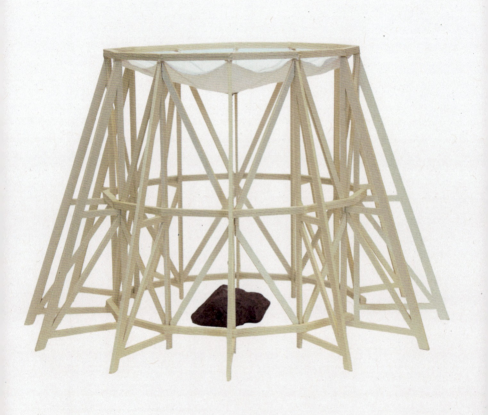

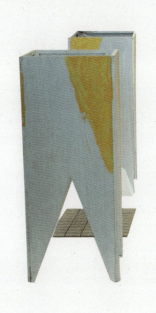

Beim zirkulären Bauen ist die Integration verschiedener Disziplinen nicht nur von Vorteil, sondern unerlässlich. Die Komplexität und die Ansprüche von zirkulären Bauprojekten erfordern einen vielschichtigen Ansatz, der das Fachwissen und die Perspektiven verschiedener Disziplinen nutzt. Deshalb nehmen an meinen Kursen Studierende aus den Departements Bau, Umwelt- und Geomatik, Architektur, Maschinenbau und Verfahrenstechnik, Informatik, Management, Technologie und Ökonomie, Umweltsystemwissenschaften, Informationstechnologie und Elektrotechnik, Geisteswissenschaften, Sozial- und Politikwissenschaften und mehr teil.

Abschottung durchbrechen

Die konventionelle Bauindustrie arbeitet oft abgeschottet, indem jede Disziplin für sich tätig ist. In der Regel erarbeiten Architekt:innen kreative Entwurfslösungen, während Ingenieur:innen ihr technisches Fachwissen einbringen, um die Statik und die Einhaltung von Sicherheitsstandards zu gewährleisten. Umweltwissenschaftler:innen liefern Informationen über die Umweltauswirkungen und die Nachhaltigkeit von Materialien. Bauunternehmen sorgen für die praktische Umsetzung der Entwürfe, indem sie die Materiallogistik steuern, verschiedene Subunternehmen koordinieren und die Herausforderungen auf der Baustelle meistern. Zirkuläres Bauen bedeutet mehr als nur das Bauen mit wiederverwendeten Materialien, es umfasst den gesamten Lebenszyklus eines Gebäudes, vom Entwurf bis zum Rückbau. Dies erfordert einen ganzheitlichen Ansatz zur Problemlösung. Die Bauindustrie ist jedoch stark fragmentiert und leidet unter Misstrauen, Ineffizienz, hohen Kosten, relativ geringen Gewinnspannen und mangelnder Kundenorientierung.[38] Außerdem gibt es keine effektive Plattform, auf der sich die Beteiligten austauschen und gemeinsam aktuelle Probleme angehen können.

Als Architekt:innen und Ingenieur:innen haben wir eine große Verantwortung gegenüber dem Klima und der Gesellschaft. Viele Baufirmen sind Einzelunternehmen ohne Angestellte, die mit Subunternehmen oder externen Materiallieferant:innen zusammenarbeiten.[39] Eine zirkuläre Baubranche, die Urban Mining betreibt, beschafft die Materialien vor Ort auf Abbruchbaustellen. So ist es viel einfacher zu überprüfen, ob sie ethisch korrekt beschafft wurden.

In the realm of circular construction, the integration of various disciplines is not just beneficial—it is essential. The complexity and ambition of circular construction projects demand a multifaceted approach that leverages the expertise and perspectives of diverse fields. That is why my courses draw students from Civil, Environmental, and Geomatic Engineering, Architecture, Mechanical and Process Engineering, Computer Science, Management, Technology, and Economics, Environmental Systems Science, Information Technology and Electrical Engineering, Humanities, Social and Political Sciences, and more.

Breaking down silos

The conventional construction industry often operates in silos, with each discipline working in isolation. Typically, architects propose creative design solutions, engineers contribute their technical expertise to ensure structural integrity and compliance with safety standards. Environmental scientists provide insights into the ecological impact and sustainability of materials. Contractors ensure the practical implementation of designs by managing material logistics, coordinating various subcontractors, and adapting to on-site challenges. Circular construction involves more than just building with reused materials; it encompasses the entire lifecycle of a building, from design to deconstruction. This requires a holistic approach to problem-solving. However, the construction industry is highly fragmented, plagued by distrust, inefficiency, high costs, relatively low profit margins, and a lack of client focus[37]. Additionally, there is no effective platform for stakeholders to convene and collaboratively address ongoing issues.

As architects and engineers, we have a huge responsibility towards the climate and society. Many construction firms are single-owner operations without employees but working with 'subcontractors' or external material suppliers[38], making the industry susceptible to exploitation. In a circular construction sector where you practise 'urban mining', materials are sourced locally from deconstruction sites and it is thus much easier to trace whether they were ethically sourced. As advocated by Design for Freedom[39], a circular construction sector promotes ethical practices through sustainability and transparency.

After returning to Europe and meeting my partner, a timber structure craftsman, I realised that architects and engineers need to engage more with craftspeople and other experts, which is why I

Wie von Design for Freedom[40] befürwortet, fördert eine zirkuläre Bauweise ethische Praktiken durch Nachhaltigkeit und Transparenz.

Nach meiner Rückkehr nach Europa lernte ich meinen Partner, einen Holzbauhandwerker, kennen. Mir wurde klar, dass Architekt:innen und Ingenieur:innen mehr mit Handwerker:innen und anderen Fachleuten zusammenarbeiten müssen. Deshalb beziehe ich jetzt verschiedene Expert:innen – darunter Wirtschaftswissenschaftler:innen, Jurist:innen und Psycholog:innen – in meine Kurse ein, um die logistischen, rechtlichen und psychologischen Herausforderungen des Übergangs vom linearen zum zirkulären Bauen zu behandeln.

Inter- und transdisziplinäre Innovation

Innovation entsteht oft durch das Zusammentreffen unterschiedlicher Ideen und Perspektiven. Interdisziplinäres Arbeiten integriert Wissen und Methoden aus verschiedenen akademischen Fachgebieten. Transdisziplinäres Arbeiten bezieht auch nichtakademische Beteiligte ein, um Probleme ganzheitlich anzugehen.[42] Diese Art von Innovationen sind notwendig, um die Wiederverwendung von Baumaterialien in großem Maßstab zu ermöglichen.

Beispielsweise müssen Ingenieur:innen, Material- und Umweltwissenschaftler:innen zusammenarbeiten, um die Integrität und die Umweltauswirkungen von wiederverwendeten Materialien richtig zu bewerten. Umweltwissenschaftler:innen können helfen, die Auswirkungen des Klimawandels vorherzusagen und einzudämmen, während Stadtplanende anpassungsfähige und widerstandsfähige urbane Umgebungen entwerfen. Ingenieur:innen und Architekt:innen können diese Erkenntnisse dann in ihre Entwürfe einfließen lassen, um sicherzustellen, dass Gebäude sowohl nachhaltig als auch widerstandsfähig sind. Logistikexpert:innen und Supply-Chain-Manager:innen können effiziente Systeme für die Sammlung und Verteilung von Materialien entwickeln, während Rechtsexpert:innen für die Einhaltung von Vorschriften sorgen. Wirtschaftswissenschaftler:innen helfen bei der Analyse der finanziellen Tragfähigkeit, und Psycholog:innen untersuchen die öffentliche Wahrnehmung, um die Akzeptanz zu verbessern. Praktische Erfahrungen von Bauunternehmen und Abbruchexpert:innen, in Kombination mit Beiträgen von politischen Entscheidungsträger:innen sowie Vertreter:innen von Kommunen und Industrie, fördern Innovationen im zirkulären Bauen

now integrate diverse professionals—including economists, lawyers, and psychologists—into my courses to address the logistical, legal, and psychological challenges of shifting from linear to circular construction.

Inter- and transdisciplinary innovation

Innovation often arises from the convergence of different ideas and perspectives. Interdisciplinary work integrates knowledge and methods from different academic disciplines. Transdisciplinary work also includes non-academic stakeholders to address real-world problems holistically[41]. We need these kinds of innovations to enable the reuse of building materials on a large scale.

For instance, engineers, material scientists, and environmental scientists need to come together to properly assess the integrity and

Vorlesung von Alessio Terzi, Autor des Buchs *Growth for Good. Reshaping Capitalism to Save Humanity from Climate Catastrophe*.[41] Die Studierenden diskutieren hier die Perspektiven von Wirtschaftswissenschaftler:innen und politischen Entscheidungsträger:innen sowie von Architekt:innen und Ingenieur:innen.

Alessio Terzi, author of *Growth for Good: Reshaping Capitalism to Save Humanity from Climate Catastrophe*[40], giving a lecture in the classroom, allowing students to discuss the perspectives of economists and policy makers as well as those of architects and engineers.

und etablieren unterstützende Vorschriften. Der Einsatz digitaler Werkzeuge und parametrischer Planung durch Informatiker:innen kann auch die Rückverfolgbarkeit und Wiederverwendung von Materialien revolutionieren und so die Effizienz steigern und Abfall reduzieren (das ist mein Forschungsschwerpunkt).

Die Studierenden müssen lernen, unterschiedliche Sichtweisen zu schätzen und zu integrieren. Das Studium dieser Disziplinen fördert eine neue Generation von Fachleuten, die nicht nur Expert:innen auf ihrem Gebiet sind, sondern auch interdisziplinär arbeiten können. Ein Projekt kann beispielsweise die Wiederverwendung von tragenden Elementen aus einem abgerissenen Gebäude beinhalten. Architekt:innen müssen diese Elemente bei der Planung einbeziehen, Ingenieur:innen ihre sichere Verwendung und statische Tauglichkeit überprüfen und die Bauleitung ihre Integration vor Ort koordinieren.

Das zirkuläre Bauen hängt von der Unterstützung und Aufklärung durch Sozialwissenschaftler:innen, von effektiven Kommunikationsstrategien durch Marketingexpert:innen und von ästhetisch ansprechenden und funktionalen Entwürfen von Architekt:innen und Designer:innen ab. Zusammen können diese Bemühungen dazu beitragen, die öffentliche Wahrnehmung zu verändern und die Einführung des zirkulären Bauens zu fördern.

Wir sprachen mit dem Architekten Pascal Angehrn vom Baubüro in situ, dem Ingenieur Mario Marty von B3 Kolb und den Bauingenieur:innen Jacqueline Pauli und Federico Bertagna. Die Unterhaltung erinnerte mich an die ersten Teammitglieder, die ich an der ETH Zürich rekrutiert habe. Einer sagte: „Ich bin Ingenieur und möchte Architekt werden." Eine andere: „Ich bin Architektin und will Ingenieurin werden." Ich stellte auch Maschinenbauingenieur:innen, eine Stadtplanerin, einen Informatiker, eine Blockchain-Expertin und eine Anthropologin ein.

environmental impact of reused materials. Environmental scientists can help predict and mitigate the impacts of climate change, while urban planners can design adaptable and resilient urban environments. Engineers and architects can then incorporate these insights into their designs, ensuring that the structures are both sustainable and resilient. Logistics experts and supply chain managers can develop efficient systems for material collection and distribution, and legal experts ensure compliance with regulations. Economists help analyse financial viability, and psychologists study public perception to improve acceptance. Practical insights from contractors and demolition experts, combined with input from community leaders, policymakers, and industry representatives foster innovation in circular construction techniques and establish supportive regulations. The use of digital tools and parametric planning by computer scientists can also revolutionise how materials are tracked and reused, enhancing efficiency and reducing waste (this is what my lab's research is mainly about).

Students need to learn to appreciate and integrate different viewpoints. Exposure to these disciplines fosters a new generation of professionals who are not only experts in their fields but also adept at working across disciplines. For instance, a project might involve the reuse of structural elements from a demolished building. Architects need to design with these elements in mind, engineers must verify their safety and structural integrity, and construction managers must coordinate their integration on-site.

Circular construction depends on advocacy and education from social scientists, effective communication strategies from marketing professionals, and the creation of aesthetically pleasing and functional designs by architects and designers. Together, these efforts can help change public perception and drive the adoption of circular construction practices.

In the conversations to follow, we talked with architect Pascal Angehrn, from baubüro in situ, engineer Mario Marty from B3 Kolb AG, and structural engineering scientists Jacqueline Pauli and Federico Bertagna. The discussion reminded me of the very first lab members I recruited at ETH Zurich. One said, 'I'm an engineer who wants to be an architect'. The other said, 'I'm an architect who wants to be an engineer.' I also hired a mechanical engineer, an urban planner, a computer scientist, a blockchain technology expert, and an anthropologist, and we were just getting started.

Gespräche mit dem Architekten Pascal Angehrn und dem Holzbauingenieur Mario Marty

Pascal Angehrn ist Mitglied der Geschäftsleitung und des Verwaltungsrats von Baubüro in situ. Er hat den Standort Zürich-Altstetten aufgebaut und leitet ihn heute als dritter Partner. Nach dem Studium des Industriedesigns an der Zürcher Hochschule der Künste (ZHdK) sammelte er in verschiedenen Design- und Architekturbüros umfassende Erfahrungen in den Bereichen Konzeption, Gestaltung und Ausführung. Seine Expertise liegt in der Realisierung von Projekten mit begrenzten Ressourcen und einem partizipativen Ansatz von der Planung bis zum Bauprozess. Als Mitbegründer der Zirkular GmbH beschäftigt er sich auch mit der Wiederverwendung von Materialien und integriert diese Synergien in seine tägliche Arbeit. Er ist Mitglied des Verbands Schweizer Innenarchitekten (vsi.asai).

Mario Marty ist Bereichsleiter Holzbau und Mitglied der Geschäftsleitung im Ingenieurbüro B3 Kolb AG. Nach einigen Praxisjahren als gelernter Zimmermann bildete er sich an der Berner Fachhochschule zum Holzbauingenieur weiter. Er schätzt die Möglichkeit, sein Umfeld mit Projekten und durch die Unterstützung von interdisziplinären Arbeiten an Hochschulen nachhaltig und innovativ mitgestalten zu können. Zu seinen beruflichen Leidenschaften gehören neben der Projektierung auch Wettbewerbe, die Entwicklung von digitalen, parametrischen Arbeitsmethoden sowie die Ausbildung und Betreuung von Praktikant:innen im Betrieb.

Gespräch mit Pascal Angehrn im Baubüro in situ

Conversation with Pascal Angehrn at baubüro in situ

Conversations with architect Pascal Angehrn and timber engineer Mario Marty

Pascal Angehrn is a member of the management and board of directors at baubüro in situ. He set up the Zurich-Altstetten branch and now manages it as a third partner. After studying industrial design at the Zurich University of the Arts (ZHdK), he gained extensive experience in various positions in design and architecture firms with a focus on concept, design and execution. His expertise lies in the realisation of projects with limited resources and a participatory approach from the planning to the construction process. As co-founder of Zirkular GmbH, he also focuses on the reuse of materials and integrates these synergies into his daily activities. He is also a member of the Association of Swiss Interior Architects (vsi.asai).

Mario Marty is timber construction division manager and a member of the leadership team at B3 Kolb AG. After a few additional years of practical experience as a trained carpenter, he left his apprenticeship to continue his education as a timber construction engineer at the Bern University of Applied Sciences. He appreciates the great opportunity to help shape his environment through projects and by supporting interdisciplinary activity at universities in a sustainable and innovative way. In addition to project planning, his professional passions include competitions, the development of digital, parametric working methods, and the training and support of interns in the company.

Gespräch mit Mario Marty im Baubüro in situ   Conversation with Mario Marty at baubüro in situ

In der Diskussion[43] zum Thema Interdisziplinarität bringen Pascal Angehrn und Mario Marty fachkundige Perspektiven zu Entwurfs-, Bau- und Bildungsaspekten ein. Pascal Angehrn erzählt, wie er sich für die Wiederverwendung hochwertiger Materialien in der Schweiz einsetzt und wie sein Unternehmen Baubüro in situ die Revitalisierung von Orten mit wiederverwendeten Komponenten in den Vordergrund stellt. Mario Marty, der gelernter Zimmermann ist, berichtet über seine Erfahrungen mit den Studierenden im Rahmen des Pavillonprojekts CircÛbi.
[ZÜRICH, 26. APRIL 2024]

EK Pascal, du hast viele Jahre Erfahrung mit der Kreislaufwirtschaft. Wie hast du angefangen?

PA Ich bin überzeugt, dass die Schweiz hochwertige Materialien verschwendet. Unser erstes Ziel war es zu zeigen, dass es möglich ist, mit wiederverwendeten Materialien zu bauen. Inzwischen haben sich viele Architektur- und Ingenieurbüros in der Schweiz und in Europa diesem Ansatz angeschlossen. Wir befinden uns in einer spannenden Phase, in der sich architektonische Stile neu orientieren und neue, einzigartige Projekte aus wiederverwendeten Komponenten entstehen.

CDW Die Gründungsmitglieder haben sich bewusst für den Namen „Baubüro" entschieden, obwohl sie Architekt:innen sind. Warum?

PA „Baubüro" ist ein Begriff, der uns anspricht. Unser Fokus liegt auf der Verbindung von Gebäuden, Menschen und Initiativen durch das Bauen, mit Schwerpunkt auf der Reaktivierung von Gebäuden und der Wiederbelebung von Orten im Gegensatz zu traditioneller Architektur. „Unsichtbare Architektur" und der Name Baubüro stehen für unsere Abkehr von der konventionellen Architekturszene.

CDW Mario, ich habe gelesen, dass du als Zimmermann angefangen hast und dann zum Ingenieurwesen gewechselt bist und dich auf die Wiederverwendung konzentrierst. Meiner Erfahrung nach haben Zimmerleute von Natur aus viel mit Wiederverwendung zu tun. Hat dieser Hintergrund dein Interesse am zirkulären Bauen geweckt?

We discussed[42] interdisciplinarity with Pascal Angehrn and Mario Marty, who offered expert perspectives on the design, construction, and educational aspects of projects. Pascal Angehrn highlighted his journey advocating for the reuse of high-quality materials in Switzerland, and how his firm, baubüro in situ, prioritises revitalising places with reused components. Mario Marty, with a background in carpentry reflected on his experiences with our students through the CircÛbi pavilion project.

[ZURICH, SWITZERLAND, APRIL 26TH, 2024]

EK   Pascal, you have many years of experience in the circular economy. How did you get started?

PA   I started convinced that Switzerland wastes high-quality materials. Our initial goal was to show that building with reused materials is possible. Since we started, many architecture and engineering firms in Switzerland and Europe share this approach. We are in an exciting phase where architectural styles are reorienting, and new, unique environments are emerging from reused components.

CDW   The founders, including Barbara [Buser], consciously decided to call it *'baubüro'* (meaning 'construction office') even though you are architects. Why this decision?

PA   'Baubüro' is a term that resonates with us. Our focus is on uniting buildings, people, and initiatives through construction by emphasising reactivating buildings and revitalising places instead of traditional architecture. 'Invisible architecture' and the name 'baubüro' represent our departure from the conventional architecture scene.

CDW   Mario, I read that you started as a carpenter and then moved to engineering, focusing on reuse in projects. From my experience, carpenters naturally do a lot of reuse. Did this background spark your interest in circular construction?

MM   Reuse is very topical now, but it is also something people have done for ages. Growing up on a farm in a rural area, reuse is in my DNA. We always tried to create something new from what we had. Sometimes you need to go back to your roots and craftsmanship to approach reuse pragmatically and practically.

MM Wiederverwendung ist gerade sehr aktuell, aber sie ist auch etwas, das die Menschen schon immer praktiziert haben. Da ich auf einem Bauernhof aufgewachsen bin, liegt mir die Wiederverwendung im Blut. Wir haben immer versucht, aus dem, was wir hatten, etwas Neues zu machen. Manchmal muss man zu seinen Wurzeln und zum Handwerk zurückkehren, um die Wiederverwendung pragmatisch und praktisch anzugehen.

CDW Pascal, sind die meisten Mitarbeiter im Baubüro in situ Architekt:innen, oder gibt es eine Mischung mit Ingenieur:innen? Ich weiß, dass du auch die Rolle „Materialjäger:in" eingeführt hast.

PA Das Planungsbüro ist mit der Schwesterfirma Zirkular GmbH verbunden, die sich auf die Planung von zirkulären Bauten spezialisiert hat. Wir haben erkannt, dass eine spezialisierte Planung für das zirkuläre Bauen effektiver ist als die klassische Architekturrolle. Unser Team besteht aus „Bauteiljäger:innen", also Architekt:innen, Ingenieur:innen und Quereinsteiger:innen, die sich für diesen Bereich begeistern. Sie verfügen über ein umfassendes Wissen, zum Beispiel darüber, wie man eine Brandschutztür richtig ausbaut, wieder einbaut und zertifiziert.

CDW Das ist der Grund, warum wir uns an dich gewandt haben: Deine Expertise in verschiedenen Disziplinen passt gut zu unserem Kurs.

PA Unsere Zusammenarbeit ist aus einer gemeinsamen Überzeugung und Motivation entstanden. Letztendlich sind es die Menschen, die den Unterschied machen. Deshalb war es eine leichte Entscheidung, an diesem Projekt mitzumachen. Die Zusammenarbeit mit den Studierenden ist inspirierend, weil sie unsere Vision des zirkulären Bauens teilen. Diese gemeinsame Richtung spornt uns an und unterstreicht die Leidenschaft und die Fähigkeiten der nächsten Generation.

CDW Darum bin ich gerne Professorin an der ETH Zürich: Die Leidenschaft der Studierenden für das zirkuläre Bauen beeindruckt mich und treibt mich an, innovative Lösungen zu finden.

CDW Pascal, in the baubüro in situ office, are most of the employees architects, or is there a mix with engineers? I know you have also introduced the role of a material hunter.

PA The construction office is linked with its sister company Zirkular GmbH, which specialises in planning for circular construction. We realised that providing specialist planning for circular construction is more effective than traditional architectural roles. Our team includes 'component hunters,' who are architects, engineers, and career changers passionate about this field. They possess extensive knowledge, such as how to properly remove, reinstall, and certify a fire door, demonstrating our crucial role in this area.

CDW Yes, that is why we reached out to you: your expertise in various disciplines aligns well with our class.

PA Our collaboration stemmed from a shared conviction and motivation. Ultimately, it is the people who make the difference, so joining this project was an easy decision. Working with students is inspiring because they share our vision for circular construction. This shared direction energises us and highlights the next generation's passion and capability.

CDW That is why I love being a professor at ETH Zurich: the students' passion for circular construction inspires and pushes me to find innovative solutions.

PA The students' passion also motivates and validates my work, showing that respecting existing building materials is logical and exciting, beyond just addressing climate change concerns.

EK Is working with reuse elements very different from other processes you're involved in?

MM Yes, it is. Typically, a building's space is predefined, and we plan accordingly. With reuse, we start with the available materials and think about what kind of space we can create with them. It's a reverse process, which is both challenging and creatively stimulating. This project taught us to stay open to new ideas and

PA Die Leidenschaft der Studierenden motiviert und bestätigt meine Arbeit, denn sie zeigt, dass der Umgang mit bestehenden Baustoffen logisch und spannend ist und nicht nur dem Klimawandel entgegenwirkt.

EK Unterscheidet sich die Arbeit mit wiederverwendeten Elementen stark von anderen Prozessen, an denen ihr beteiligt seid?

MM Ja. Normalerweise ist der Raum eines Gebäudes vorgegeben, und wir planen entsprechend. Bei der Wiederverwendung beginnen wir mit den vorhandenen Materialien und überlegen, welche Art von Raum wir damit schaffen können. Es ist ein umgekehrter Prozess, der sowohl herausfordernd als auch kreativ stimulierend ist. Das hat uns gelehrt, offen für neue Ideen und Ansätze zu sein und eine positive und innovative Denkweise zu fördern. Die Wiederverwendung zwingt uns, die Dinge aus einem anderen Blickwinkel zu betrachten und neue Ansätze auszuprobieren.

EK Eure Erkenntnisse vor Ort haben uns zum Erfolg verholfen und uns gemeinsam den ArcAward „Next Generation" eingebracht.

PA Der Preis würdigt die hohen ästhetischen Standards des Pavillons und die Fähigkeit, Menschen aus der ganzen Welt zusammenzubringen und zu zeigen, dass schöne Orte aus dem gebaut werden können, was sonst verschwendet würde. Es sind jedoch weitere Anstrengungen nötig, um das zirkuläre Bauen zu fördern. Öffentliche Institutionen müssen bei der Erreichung der Klimaziele eine Vorreiterrolle einnehmen und sich für Nachhaltigkeit und Innovation einsetzen. Die ETH-Pavillons unterstreichen die Notwendigkeit neuer Standards im Umgang mit dem Klimawandel und zeigen, wie wichtig es ist, mit gutem Beispiel voranzugehen. Auch aus möglichen Rückschlägen lassen sich wertvolle Lehren ziehen. Erfolg entsteht durch Beharrlichkeit und kontinuierlichen Fortschritt.

CDW Ihr habt die Kommunikation mit den Studierenden erwähnt. Wie verändert das zirkuläre Bauen die Rolle von Ingenieur:innen im Vergleich zu traditionellen Methoden?

approaches, fostering a positive and innovative mindset. Reuse forces you to look at things from a different angle and try new approaches.

EK Your input on site helped us succeed, earning us –together– the ArcAward for the next generation.

PA The award celebrates the pavilion's high aesthetic standards and ability to unite people globally, showing that beautiful places can be built with what would otherwise be wasted. But more effort is needed to promote circular construction. Public institutions must lead in meeting climate targets, embracing sustainability and innovation. The ETH pavilions highlight the need for new standards to address climate change, showing the importance of leading by example. Even potential failures yield valuable lessons. Success comes from perseverance and continuous progress.

CDW You mentioned communication with students. How does circular construction change the engineer's role compared to traditional methods?

Elias Knecht und Pascal Angehrn bei der Preisverleihung des ArcAward, zusammen mit Studierenden und Industriepartnern, die an der Entwicklung von CircÛbi beteiligt waren

Elias Knecht and Pascal Angehrn together with students and industry partners involved in the design of CircÛbi at the award ceremony, receiving the ArcAward

MM Zirkuläres Bauen erfordert Zusammenarbeit und Dialog, um die besten Lösungen zu finden. Dieser Ansatz sollte auf alle Projekte angewendet werden, nicht nur auf solche, die sich mit Wiederverwendung befassen. Die frühe Einbindung von Ingenieur:innen in den Entwurfsprozess führt zu besseren Ergebnissen.

EK Welchen Einfluss hat die Digitalisierung auf das Ingenieurwesen, insbesondere auf das zirkuläre Bauen?

MM Digitale Werkzeuge und die parametrische Planung werden immer wichtiger. Die parametrische Planung ist ein Entwurfsprozess, der Algorithmen und Berechnungsmethoden einsetzt, um mehrere Entwurfsvarianten effizient zu erstellen und zu analysieren. Dieser Ansatz ermöglicht es Ingenieur:innen und Architekt:innen, Parameter anzupassen und die Auswirkungen auf den Entwurf sofort zu sehen. So können verschiedene Möglichkeiten effizient untersucht und die modellierten Strukturen optimiert werden. Die zentrale Herausforderung besteht jedoch weiterhin darin, die Strukturen genau zu verstehen, zu modellieren und auf Plausibilität zu prüfen.

CDW Wie bringst du den Studierenden bei, das nötige Gespür für Technik zu entwickeln?

MM Das ist eine Herausforderung, denn digitale Werkzeuge können die Dinge zu sehr verkomplizieren. Erfahrung ist der Schlüssel, um Intuition zu entwickeln und fundierte Entscheidungen zu treffen.

EK Welchen Rat würdest du zukünftigen Fachleuten geben, die sich für Wiederverwendung und zirkuläres Bauen interessieren?

MM Man sollte die richtigen Partner finden und den Mut haben, Neues auszuprobieren. Wissensaustausch und Zusammenarbeit sind entscheidend. Sicherheit ist immer eine Frage der Wahrscheinlichkeit, und ein praktischer Ansatz und das Einholen von Zweitmeinungen können zu besseren Ergebnissen führen. Manchmal ist es besser, Bauteile für nichttragende Zwecke zu verwenden, zum Beispiel wenn wir nicht überprüfen können, ob sie intakt sind. Kreative Lösungen und umsichtige Anwendung sind ausschlaggebend. Ich möchte die Studierenden ermutigen, mutig und bescheiden zu sein. Steht zu euren Entscheidungen und lernt aus jeder Erfahrung.

MM Circular construction demands collaboration and dialogue to find the best solutions. This approach should be applied to all projects, not just those involving reuse. Early involvement of engineers in the design process leads to better outcomes.

EK How does digitalisation impact engineering, especially in circular construction?

MM Digital tools and parametric planning are becoming more important. Parametric planning is a design process that uses algorithms and computational methods to generate and analyse multiple design variants efficiently. This approach allows engineers and architects to adjust parameters and immediately see the impact on the design, enabling efficient exploration of different possibilities and optimization of the structures being modelled. However, the core challenge remains understanding and modelling structures accurately and checking their plausibility.

CDW How do you teach students to develop the necessary gut feeling for engineering?

MM That is a challenge because digital tools can overcomplicate things. Experience is key to developing intuition and making informed decisions.

EK What advice would you give future professionals interested in reuse and circular construction?

MM You should find the right partners and have the courage to try new things. Sharing knowledge and collaborating are crucial. Safety is always a question of probability, and having a practical approach and asking for second opinions can lead to better outcomes. We assess the material's condition and use it accordingly. For structural elements, it is sometimes better to repurpose them for non-load-bearing uses if we can't verify their integrity, for example. Creative solutions and cautious application are key. I'd like to encourage students to be courageous and humble. Stand by your decisions and learn from each experience.

Gespräche mit Ingenieurin und Professorin Jacqueline Pauli und Ingenieur Federico Bertagna

Prof. Dr. Jacqueline Pauli ist Professorin für Tragwerksentwurf am Departement Architektur der ETH Zürich. Sie hat Bauingenieurwesen an der EPFL und der ETH Zürich studiert mit Vertiefung in Konstruktion und Materialwissenschaften. Sie promovierte bei Prof. Dr. M. Fontana über das Tragverhalten von Stahlstützen im Brandfall. Jacqueline Pauli ist als Bauingenieurin bei ZPF Ingenieure tätig und seit 2015 Mitglied der Geschäftsleitung. Zudem ist sie Mitglied der Technischen Kommission des Stahlbau Zentrums Schweiz (SZS) und Interims-Vorstandspräsidentin der SIA-Fachgruppe Brückenbau und Hochbau (FBH).

Dr. Federico Bertagna ist Bauingenieur und Post-Doktorand an der Professur für Tragwerksentwurf von Prof. Dr. Jacqueline Pauli an der ETH Zürich. Er hat einen Master in Bauingenieurwesen von der Universität Pisa. 2023 schloss Bertagna sein Doktoratsstudium an der ETH Zürich bei Prof. Dr. Joseph Schwartz ab. In seiner Forschung beschäftigte er sich mit dem Einsatz von auf Geometrie basierenden grafischen Methoden zur Integration von Architektur, Bauingenieurwesen und Bauphysik in der konzeptionellen Entwurfsphase. Seit 2022 ist er Lehrbeauftragter an den Departements Architektur und Bauingenieurwesen der ETH Zürich.

Conversations with engineer and professor Jacqueline Pauli and engineer Federico Bertagna

Prof. Dr. Jacqueline Pauli is Professor of Structural Design at the Department of Architecture at ETH Zurich. She studied civil engineering at EPFL and ETH Zurich, specialising in construction and materials. She completed her doctorate at the chair of Prof. Dr. M. Fontana on the subject of load-bearing behaviour of steel columns in the event of fire. Prof. Dr. Pauli also works as a civil engineer at ZPF Ingenieure and has been a member of the management team since 2015. She is also a member of the Technical Commission of the Swiss Steel Construction Center (SZS) and interim President of the Board of the SIA Bridge and Building Construction Section (fbh).

Dr. Federico Bertagna is a structural engineer and post-doctoral researcher at the Chair of Structural Design of Prof. Dr. Jacqueline Pauli at ETH Zurich. He holds a master's degree in Building and Structural Engineering from the University of Pisa, Italy. In 2023, Federico completed his doctoral studies at ETH Zurich under the supervision of Prof. Dr. Joseph Schwartz. His research investigated the use of geometry-based graphical methods as a way to integrate architecture, structural engineering, and building physics in the conceptual design phase. Since 2022, he is also lecturing in the Architecture and Civil Engineering departments at ETH Zurich.

Gespräch mit Jacqueline Pauli und Federico Bertagna

Conversation with Jacqueline Pauli and Federico Bertagna

Wissenschaftler:innen wie Jacqueline Pauli und Federico Bertagna betonen, wie wichtig es ist, Ingenieur- und Architekturdisziplinen von Anfang an in ein Projekt zu integrieren. Die beiden diskutieren[44] die Herausforderungen und Vorteile der Arbeit mit wiederverwendeten Materialien und die wesentliche Rolle von digitalen Werkzeugen und parametrischer Planung für ein effizientes Materialmanagement im zirkulären Bauen.

[ZÜRICH, 24. MAI 2024]

EK Könnt ihr uns kurz erzählen, wie ihr an die ETH Zürich gekommen seid?

JP Nachdem ich zehn Jahre lang im Ingenieurbüro ZPF Ingenieure gearbeitet und Häuser gebaut habe, bin ich an die ETH Zürich zurückgekehrt, diesmal an das „andere" Departement: das Departement für Architektur. Mein Ziel ist es nun, den Architekturstudierenden die Grundlagen der Tragwerksplanung zu vermitteln.

CDW Mit dem „anderen" Departement meinst du, dass du am Departement für Bau, Umwelt und Geomatik studiert hast, an dem ich jetzt Professorin bin?

JP Richtig.

FB Ich habe hier vier Jahre lang promoviert und dann meine Lehrtätigkeit fortgesetzt, wobei ich vor allem den Lehrstuhl von Jacqueline unterstützt habe. Mit meiner Doktorarbeit wollte ich eine Brücke zwischen verschiedenen Disziplinen schlagen und die Bedeutung der Integration von Ingenieurwesen, Architektur und Bauphysik hervorheben. Bei Gebäuden geht es nicht nur um Raum und Struktur, sondern auch um das Raumklima. In meiner Forschung verwendete ich auf Geometrie basierende grafische Methoden, um die Kommunikation und Kontrolle zwischen diesen Disziplinen zu erleichtern.

EK Das ist faszinierend, zumal wir beide aus der Architektur und dem Ingenieurwesen kommen. Ich habe Architektur studiert und arbeite jetzt im Bauingenieurwesen. Ich bin neugierig, wie es ist, als Ingenieur, der jetzt eng mit Designer:innen und Architekt:innen zusammenarbeitet, diesen Bautechnik beizubringen?

Conversations[43] with academics like Jacqueline Pauli and Federico Bertagna stressed the importance of integrating engineering and architectural disciplines from the start of a project. They discussed the challenges and benefits of working with reused materials. Digital tools and parametric planning were highlighted as essential for managing materials efficiently in circular construction. We met in Jacqueline Pauli's office, where I noticed her beautiful meeting table, made of reclaimed wood.

[ZURICH, SWITZERLAND, MAY 24TH, 2024]

EK   Thanks for hosting us in your office. Can you say a few words about how you got to ETH Zurich?

JP   After working in an engineering office [*her own office: ZPF Ingenieure*] for ten years, building houses, I returned to ETH Zurich, this time to the other department: the Department of Architecture. My aim now is to teach architectural students the principles of structural design.

CDW   When you say 'the other department,' you mean you studied in the Department of Civil, Environmental and Geomatic Engineering, where I am now a professor.

JP   Yes.

FB   I worked on my PhD in this office for four years and then continued with teaching, primarily supporting Jacqueline's chair. My PhD aimed to bridge different disciplines, highlighting the importance of integrating engineering, architecture, and building physics. Buildings are not just about space and structure but also about indoor climate. My research used geometry-based graphical methods to facilitate communication and control among these disciplines.

EK   This is fascinating, especially since both of us have a background in architecture and engineering. I'm a former architecture student, now working in civil engineering. I'm curious, as an engineer now working closely with designers and architects, what is it like teaching them structural engineering?

JP   Ich bin immer zwischen den beiden Disziplinen gependelt. Ursprünglich wollte ich Architektur studieren, habe mich dann aber für das Ingenieurwesen entschieden, weil ich besser in Mathematik und Physik war. Meine Leidenschaft für Architektur und ihren Einfluss auf unsere Umwelt habe ich behalten. Architekten zu unterrichten, fühlt sich für mich ganz natürlich an.

CDW Ich werde oft gefragt, ob ich mich mehr als Ingenieurin oder als Architektin fühle, da ich beides studiert habe. Ich wusste nie, wo für mich das Ingenieurwesen aufhört und die Architektur anfängt oder umgekehrt. Ihr habt erwähnt, dass ihr die Frage, warum Architekt:innen Ingenieurwissenschaften studieren sollten, nicht mögt.

JP   Wenn man ein Gebäude entwirft, müssen Material, Struktur und Raum zusammenpassen. Wenn man das eine zuerst entwirft und dann das andere hinzufügt, wird das Ergebnis nie so schlüssig sein, wie wenn man sie zusammen entwickelt. Unter dem Gesichtspunkt der Nachhaltigkeit führt eine frühzeitige Integration von Raum, Material und Struktur zu einer höheren Effizienz. Eine späte Integration erfordert oft mehr Material, um die fehlende Kohärenz auszugleichen.

FB   Wir versuchen, einen additiven Ansatz zu vermeiden, bei dem die Disziplinen linear zusammengeführt werden. Ein frühzeitiges Diskutieren und Schaffen von Synergien, trotz möglicher hierarchischer Zwänge, führt im Allgemeinen zu konsistenteren Ergebnissen.

CDW Das Symposium der International Association for Shell and Spatial Structures (IASS) 2024,[45] das Jacqueline und ich zusammen mit Philippe Block und Walter Kaufmann leiteten, konzentrierte sich auf Eleganz, Effizienz, Wirtschaftlichkeit, Umwelt und Ethik. Wie fließen diese Themen in eure Lehre und Forschung ein, insbesondere im Bereich der Tragwerksplanung und des zirkulären Bauens?

JP   Wir haben unseren Bachelorstudiengang in Tragwerksplanung so umgestaltet, dass er stärker auf diese Prinzipien ausgerichtet ist. Wir legen Wert auf das Verständnis der Herkunft, der CO_2-Bilanz und der Wiederverwendbarkeit von Materialien. Im zweiten

JP I have always straddled the line between the two disciplines. Initially, I wanted to study architecture but chose engineering because I'm better at mathematics and physics. I maintained my passion for architecture and its impact on our surroundings. Teaching architects feels natural to me.

CDW People often ask if I feel more like an engineer or an architect, given my background in both, but the question makes me uncomfortable. I never knew where the engineering stopped and where the architecture started for me, or vice versa. You mentioned not liking the question about why architects should learn engineering.

JP When designing a building, materials, structure, and spaces must come together. If you design one aspect first and then add the other, the result never feels as cohesive as when they are designed simultaneously. From a sustainability perspective, early integration of space, material, and structure leads to better efficiency. Delayed integration often requires more material to compensate for the lack of cohesion.

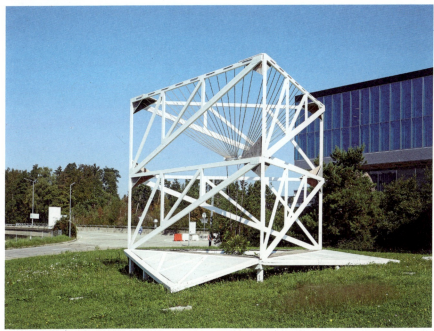

CircÛbi, den Federico Bertagna während des Entwurfswettbewerbs als „2,5-D-System" bezeichnete

CircÛbi, which Federico called a "2.5D system" during the design competition

Studienjahr lehren wir, Strukturen zu entwerfen, die auf die Stärken und Schwächen bestimmter Materialien abgestimmt sind. In diesem Semester haben wir uns auf den Umgang mit bestehenden Gebäuden, Renovierung und Wiederverwendung konzentriert.

CDW Im Rahmen des CircÛbi-Projekts sollten die Studierenden verstehen, warum Materialien in der Vergangenheit auf eine bestimmte Art und Weise verwendet wurden und wie sie sich effizient und elegant wiederverwenden lassen. Federico, du warst Jurymitglied bei unserem Entwurfswettbewerb. Was war das für eine Lehrerfahrung?

FB Der Wettbewerb hat den Studierenden einen guten Einblick in das Entwerfen mit vorhandenen Materialien gegeben. Ich weiß nicht mehr, ob ich das Wort „Eleganz" benutzt habe, aber wir sprachen über das, was ich 2,5-D-System nenne, das die Fachwerkbinder auf spielerische, aber effiziente Weise verwendet. Die Arbeit mit vorhandenen Materialien zeigt den Studierenden die Komplexität der Herausforderungen und Möglichkeiten in der realen Welt. Sie lernen, dass manches auf dem Papier einfach erscheinen kann, in der Wirklichkeit aber zusätzliche Zwänge bestehen, mit denen wir umgehen müssen. Und es ist erwähnenswert, dass sich aus diesen Zwängen Gestaltungsqualitäten ergeben können.

EK Jacqueline, wie unterscheidet sich die Arbeit mit neuen und wiederverwendeten Materialien?

JP Bei wiederverwendeten Materialien kann man sich die Größe und Qualität nicht immer aussuchen, sondern muss mit dem arbeiten, was man bekommt. Sicherzustellen, dass die notwendige Menge an Material oder Elementen zur Verfügung steht, kann zur Verwendung geringerer Qualität führen, zum Beispiel hinsichtlich der Tragfähigkeit, was die statische Effizienz beeinträchtigen kann. Das ist eine Herausforderung, aber notwendig für nachhaltiges Design.

CDW Was muss sich noch ändern, damit wiederverwendete Materialien in größeren Projekten akzeptabler und machbarer werden?

FB   We try to avoid an additive approach where disciplines come together in a linear fashion. Discussing and establishing synergies early on, despite possible hierarchical constraints, generally leads to more consistent outcomes.

CDW   The International Association for Shell and Spatial Structures (IASS) Conference 2024, which Jacqueline and I are co-chairing with Philippe [Block] and Walter [Kaufmann], is focussing on elegance, efficiency, economy, environment, and ethics[44]. How are these integrated into your teaching and research, especially in structural design and circular construction?

JP   We have reshaped our bachelor-level structural design class to focus more on these principles. We emphasise understanding the origin, carbon footprint, and reuse capabilities of materials. In the second year, we teach designing structures that align with specific materials' strengths and weaknesses. This semester, we focused on dealing with existing structures, renovations, and reuse.

CDW   In the CircÛbi project, students had to understand why materials were previously used in specific ways and how to reuse them effectively and elegantly. Federico, you were on the jury for our design competition. How was this competition as a teaching experience?

FB   The competition was effective in teaching students about design with existing materials. I don't recall if I used the word 'elegance,' but we discussed what I called the '2.5D system', which uses trusses in a playful yet effective manner. Working with existing materials shows the students the complexity of real-world challenges and opportunities. They learn that on paper some things can seem easy, but reality involves an additional series of constraints that we must cope with. And it is worth remarking the fact that design qualities can emerge from these constraints.

EK   Jacqueline, how does engineering differ when working with new versus reused materials?

JP   With reused materials, you can't always choose the size or quality, but need to work with what you get. Ensuring you have the

JP   Gegenwärtig kommen einige Projekte nicht voran, weil die Bauherren sich nicht trauen, „alte" Material zu verwenden; sie bevorzugen auch aus Sicherheits-, Versicherungs- oder Haftungsgründen neue Materialien. Der Nachweis der Machbarkeit durch Pilotprojekte ist entscheidend. Ein zweiter Aspekt ist die Verfügbarkeit. Die Verfügbarkeit von wiederverwendbaren Materialien und die Logistik auf der einen Seite und die Nachfrage auf der anderen Seite stellen ein Henne-Ei-Problem dar. Für eine breitere Anwendung sind Bewusstseinsbildung und logistische Verbesserungen erforderlich.

FB   Erfolgreiche Projekte dienen als Beweis für das Konzept. Es ist unerlässlich, kritisch zu reflektieren, was funktioniert hat und was nicht. Aufgrund von Sachzwängen mehr Material zu verwenden als erforderlich ist, lehrt die Studierenden, dass in der Praxis Kompromisse eingegangen werden müssen. Diese Erkenntnis ist entscheidend. Die Eleganz einer Konstruktion hängt von der Abwägung verschiedener Faktoren ab, einschließlich Materialbeschränkungen sowie Anforderungen und Einschränkungen im Entwurf.

EK   Welchen Einfluss haben eurer Meinung nach digitale Werkzeuge und die Digitalisierung auf die Verbindung zwischen den Disziplinen, insbesondere in Bezug auf Wiederverwendung und Tragwerksplanung?

JP   Digitale Werkzeuge können die Logistik und das Wissen zur Verfügbarkeit von Materialien verbessern. Ein Marktplatz für wiederverwendete Materialien und Zeitpläne für die Verfügbarkeit wären hilfreich. Zukünftige Gebäude sollten über eine digitale Rückverfolgbarkeit verfügen, um die Wiederverwendung zu erleichtern, da die Kenntnis der Geschichte eines Materials für die statische Integrität entscheidend ist.

CDW   Beim Pavillon CircÛbi haben wir mit Materialpässen und QR-Codes experimentiert.

necessary amount of material or elements can lead to using lower quality in terms of strength for example, which can reduce structural efficiency.

CDW   What else needs to change for reused materials to be more accepted and feasible in larger projects?

JP   Att the moment some projects don't progress because clients don't feel comfortable using 'old' material, they prefer new materials also for safety and insurance or liability reasons. Demonstrating feasibility through initial projects is key. A second aspect is the availability of reuse materials. It is a chicken-and-egg situation between material availability and logistics on one side and the demand on the other. Awareness and logistical improvements are needed for larger-scale adoption.

FB   Successful projects prove the validity of a concept. Critical reflection on what worked and what didn't is essential. Using more material than required due to constraints teaches students about real-world trade-offs. This awareness is crucial. The elegance of construction depends on balancing various factors, including material constraints and design requirements and limitations.

EK   How do you see digital tools and digitization impacting the connection between disciplines, especially in reuse and structural design?

JP   Digital tools can improve logistics and knowledge of material availability. A marketplace for reused materials and timelines for availability would help. Future buildings should include digital tracking for easier reuse, as knowing a material's history is crucial for structural integrity.

CDW   We indeed experimented with material passports and QR codes in the CircÛbi project.

7 Verbindungen zwischen den Kulturen

7 Connecting Cultures

Dieses Buch betont oft den Wert des praktischen Lernens und der Einbeziehung der Industrie in die Ausbildung. Einer der wichtigsten Wege, Architektur wirklich zu verstehen, ist meiner Meinung nach jedoch das Reisen. Das kann real oder virtuell sein. Man kann physisch an verschiedenen Orten leben und arbeiten, sich mit Menschen aus anderen Kulturen austauschen und architektonisches Wissen teilen oder sich in Bücher und Dokumentarfilme über Baupraktiken weltweit vertiefen. Solche Erlebnisse sind entscheidend für die Kreativität und das Verständnis der zirkulären Bauweisen, die in verschiedenen Epochen und Regionen angewandt wurden. Diese Erfahrungen öffnen den Geist, regen zu Innovationen an und machen nachhaltige Praktiken zu einem unverzichtbaren Bestandteil der Architekturausbildung.

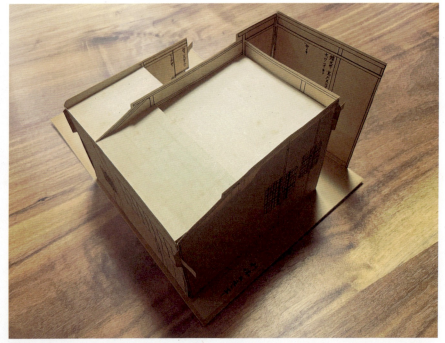

Flaches Papier, das zum Modell einer japanischen Teestube gefaltet ist, 1931. Ein Geschenk von Jordan Sand, Professor für japanische Geschichte, an Catherine De Wolf, mit dem sie Studierenden die Grundsätze der japanischen Konzepte vermittelt, die ihr zirkuläres Denken beeinflusst haben. Der Designer soll der berühmte Sen no Rikyu sein.

Paper folded into a physical model of a Japanese tearoom, dated from 1931, which Catherine De Wolf received as a gift from Jordan Sand, professor of Japanese History, and which she shows to her students to teach them the principles of the Japanese concepts that influenced her circular thinking. The designer is said to be the famous Sen no Rikyu

In this book, I frequently emphasise the value of hands-on learning and incorporating industry into educational settings. However, one of the most crucial ways to truly understand architecture, in my view, is through travel. This travel can be real as well as virtual. This can take the form of physically living and working in various locations, engaging with people from different cultures who share architectural insights, or immersing oneself in books and documentaries about construction practices worldwide. Such exposure is vital for creativity and gaining a tangible understanding of the powerful circular construction methods that have been used across different eras and regions. These experiences open up minds, inspire innovation, and make sustainable practices an indispensable part of architectural education.

What traditional wisdom can teach us about sustainable architecture

Different cultures bring unique approaches to reuse, sustainability, and resource management. For instance, Japanese architectural traditions emphasise craftsmanship and the thoughtful use of materials, which can significantly reduce waste and promote sustainability. In Chapter 1, I mentioned my research on the Ise Shrines in my conversation with Momoyo Kaijima. The first time I heard about the shrines was through my PhD advisor, John Ochsendorf, in his class on the history of structures. Every twenty years, these shrines are reconstructed to pass down 1,300 years of carpentry skills and cultural heritage to the next generation.

I have always been inspired by traditional Japanese joinery techniques[45] in particular. Traditional Japanese joinery involves creating complex, interlocking wood joints without nails or screws. This not only showcases exceptional craftsmanship but also allows for easier disassembly and reuse of materials. These techniques ensure that structures can be taken apart and reassembled without damaging the materials, making it easier to adapt buildings over time and extend their lifespan. We often invite craftspeople who happen to travel through Switzerland to give workshops that pass on traditional knowledge on how to build and live sustainably.

Many traditional Japanese concepts have influenced how I look at architecture over the years. The concept of 'kintsugi' (the art of repairing broken pottery with powdered gold) encourages the repair

Von traditionellem Bauen über nachhaltige Architektur lernen

Unterschiedliche Kulturen bieten einzigartige Ansätze für Wiederverwendung, Nachhaltigkeit und Ressourcenmanagement. Beispielsweise wird in der japanischen Architekturtradition viel Wert auf handwerkliches Können und den durchdachten Einsatz von Materialien gelegt. Das kann die Abfallmenge erheblich reduzieren und die Nachhaltigkeit fördern. Ein Beispiel sind die Schreine von Ise. Alle 20 Jahre werden diese nach einer über 1300 Jahre alten Tradition vollständig rekonstruiert. Dies gewährleistet die Weitergabe der traditionellen Zimmermanns- und Handwerkskunst von einer Generation zur nächsten und bewahrt das kulturelle Erbe.

Die traditionellen japanischen Fügetechniken stellen komplexe, ineinandergreifende Holzverbindungen ohne Nägel oder Schrauben her.[46] Diese zeugen nicht nur von außergewöhnlichem handwerklichen Können, sondern erleichtern auch die Demontage und Wiederverwendung der Materialien. Sie ermöglichen es, Strukturen auseinanderzunehmen und wieder zusammenzusetzen, ohne die Bauteile zu beschädigen, was die Anpassung der Gebäude erleichtert und ihre Lebensdauer verlängert. Wir laden oft Handwerker:innen ein, die durch die Schweiz reisen, um Workshops zu geben, in denen traditionelles Wissen über nachhaltiges Bauen und Leben vermittelt wird.

Viele traditionelle japanische Konzepte haben im Laufe der Jahre meinen Blick auf die Architektur beeinflusst. Das Konzept des *kintsugi* (die Kunst, zerbrochene Tonwaren mit Goldpulver zu reparieren) ermutigt zum Reparieren kaputter Gegenstände, anstatt sie wegzuwerfen. Das Konzept des *mottainai* (Bedauern über Verschwendung) spornt zum sorgsamen Umgang mit Ressourcen an. Das Konzept des *wabi-sabi* (Akzeptanz von Vergänglichkeit und Unvollkommenheit) hält dazu an, wiederverwendete Materialien anders zu betrachten. In der japanischen Architektur liegt der kulturelle Schwerpunkt auf der regelmäßigen Wartung von Gebäuden, was dazu beiträgt, die Qualität zu erhalten und die Lebensdauer von Materialien und Strukturen zu verlängern. Traditionelle japanische Gebäude sind modular aufgebaut, sodass sich Räume und Komponenten neu konfigurieren oder austauschen lassen. All diese Aspekte haben mich in der Art, wie ich heute zirkuläre Gebäude entwerfe, stark beeinflusst.

of broken objects instead of throwing them away. The concept of 'mottainai' (a sense of regret concerning waste) encourages the thoughtful use of resources. The concept of 'wabi-sabi' (acceptance of transience and imperfection) encourages us to look at reused materials differently. In Japanese architecture, there is a cultural emphasis on the regular maintenance of buildings, which helps preserve the quality and extend the life of materials and structures. Traditional Japanese buildings are designed modularly, allowing rooms and components to be reconfigured or replaced. All these aspects profoundly inspired me in the way I design circular buildings today.

What nomadic architecture can teach us about circular construction

I also worked in Kuwait as part of the Kuwait-MIT Center for Natural Resources and the Environment (CNRE). The mission of the Center is to foster collaborations in research and education in the areas of energy, water and the environment between MIT and institutions in Kuwait. I undertook the embodied carbon calculations for a modern neighbourhood in Kuwait City. However, when travelling there, I became fascinated by the nomadic architectural heritage of the region due to its resourcefulness in harsh desert environments. This architecture of nomadic tents reveals an intimate knowledge of the local environment through community and resource efficiency, which has inspired me in my own approach to living and building.

In Belgium, I lived in a nomadic-style structure inspired by Mongolian yurts. It was adapted for the northern European climate with thicker insulation to withstand the colder winter and a sloped roof with waterproof covering to protect it against rain. I also helped build similar structures using techniques such as reciprocal roofs, inspired from traditional Chinese and Japanese architecture. Yurts originated from nomadic cultures in Central Asia. Their modular design allows for easy assembly, disassembly, and reuse – as the structures are meant to be nomadic. The routine maintenance and repair practices extend the lifespan of the materials and the yurts themselves. Yurts are often associated with communal construction and a cultural respect for resources. These principles motivated me to conduct research on how to bring more circular economy principles into our current construction industry.

Nomadische Architektur und zirkuläres Bauen

In Kuwait habe ich am Kuwait-MIT Center for Natural Resources and the Environment (CNRE) die Berechnungen der grauen Energie für einen modernen Stadtteil in Kuwait City durchgeführt. Die Aufgabe des CNRE besteht darin, die Zusammenarbeit in Forschung und Lehre zwischen dem MIT und Institutionen in Kuwait in den Bereichen Energie, Wasser und Umwelt zu fördern. Auf meiner Reise dorthin faszinierte mich besonders das architektonische Erbe der nomadischen Bevölkerung mit seinem Einfallsreichtum unter den rauen Bedingungen der Wüste. Die Architektur der Nomadenzelte offenbart eine intime Kenntnis der lokalen Umwelt durch Gemeinschaft und Ressourceneffizienz.

In Belgien lebte ich in einem Haus im Nomadenstil, das von mongolischen Jurten inspiriert war. Es war an das nordeuropäische Klima angepasst mit besserer Wärmedämmung für die kalten Winter und einem schrägen Dach mit wasserdichter Deckung zum Schutz vor Regen. Ich habe auch am Bau ähnlicher Strukturen mitgewirkt, die Techniken wie Mandala-Dächer verwenden, die von der traditionellen chinesischen und japanischen Architektur inspiriert sind. Jurten

Mandala-Dach einer Jurte: selbsttragende Struktur aus ineinandergreifenden Balken, bei der jeder Balken in einem kreisförmigen Muster auf dem nächsten ruht, wodurch ein stabiles, tragendes Gerüst ohne zentrale Stütze entsteht

Reciprocal roof (a self-supporting structure made of interlocking beams, where each beam rests on the next in a circular pattern, creating a stable, load-bearing framework without a central support) in a yurt that Nicolas Petit-Barreau built in Belgium

Upon moving to Switzerland, I immersed myself in Swiss architectural traditions. Like Japan, Switzerland has a long history of using local timber, though contemporary architecture often favours concrete. The Huber Pavilions exemplify the timber tradition. This material choice specially made sense, since the pavilions were designed intentionally as temporary structures. Nevertheless, Swiss architecture also exemplifies the longevity of timber as a material, if designed and maintained properly. The traditional architecture in the Swiss Alps consists of traditional wooden chalets, stone houses typically made of thick walls to protect against the cold, or agricultural barns, sheds, and granaries constructed from wood and stone built on stilts or raised platforms to keep stored goods safe. Local materials are used and reused from old buildings. The wood species is often larch or pine, as this is abundant in the region. Houses frequently feature roofs made of slate, to withstand the Alpine weather.

In the midst of moving, we realised we couldn't bring our yurt to Switzerland because we didn't have any land to put it on, so we put it up for sale on an online marketplace. One of my Swiss friends saw our listing and shared it with his mother, Beatrice Gilloz, a remarkable person who teaches in a school in Saxon, Switzerland. Every two weeks, the children go to 'school within a forest' – this concept, not uncommon in Swiss schools, entails that children, regardless of weather conditions, learn all of their lessons outdoors, using nature in place of textbooks. Her innovative idea was that her students would design nomadic structures as pedagogical instruction in sustainable practices. The children eventually made drawings of how they envisioned the cabins, after which we finalised the design in a way that allowed five-year-olds to assemble them in a collective effort.

This year-long project concluded by teaching the schoolchildren about the holistic underpinning of a true circular economy: they learned about history by studying the architectural history of nomadic structures worldwide; mathematics through geometry, shapes, counting, and dimensions; geography through the origins of yurts, trapper cabins, and Nordic cabins; construction techniques by experiencing the reversible assembly of traditional Swiss chalets and granaries; housing types throughout history and across the globe; material sourcing through observing the extraction and processing of wood in forestry; social economy through their visits to local shops and workshops that promote social inclusion; and circular economy through trips to a second-hand shop where they chose the furniture for the cabins.

stammen ursprünglich aus den Nomadenkulturen Zentralasiens. Ihr modularer Aufbau ermöglicht eine einfache Montage, Demontage und Wiederverwendung, da sie für das nomadische Leben konzipiert sind. Regelmäßige Wartungs- und Reparaturarbeiten verlängern die Lebensdauer der Materialien und der Jurten selbst. Jurten werden oft mit gemeinschaftlichem Bauen und kulturellem Respekt vor Ressourcen in Verbindung gebracht. Diese Prinzipien haben mich motiviert zu erforschen, wie sich die Prinzipien der Kreislaufwirtschaft in unserer heutigen Bauindustrie umsetzen lassen.

Als ich in die Schweiz zog, tauchte ich in die Schweizer Architekturtradition ein. Wie Japan hat auch die Schweiz eine lange Tradition der Verwendung von einheimischen Hölzern, obwohl die zeitgenössische Architektur oft Beton bevorzugt. Die Huber Pavillons sind ein Beispiel für diese Holztradition. Die Materialwahl war besonders sinnvoll, da die Pavillons bewusst als temporäre Bauten konzipiert waren. Die Schweizer Architektur ist aber auch ein Beispiel für die Langlebigkeit von Holz, wenn es richtig eingesetzt und gepflegt wird. Traditionelle Bauten in den Schweizer Alpen sind Holzchalets, Steinhäuser, typischerweise mit dicken Mauern, um vor der Kälte zu schützen, oder landwirtschaftliche Scheunen, Schuppen und Getreidespeicher aus Holz und Stein, errichtet auf Stelzen oder erhöhten Plattformen, um die gelagerten Güter zu schützen. Es werden lokale Materialien eingesetzt und alte Gebäude wiederverwendet. Das Holz ist oft Lärche oder Kiefer, die in der Region reichlich

Zeichnungen von Kindern mit Bezug auf Nicolas Petit-Barreau für nomadische Strukturen. „Danke, Herr Nicolas, dass Sie unseren Kindheitsträumen Farbe gegeben haben."

Drawings by children on how they envision nomadic structures: "Thank you, Mister Nicolas, for giving colour to our childhood dreams", with reference to Nicolas Petit-Barreau

What's more, these 'cabins as learning spaces' are dismantled every three months so they can be rebuilt elsewhere in the mountains, in nature, without leaving any trace, a lesson that imparted the value of maintaining the structures and making sure they did not have a negative impact on the natural environment. Connecting was a big part of NaturCab, as the teachers, schoolchildren, and their parents (who all actively participated to the construction process) learned about the power of collaboration and reuse, and the value of both traditional and modern technology. Indeed, we also experimented with Computer Numerical Control (CNC) milling with the ShaperTool.

This project was inspiring not only for what it taught children, and what it said about innovative teaching. Remarkably, it was this 'hunting' for reused materials from demolition sites and honouring them in new learning spaces that matured the idea for me of using the Huber Pavilions as a way to retain iconic materials from a highly successful learning environment and, at the same time, implement this reuse project in a way that would become an innovative curriculum that would allow all of us – teachers, students, and practitioners from wide-ranging disciplines – to come together to leverage reuse strategies in new, meaningful ways.

Tür einer der Hütten, hergestellt aus Bauabfällen   Door of one of the cabins, made of construction waste elements

vorhanden sind. Die Dächer bestehen häufig aus Schiefer, um dem alpinen Klima zu trotzen.

Mitten im Umzug stellten mein Partner und ich fest, dass wir unsere Jurte nicht in die Schweiz mitnehmen konnten, weil wir keinen Platz hatten, um sie aufzustellen. Deshalb stellten wir sie zum Verkauf online. Ein Freund in der Schweiz sah unser Angebot und erzählte seiner Mutter davon, Beatrice Gilloz, einer bemerkenswerten Frau, die an einer Schule in Saxon im Schweizer Kanton Wallis unterrichtet. Alle zwei Wochen gehen die Kinder dort in die „Waldschule" – ein an Schweizer Schulen nicht ungewöhnliches Konzept, bei dem die Kinder bei Wind und Wetter den gesamten Unterricht im Freien verbringen und statt Lehrbüchern die Natur nutzen. Beatrice Gilloz hatte die innovative Idee, die Schüler:innen im Rahmen des Projekts NaturCab[47] nomadische Strukturen als pädagogische Anleitung zu nachhaltigen Praktiken entwerfen zu lassen. Die Kinder fertigten Zeichnungen an, wie sie sich die Hütten vorstellten, und wir passten die Designs so an, dass die Fünfjährigen sie gemeinsam aus wiederverwendeten und natürlichen lokalen Materialien bauen konnten.

Im Rahmen dieses einjährigen Projekts lernten die Schüler:innen die ganzheitlichen Grundlagen echter Kreislaufwirtschaft kennen: Sie beschäftigten sich mit der architektonischen Geschichte nomadischer Strukturen auf der ganzen Welt; übten Mathematik durch Geometrie, Formen, Zählen und Maße; lernten etwas über Geografie durch die Ursprünge von Jurten, Trapperhütten und nordischen Hütten; über Bautechniken anhand der reversiblen Konstruktionen traditioneller Schweizer Chalets und Getreidespeicher; über Materialbeschaffung durch die Beobachtung der Holzernte und -verarbeitung in der Forstwirtschaft; über Sozialwirtschaft durch den Besuch lokaler Geschäfte und Werkstätten, die soziale Eingliederung fördern; und über Kreislaufwirtschaft durch den Besuch eines Second-Hand-Ladens, wo sie die Möbel für ihre Hütten aussuchten.

Alle drei Monate werden diese „Lernhütten" abgebaut, um an einem anderen Ort in den Bergen in der Natur wieder aufgebaut zu werden, ohne Spuren zu hinterlassen – eine Lektion, die den Wert des Erhalts von Strukturen lehrt und sicherstellt, dass sie keine negativen Auswirkungen auf die natürliche Umwelt haben. Die Vernetzung war ein wichtiger Teil von NaturCab, wodurch Lehrpersonal, Schüler:innen und ihre Eltern (die alle aktiv am Bauprozess beteiligt waren) etwas über die Vorteile von Zusammenarbeit und Wiederverwendung lernten sowie über den Wert sowohl

Mit den Schülern entworfene und gebaute Trapperhütte. Ausrangierte PVC-Materialien einer alten Hüpfburg dienen als wasserdichte Dachabdeckung.

Trapper cabin designed and built with the students, reusing discarded PVC materials from an old bouncing castle as the waterproof roof cover

traditioneller als auch moderner Technologie, wie die handgeführte CNC-Fräse, mit der wir experimentierten.

Es war nicht nur beeindruckend, was dieses Projekt den Kindern beibrachte und was es über innovativen Unterricht aussagte. Es war gerade die „Jagd" nach wiederverwendbaren Materialien von Abbruchbaustellen und ihre Würdigung in neuen Lernräumen, die mich auf die Idee brachten, die Huber Pavillons als eine Möglichkeit zu nutzen, um Materialien aus den ikonischen Lehrgebäuden zu erhalten. Gleichzeitig wollte ich dieses Wiederverwendungsprojekt als eine neue Art von Lehrveranstaltung umsetzen, in der Lehrende, Studierende und Beteiligte aus verschiedenen Bereichen zusammenkommen, um Wiederverwendungsstrategien auf sinnvolle Weise umzusetzen.

Bei einem anderen Projekt hatte ich die Möglichkeit, ehrenamtlich in Venezuela für die NGO der Architektin Ana Vargas an der Escuela Agustín García Padilla in El Rincón zu arbeiten. Die Organisation bringt Schulkindern bei, öffentliche Räume um ihre Schule herum zu bauen. Im Jahr 2017, als das Projekt stattfand, hatten politische Unruhen zu hoher Inflation und einer Wirtschaftskrise geführt, sodass die Wiederverwendung von Materialien die einzige

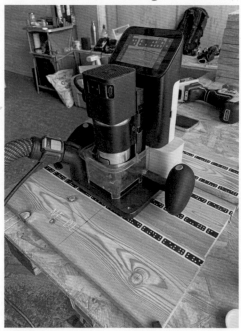

Erstellen der Namensschilder für die Hütten mit einer handgeführten CNC-Fräse

Computer Numerical Control (CNC) milling with a handheld ShaperTool for the cabins' name tags

In another project that shaped my thinking about circular architecture, a friend of mine who was a student at MIT at the same time as I, Ana Vargas, gave me the chance to volunteer for her NGO in a Venezuelan school (Escuela Agustín García Padilla in El Rincón) that was teaching schoolchildren how to build public spaces around their schools. In 2017, when the project took place, political turmoil had caused high inflation and a pervasive economic crisis, so reusing materials was the only option. Eight years later, I worked again with Ana Vargas and her team on the design of a participatory playground, built with reused materials from the Huber Pavilions (to be exhibited at the Kunsthalle Zürich. Much as with the Swiss NaturCabs, I learned a great deal from witnessing the results of childrens' imaginations, and reminding myself that the materials and construction techniques used in projects in many cultures may very well be driven as much by necessity as by aesthetics, environmental concerns, and other factors.

The circle continued when, hearing about the NaturCabs project, Guy Nordenson from Princeton University asked me about existing books or publications about the Swiss granaries – since the reversible wooden connections are akin to Japanese joinery. Indeed,

Partizipativer Entwurfs- und Bauprozess der Escuela Agustín García Padilla mit Ana Vargas und ihrem Team

Participatory design and construction process of the Escuela Agustín García Padilla with Ana Vargas and her team

Option war. Acht Jahre später arbeitete ich erneut mit Ana Vargas und ihrem Team zusammen, um einen partizipativen Spielplatz zu entwerfen. Er wurde mit wiederverwendeten Materialien aus den Huber Pavillons gebaut und in der Kunsthalle Zürich ausgestellt. Ähnlich wie bei den Schweizer NaturCabs habe ich viel gelernt aus den fantasievollen Lösungen der Kinder. Mir wurde bewusst, dass die Materialien und Bautechniken, die in vielen Kulturen Anwendung finden, neben der Notwendigkeit auch von Ästhetik, Umweltbelangen und anderen Faktoren bestimmt sein können.

Der Kreis schloss sich, als Guy Nordenson von der Princeton University, der von dem Projekt NaturCabs gehört hatte, fragte, ob es Bücher oder Veröffentlichungen über Schweizer Kornspeicher gäbe – denn die reversiblen Holzverbindungen glichen denen japanischer Tischlerarbeiten. Tatsächlich ähnelte eine der von den Kindern entworfenen Hütten der typischen Schweizer Speicherarchitektur. In den Gesprächen mit japanischen Architekt:innen wurde mir klar, wie viel die traditionelle Architektur in der Schweiz und in Japan hinsichtlich des Materialkreislaufs gemeinsam haben – zum Beispiel reversible Verbindungen, Holz, lokale Materialbeschaffung, natürliche Verwitterung, nachhaltige Forstwirtschaft, Langlebigkeit, Nachhaltigkeit, Reparatur- und Wartungskultur etc.

Kulturelle Kooperationen wie das Japan-Studio unter der Leitung von Momoyo Kaijima an der ETH Zürich fördern ein globales Netzwerk von Architekt:innen, Designer:innen und Bauherren, die sich der Nachhaltigkeit verschrieben haben. So können Fachleute mit unterschiedlichem Hintergrund durch Zusammenarbeit Wissen austauschen, Vorurteile infrage stellen und innovative, nachhaltige und kulturell bereichernde Lösungen entwickeln.

one of the cabins the children had designed looked a lot like typical Swiss granary architecture. Through that conversation as well as discussion with Momoyo Kaijima about her Japan Studio, I realised how much the traditional architecture in Switzerland and Japan have in common in terms of material circularity (e.g., reversible connections, timber, local material sourcing, natural weathering, sustainable forestry practices, longevity, durability, repair and maintenance culture, etc.).

Cultural collaborations, such as the Japan Studio led by Momoyo Kaijima at ETH Zurich, nurture a global network of architects, designers, and builders dedicated to sustainability. As I hope this book demonstrates, by collaborating, professionals from diverse backgrounds – including those we are in conversation with in the following pages – can share insights, challenge preconceptions, and develop innovative, circular, and culturally enriching solutions.

Die NaturCab, entworfen und gebaut von Schüler:innen aus Saxon mit ihren Lehrer:innen, Eltern und lokalen Handwerker:innen, basiert auf traditioneller Schweizer Architektur mit reversiblen Verbindungen.

NaturCab designed and constructed by the schoolchildren of Saxon with their teachers, parents, and local artisans, based on traditional Swiss architecture with reversible connections

Gespräch mit dem Architekten und Architekturtheoretiker Kozo Kadowaki und der Architektin Ryoko Iwase

Prof. Kozo Kadowaki ist ein Theoretiker und Praktiker der Architektur, der sich auf den Entwurf von Gebäudesystemen spezialisiert hat. Er lehrt derzeit an der Meiji University in Tokio und praktiziert Architektur mit seinem Büro Associates, das 2018 das Kadowaki House fertiggestellt hat. Zu seinen Veröffentlichungen zählen *Sharing Tokyo. Artifice and the Social World* und *Meanwhile in Japan. Itsuko Hasegawa with Kozo Kadowaki and Others*. Kadowaki kuratierte die Ausstellung im japanischen Pavillon auf der Architekturbiennale in Venedig 2021, die sich mit der Teilbarkeit von Gebäuden beschäftigte. Er und seine Kolleg:innen unterrichteten 2023 gemeinsam im Rahmen des Japan-Studio an der ETH Zürich.

Prof. Ryoko Iwase ist Architektin in ihrem Büro Studio Iwase sowie Assistenzprofessorin an der Universität Kyoto und Gastprofessorin an der ETH Zürich. Nach Stationen bei EM2N Architects und Kengo Kuma and Associates gründete sie ihr eigenes Büro. Ihre Arbeit umfasst verschiedene Bereiche, von architektonischen Räumen über Infrastruktur bis hin zur Gestaltung öffentlicher Räume, darunter Tocotocodandan, Rock Garden of Stopover-Gravels und der japanische Pavillon auf der Architekturbiennale in Venedig 2021. Sie erhielt den Grand Prize des Japan Institute of Landscape Architecture, den Good Design Gold Award, den Tokyo University of Arts Emerald Award und den Best Debutant Award.

Conversation with architect and architectural theorist Kozo Kadowaki and architect Ryoko Iwase

Prof. Dr. Kozo Kadowaki is an architectural theorist and practitioner specialising in building systems design. He currently lectures at Meiji University and practices architecture with his firm Associates, which completed the 'Kadowaki House' in 2018. His publications in English include *Sharing Tokyo: Artifice and the Social World* (Actar Publisher, 2023) and *Meanwhile in Japan* by Itsuko Hasegawa in conversation with Kozo Kadowaki (Canadian Center for Architecture, 2021). Kadowaki e curated the Japan Pavilion exhibition at the 2021 Venice Architecture Biennale, focusing on the shareability of buildings. He and his colleagues taught collaboratively in the Japan Studio at ETH in 2023.

Prof. Ryoko Iwase is an architect and principal of Studio Iwase, Assistant Professor at Kyoto University, and visiting lecturer at ETH Zurich. After working for EM2N Architects and for Kengo Kuma and Associates, she established her own firm. Her practice covers multiple areas from architectural spaces to infrastructure and the design of public spaces, including 'Tocotocodandan', 'Rock Garden of Stopover-Gravels', and the 2021 Venice Biennale Japan Pavilion 'Co-ownership of Action Trajectories of Elements'. She received the Grand Prize of the Japanese Institute of Landscape Architecture, the Good Design Gold Award, the Tokyo University of Arts Emerald Award, and the Best Debutant Award.

Gespräch mit Ryoko Iwase und Kozo Kadowaki

Conversation with Ryoko Iwase and Kozo Kadowaki in Japan

Die Materialien der Huber Pavillons wurden im Japan-Studio wiederverwendet, das Momoyo Kaijima an der ETH Zürich unterrichtete, unterstützt von Tazuru Harada und Elias Knecht. Sie lud die japanischen Architekt:innen Kozo Kadowaki, Ryoko Iwase und Takahiro Kai ein, ihre Fähigkeiten und ihr Wissen einzubringen. Sie haben den japanischen Pavillon auf der Architekturbiennale in Venedig 2021 zum Thema „Co-Ownership of Action Trajectories of Elements" entworfen und kuratiert und dafür Materialien von einem gewöhnlichen japanischen Haus wiederverwendet. Später unterrichteten sie an der ETH Zürich und verwendeten die Materialien der Huber Pavillons für architektonische Interventionen mit den Studierenden. In unserem Gespräch[48] geht es um die Philosophie der Kreislaufwirtschaft, die Bedeutung der traditionellen japanischen Tischlerei und die Integration moderner Technologien in nachhaltiges Design.

[TOKIO, 18. MAI 2024]

EK Als Assistent im Japan-Studio von Momoyo Kaijima habe ich viel von euch beiden und Takahiro Kai gelernt. Könnt ihr uns etwas über eure Erfahrungen mit der Wiederverwendung erzählen, insbesondere beim Kuratieren des japanischen Pavillons auf der Biennale in Venedig und dann mit den Materialien des Huber Pavillons im Japan-Studio?

KK Im Pavillon auf der Biennale in Venedig 2021 haben wir zum ersten Mal mit Wiederverwendung experimentiert, indem wir alte Holzreste von abgerissenen Häusern in Tokio verwendet haben. Wir wollten einen großen, erlebnisreichen Ausstellungsraum schaffen, aber da es nur für sechs Monate war, hielten wir es für Verschwendung, neue Materialien zu verwenden. Also suchten wir nach Alternativen und fanden in Tokio viele leer stehende Häuser, die abgerissen werden sollten. Am Anfang dachten wir nicht an Kreislaufwirtschaft, sondern sahen einfach eine Menge wiederverwendbarer Materialien.

RI Wir haben durch den Prozess des Abreißens und der Wiederverwendung viel Wissen gesammelt – Dinge, die ich in der Schule nicht gelernt habe, zum Beispiel wie sich die Bauweisen im Laufe der Zeit verändert haben und wie die Statik in der Architektur umgesetzt wird.

The Huber pavilions' materials were used in the Japan Studio, taught by Momoyo Kaijima at ETH Zurich and assisted by Tazuru Harada and Elias Knecht. She invited Japanese architects Kozo Kadowaki, Ryoko Iwase, and Takahiro Kai to share their skills and knowledge. They curated and designed the Japan Pavilion at the Venice Biennale, reusing materials from an ordinary Japanese house. Later on, they taught at ETH Zurich, reusing the Huber Pavilions' materials for architectural interventions with the students. Our conversation[46] explored the philosophy of a circular economy, the significance of traditional Japanese joinery, and the integration of modern technologies in sustainable design.

[TOKYO, JAPAN, *MAY 18TH, 2024*]

EK It was an honour to work with both of you and with Takahiro Kai in the context of Momoyo Kaijima's Japan Studio, in which Tazuru Hararada and I were your teaching assistants. I learned so much as an assistant. Can you share your experiences with reuse, particularly curating the Japan Pavilion at the Venice Biennale, and then reusing the Huber Pavilions' materials in the Japan Studio?

KK We first experimented with reuse at the Venice Biennale Pavilion in 2021, using old wooden scraps from demolished houses in Tokyo. We wanted to create a large and experiential exhibition space, but since it was only for six months, we felt it was wasteful to use new materials. So, we looked for alternatives and found many vacant houses about to be demolished in Tokyo. Initially, we didn't think about the circular economy; we just recognised an abundance of reusable materials.

RI We learned a lot from the demolition and reuse process — things that I didn't learn at school, such as how construction methods have changed over time and how structural engineering is implemented in architecture.

KK From the Venice Biennale project, we learned the value of old buildings. An old house could teach us about history, urban development, and industrial progress. We hoped the Huber Pavilion materials would offer similar insights to our students.

RI Initially, we considered using Japanese elements that had been transported from Venice and stored for a project in Oslo, but then

KK Durch das Biennale-Projekt wurde uns klar, wie wertvoll alte Gebäude sind. Ein altes Haus kann uns etwas über Geschichte, Stadtentwicklung und industriellen Fortschritt lehren. Wir hofften, dass die Materialien der Huber Pavillons den Studierenden ähnliche Einsichten vermitteln würden.

RI Ursprünglich dachten wir daran, japanische Elemente zu verwenden, die aus Venedig für ein Projekt in Oslo eingelagert worden waren. Aber dann entschieden wir uns, die Huber Pavillons wiederzuverwenden, um von neuen Materialien und Perspektiven zu lernen.

KK Es war wichtig, dass wir gegenseitig von unseren jeweiligen Kulturen lernen. Wir haben von den Studierenden und den Pavillons erwartet, dass sie uns genauso viel beibringen, wie wir ihnen durch das Experiment mit dem japanischen Pavillon beigebracht haben.

CDW Euer Ansatz hat es den Schweizer Architekt:innen ermöglicht, von der japanischen Architektur zu lernen und umgekehrt, und unterstrichen, wie wichtig es ist, die vorhandenen Materialien vor dem Entwurf zu verstehen.

KK Für mich sind Materialien eine Fundgrube für Informationen und Wissen. Sie verraten uns etwas über Konstruktionsmethoden und historische Kontexte. In der Schweiz habe ich gesehen, wie die Modernisierung die Architektur beeinflusst hat, ähnlich wie in Japan der Übergang von Holz- zu Betonbauten. Beide Länder stehen vor der gleichen Herausforderung der Modernisierung, das macht lokale Probleme global relevant.

RI Ich war beeindruckt vom Umweltbewusstsein in der Schweiz. Die Idee, dass die Studierenden für ihre Studioprojekte einen CO_2-Fußabdruck berechnen, war für mich neu. Das hat die Perspektive des Projekts über Ästhetik und Kultur hinaus auf die Umweltauswirkungen erweitert.

KK Wir haben es mit verschiedenen Aspekten des gleichen Problems zu tun. In Japan geht es um den Umgang mit Abbruchmaterial, in der Schweiz um den ökologischen Fußabdruck. Das Verständnis dieser lokalen Gegebenheiten ist entscheidend für erfolgreiche globale Lösungen.

shifted to the reuse of the Huber Pavilions to learn from new materials and perspectives.

KK Teaching each other about our respective cultures was important. We expected the students and the pavilions to teach us as much as we taught them through our Japanese pavilion experiments.

CDW Your approach allowed Swiss architects to learn from Japanese architecture, and vice versa, highlighting the importance of understanding existing materials before designing.

KK For me, materials are a repository of information and knowledge. They tell us about construction methods and historical contexts. In Switzerland, I saw how modernisation influenced architecture, similar to Japan's transition from wooden to concrete buildings. Both countries share the challenge of modernisation, making local problems globally relevant.

RI I was impressed by Switzerland's ecological consciousness. For instance, the educational idea of students calculating carbon footprints for their studio projects was new to me. This broadened the project's perspective beyond aesthetics and culture to include the environmental impact.

KK We face different aspects of the same problem. In Japan, it's about managing waste materials from demolition, while in Switzerland, it's about addressing carbon footprints. Understanding these local realities is crucial for successful global solutions.

EK The same global issues manifest differently locally. Japan's historical isolation led to a self-sustaining circular economy, but how has this changed now that Japan is more connected?

KK Before modernisation, Japan had a self-contained economy due to limited resources. We developed practices like reusing kimonos (traditional Japanese robes) through generations. This mindset of not wasting valuable things, called "mottainai," still persists.

RI It is interesting to think about how people in Switzerland don't feel they are missing something when they throw things away.

EK Die gleichen globalen Probleme manifestieren sich lokal unterschiedlich. Japans historische Isolation hat zu einer sich selbst erhaltenden Kreislaufwirtschaft geführt. Wie hat sich das geändert, jetzt, wo Japan stärker vernetzt ist?

KK Vor der Modernisierung war die japanische Wirtschaft aufgrund der begrenzten Ressourcen in sich geschlossen. Wir entwickelten Praktiken wie die Wiederverwendung von Kimonos über Generationen hinweg. Diese Mentalität, wertvolle Dinge nicht zu verschwenden, wird *mottainai* genannt und hat sich bis heute erhalten.

RI Es ist interessant, dass die Menschen in der Schweiz nicht das Gefühl haben, dass ihnen etwas fehlt, wenn sie Dinge wegwerfen.

KK Es ist tief in unserer Kultur verwurzelt, nichts zu verschwenden.

CDW In der Schweiz hat man den Abfall vergessen, sobald man ihn wegwirft.

RI In Japan war der Wald schon immer eine Ressource für Baumaterial. Die Menschen waren eng mit der Natur verbunden und nutzten sie nachhaltig. Diese Beziehung ist für das Verständnis heutiger ökologischer Systeme von entscheidender Bedeutung.

KK Alles ist miteinander verbunden, vom Menschen über den Wald bis hin zu Tieren und Materialien. Diese Philosophie beeinflusst unsere Herangehensweise an Architektur.

RI Diese Kulturphilosophie zeigt sich in der japanischen Kunst und in Bräuchen wie dem, die Spiegelung des Mondes in einer Sake-Tasse zu bewundern. Es geht darum, geliehene Landschaften zu schätzen.

KK Sake zu trinken und dabei den Mond zu betrachten, verbindet uns mit der Natur.

CDW In unserer Forschung untersuchen wir, wie die Kreislaufwirtschaft Materialien, Menschen und Kulturen verbindet. Das japanische Tischlerhandwerk hat mich in dieser Hinsicht schon

KK   It is ingrained in our culture not to waste.

CDW   In Switzerland, waste often disappears from our minds once it's thrown away.

RI   In Japan, forests were historically resources for building materials. People were closely connected to nature, using it sustainably. This relationship is essential for understanding contemporary ecological systems.

KK   Everything is interconnected, from humans to forests, to animals and materials. This philosophy influences our approach to architecture.

RI   This cultural philosophy is evident in Japanese art and customs, like enjoying the moon's reflection in a sake cup. It is about appreciating borrowed landscapes.

KK   Drinking sake while appreciating the moon connects us to nature, a beautiful tradition.

Japanischer Pavillon auf der Architekturbiennale in Venedig 2021, kuratiert von Kozo Kadowaki

Japanese Pavilion curated by Kozo Kadowaki at the 2021 Venice Architecture Biennale

immer fasziniert: erstaunliche Holzverbindungen, zusammengefügt ohne Klebstoffe, Nägel oder Schrauben, die durch präzises Zuschneiden und Anpassen der Materialien ineinandergreifen, um eine starke und stabile Verbindung zu schaffen.

KK Der Grund, warum japanische Tischler:innen keine Nägel und Schrauben verwendeten, war nicht nur, dass diese Beschläge teuer waren, sondern vor allem, um das Holz wiederverwenden zu können. Würden die Beschläge rosten, würden sie das Holz beschädigen. Darüber hinaus war die japanische Tischlerei ein Zeugnis handwerklicher Kunst, die sich oft in den fertigen Konstruktionen verbarg. Die Zimmerleute stellten komplizierte Verbindungen her, um ihre Fertigkeiten zu verbessern, auch wenn diese Verbindungen keinen funktionalen oder strukturellen Zweck hatten.

RI Bei dem Projekt für den japanischen Pavillon in Venedig mussten wir ein Haus vorsichtig abbauen und dabei die Reihenfolge des Aufbaus beachten, genau wie bei einem archäologischen Prozess.

KK Aus heutiger Sicht sind diese Zimmermannsarbeiten unnötig, aber sie fördern das handwerkliche Können der Zukunft.

RI Das Verständnis des Maßstabs ist entscheidend. Wenn Studierende individuell gestaltete Objekte entwerfen, ist das eine wertvolle Lernerfahrung. Es ist wichtig, auf der Grundlage von Erfahrungen zu entwerfen und nicht nur Maße aus Büchern abzuschreiben.

KK Die Freude am Erforschen verschiedener Ideen ist wichtig. Nach dem Erdbeben und der Atomkatastrophe 2011 haben wir gelernt, wie wichtig Varianten sind, um uns auf unvorhersehbare Zukünfte einzustellen. Handwerkliches Geschick lehrt uns, scheinbar irrationale Ideen für zukünftige Nutzungen zu akzeptieren.

EK In eurem Unterricht steht das spielerische Lernen im Vordergrund. Im Japan-Studio haben wir uns auf den Maßstab japanischer Teeräume konzentriert und dabei Möbel, Räume und Objekte verbunden.

CDW   In our research, we explore how the circular economy connects materials, people, and cultures. Japanese joinery techniques always fascinated me in this regard: they lead to amazing connections [material joined together without the use of adhesives, nails, or screws, relying on the precise cutting and fitting of the materials, which interlock to create a strong and stable joint].

KK   The reason why Japanese joineries did not use nails and screws was not only because such hardware was expensive, but above all to reuse wood. If the hardware rusted, the wood would be damaged. In addition, Japanese joinery used to be a testament to craftsmanship, often hidden within finished structures. Carpenters create intricate joints as a challenge to improve their skills, even if the joints had no functional or structural purpose.

RI   During the Japanese Pavilion project, we had to carefully dismantle a house, respecting the order of construction, just like in an archaeological process It felt like communicating with the old craftspeople, a unique experience.

KK   These joinery variations, though irrational from a modern perspective, nurture future craftsmanship.

RI   Understanding scale is crucial. When students design personalised objects, it is a valuable learning experience. Indeed, it is important to design based on experience rather than just copying measurements from books.

KK   Joy is essential in exploring varied ideas. After the 2011 earthquake and nuclear plant disaster, we learned the importance of variants to address unpredictable futures. Craftsmanship teaches us to embrace seemingly irrational ideas for future benefits.

EK   Your teaching emphasises learning through play. In the Japan studio, we focused on the scale of Japanese tea rooms, blending elements of furniture, rooms, and objects.

RI   We used the concept of smallness, valuing observation over architectural formality and rigid boundaries. This approach helps

RI Wir haben das Konzept der Kleinheit verwendet und die Beobachtung über architektonische Formalität und starre Grenzen gestellt. Dieser Ansatz hilft den Studierenden, mit der Umgebung und den bestehenden Bedingungen zu interagieren, und schafft eine wertvolle Entwurfserfahrung.

EK Moderne Technologien wie Scannen und KI können traditionelle Methoden verbessern. Könnt ihr euch vorstellen, dass diese Technologien in die traditionelle Baupraxis integriert werden?

KK Für Wiederverwendungsprojekte ist es entscheidend, Materialien durch digitale Technologien eine neue Bedeutung zu geben. Diese Werkzeuge helfen uns, Abfallmaterialien neu zu interpretieren und ihnen neues Leben zu schenken.

RI Daten von Scans können unregelmäßige Formen in Strukturelemente verwandeln. In Zusammenarbeit mit Ingenieur:innen verwendet mein Büro gescannte Daten von natürlichen Elementen für Spielplätze und andere Projekte. Wir gehen davon aus, dass dieses Verfahren auch die Massenproduktion von zirkulären Bauteilen ermöglichen wird.

CDW Die Kombination von computergestütztem Design, Ökobilanzierung und traditioneller Handwerkskunst führt zu einem ganzheitlichen Ansatz. Welche Rolle spielen eurer Meinung nach zukünftige Architekt:innen bei der Entwicklung des zirkulären Bauens?

KK Um die Skalierbarkeit zu erhöhen, muss man den Materialien nützliche Informationen hinzufügen, anstatt sie einfach nur zu verbessern. Die Architekt:innen der Zukunft müssen vielseitig sein, sowohl Objekte als auch Systeme entwerfen und mit Fachleuten zusammenarbeiten.

RI Es ist wichtig, verschiedene Aspekte und Fachleute miteinander zu verbinden. Wir brauchen Vermittelnde, die die Lücken überbrücken und die Zusammenarbeit fördern.

students interact with the environment and existing conditions, creating a rich design experience.

EK   Modern technologies like scanning and artificial intelligence can enhance traditional methods. Do you see these technologies integrating with traditional building practices?

KK   Adding new meaning to materials through digital technologies is crucial for reuse projects. These tools help us reimagine waste materials and give them new life.

RI   Scanning data can turn irregular shapes into structural elements. Collaborating with engineers, my office uses scanned data of natural elements for playground structures and other projects. We expect these kind of processes will also make mass production of circular building components feasible.

CDW   Combining computational design, life cycle assessments, and traditional craftsmanship creates a holistic approach. What do you think the role of future architects is in scaling up circular construction?

KK   Scaling up requires adding useful information to materials rather than just improving them. Future architects need to be versatile, designing both objects and systems, and collaborating with specialists.

RI   Connecting different aspects and professionals is essential. We need intermediaries who can bridge gaps and foster collaboration.

Gespräch mit Architektin Saikal Zhunushova

Saikal Zhunushova zog nach ihrem Architekturstudium im kirgisischen Bischkek in die Schweiz, um an der Zürcher Hochschule für Angewandte Wissenschaften (ZHAW) in Winterthur ihren Master in Architektur zu absolvieren. Nach der Tätigkeit in verschiedenen Architekturbüros gründete sie 2017 ihr eigenes Büro Oekofacta GmbH, das sich mit ökologischem Bauen beschäftigt unter Verwendung von Baumaterialien, die sich durch einen partizipativen Ansatz an die lokalen klimatischen Bedingungen anpassen. Ihr erstes Projekt, der Umbau eines historischen Bauernhauses im Zürcher Oberland, wurde von den Lesenden der Online-Plattform Swiss Architects zum Bau des Jahres 2021 gewählt.

Conversation with Architect Saikal Zhunushova

Saikal Zhunushova is a Swiss-Kyrgyz architect who moved to Switzerland after studying architecture in Bishkek, Kyrgyzstan, to complete her Master in Architecture degree at the Zurich University of Applied Sciences (ZHAW) Winterthur. After working in various architecture firms, she set up her own office in 2017, called Oekofacta GmbH, where she explores ecological construction using building materials adapted to local climate conditions through a participatory approach. Her first work, the conversion of an old historic farmhouse in the Zurich Oberland, was voted Building of the Year 2021 by the readers of the online platform and network 'Swiss Architects'.

Gespräch mit Saikal Zhunushova

Conversation with Saikal Zhunushova

Die schweizerisch-kirgisische Architektin Saikal Zhunushova war Lehrassistentin von Barbara Buser an der ETH Zürich und gründete das Büro Oekofacta GmbH, was wörtlich übersetzt „Nachhaltig gemacht" bedeutet. Sie importiert Jurten aus Kirgistan und hilft bei ihrem Bau in der Schweiz, in Deutschland und Österreich. Saikal Zhunushova gibt gerne ihr Wissen an die nächste Generation weiter, wie sie es an der Universität Liechtenstein tut. Im Gespräch[49] tauscht sie sich mit Catherine De Wolf und Elias Knecht über die Bedeutung von Instandhaltung und Wiederverwendung in verschiedenen Kulturen aus.

[ZÜRICH, 24. MAI 2024]

CDW Ich liebe Jurten, weil sie wiederverwendbar sind. Kannst du von deinen Erfahrungen mit Oekofacta und dem Jurtenbau im Kontext der Kreislaufwirtschaft erzählen?

SZ Jurten sind extrem effizient, weil sie alles Unnötige weglassen, denn sie werden mehrmals pro Saison umgezogen. Diese Effizienz lehrt, sich auf das zu konzentrieren, was man wirklich braucht. Dieser Pragmatismus prägt den Charakter der Menschen, die Jurten benutzen. Bei meiner architektonischen Tätigkeit in Kirgistan begegne ich den konkreten Fragen nach Heizung, Kühlung und dem Raumklima von Häusern. Das praktische Wissen aus dem Leben in der Jurte beeinflusst meinen architektonischen Ansatz, der sich auf Suffizienz und Pragmatismus konzentriert.

EK Wie schlägt sich das Thema Nachhaltigkeit in deiner Lehre und in der Praxis nieder?

SZ In den Masterarbeiten, die ich mit Barbara und Catherine betreut habe, ging es um ein großes Krankenhauses in Basel, seinen Umbau mit wiederverwendeten Bauteilen und seine Erhaltung. Mein Atelier in Liechtenstein konzentrierte sich auf Abfall und mobile Architektur, wir untersuchen, wohin Abfall geht und wie damit umgegangen wird. Während der Kurswoche sahen wir einige spannende Beispiele, die in der Schweiz realisiert wurden. Das Highlight für die Studierenden war der Besuch der Bauteilbörse in Basel. Dort konnten wir sehen, wie viele gute wiederverwendbare Bauteile es gibt. Wir haben gesehen, dass Leute Material wegwerfen, das noch in gutem Zustand ist. Die Vermittlung der Systeme und der praktischen Auswirkungen von Kreislaufwirtschaft ist entscheidend.

The Swiss architect Saikal Zhunushova was the teaching assistant of Barbara Buser at ETH Zürich and founded, Oekofacta GmbH, which literally means 'sustainably made'. Saikal Zhunushova imports yurts from Kyrgyzstan and helps build them in Switzerland, Germany, and Austria. She also loves teaching and passing on knowledge to the next generation, as she is doing at the University of Liechtenstein. The conversation is an exchange of ideas[47] about the importance of maintenance and reuse in different cultures.

[ZURICH, SWITZERLAND, MAY 24TH, 2024]

CDW — I love yurts for their reusable nature. Can you share your experience with Oekofacta and yurt building in the context of a circular economy?

SZ — Yurts are extremely efficient, omitting everything unnecessary since they are moved multiple times each season. This efficiency teaches us to focus on what we truly need. This kind of pragmatism shapes the character of people who use yurts. In my architectural practice in Kyrgyzstan, I encounter practical questions about heating, cooling, and the indoor climate of houses. This practical knowledge from yurt living influences my architectural approach, focusing on sufficiency and pragmatism.

EK — How has the topic of sustainability been manifest in your teaching as well as in practice?

SZ — The master's theses I supervised with Barbara, in which Catherine was involved, were about the transformation with reused components and preservation of a large hospital in Basel. My studio in Liechtenstein focused on waste and mobile architecture, exploring where waste goes and how it is managed. During the seminar week, we looked at some inspiring examples that have been implemented in Switzerland and the highlight for the students was the visit to the component exchange in Basel. There you could see in reality how many good quality second-hand components you can find. We saw that people threw away materials that were still in good condition. Teaching the systems and practical implications of circular economy concepts is crucial.

EK — Can you tell us about your project using materials from the Huber pavilions?

EK Kannst du etwas zu deinem Projekt mit Materialien aus den Huber Pavillons sagen?

SZ Wir haben ein kleines Haus entworfen und den Entwurf entsprechend angepasst, um Materialien aus den Huber Pavillons, wie Balken und Lärchenholzbretter, verwenden zu können. Das hat das Projekt etwas komplizierter gemacht, war aber auch eine wertvolle Lernerfahrung. Wir haben die Holzbalken der Huber Pavillons als tragende Struktur in den Elementen für die Außenwände verwendet. Leider wurden diese Wände verputzt, sodass die Balken nicht sichtbar blieben. Der Einbau der wiederverwendeten Bauteile in diese Wandkonstruktion erwies sich als sehr komplex. Wir mussten viele Anpassungen vornehmen. Ich habe gelernt, dass ich es bevorzuge, wenn wiederverwendete Bauteile sichtbar bleiben, wie zum Beispiel die Lärchenbretter von den Huber Pavillons, die wir für den Außenbereich des Hauses auf die erforderliche Größe zugeschnitten haben. Die Verbindung dieser Teile zu den Huber Pavillons verleiht dem kleinen Haus einen historischen Wert und ein Gefühl von Wichtigkeit. Die Wiederverwendung sollte sich aber nicht nur auf prominente Quellen beziehen, sondern auf alle Materialien, unabhängig davon, ob sie von der ETH Zürich oder aus unbekannter Quelle stammen.

CDW Ja, das habe ich auch bei der Wiederverwendung der Gläser vom Centre Pompidou in Paris gesehen. Weil das Gebäude, aus dem das Glas stammte, so berühmt war, hatte es einen höheren Wert. Wir arbeiten daran, die Wiederverwendung von Materialien zu erleichtern und sie aufzuwerten, unabhängig davon, woher sie stammen. In unserem Projekt CircÛbi haben wir die wiederverwendeten Materialien bewusst vor Witterungseinflüssen geschützt, um eine Mentalität der Wiederverwendung und Pflege für langfristige Wertigkeit zu fördern. Die Jurte, in der ich gelebt habe, hat mich auch gelehrt, wie wichtig Wartung für eine dauerhafte Verwendung ist, da diese nomadischen Strukturen jedes Mal gewartet werden, wenn sie ab- und wieder aufgebaut werden.

SZ Ja, Jurten sind nicht dafür gemacht, an einem Ort zu stehen. Ein Schweizer Kunde baute eine Ferienjurte aus rohem Weidenholz, hatte aber Probleme mit Schimmel, nachdem er sie monatelang nicht genutzt hat. Zudem war der Standort dicht von hohen Bäumen

SZ   We reused the materials in a small house project. We adapted the design to use materials from the Huber pavilions, such as beams and larch boards, which made the project slightly more complicated but also a valuable learning experience. We used the Huber Pavilions' timber beams as a load-bearing structure in the wall elements of the external walls. We plastered these walls which means these beams did not remain visible, unfortunately. Installing the reused components in this wall structure proved to be very complex. We had to make a lot of adjustments. What I learned is that I prefer reused components to remain visible, such as the larch boards we reused from the Huber Pavilions and cut to the required size for the outdoor area of this house. For the small house, linking these parts to the Huber Pavilions adds historical value and a sense of celebrity. But reuse doesn't need to involve prominent sources; it should apply to all materials, whether they come from ETH Zurich or an unknown source.

CDW   Yes, I have also seen this with the reuse of the glass from the Centre Pompidou in Paris – a project I contributed to. Because the building it came from was so famous, the glass had a

Jurte mit 7 Metern Durchmesser, ohne Stütze in der Mitte, aufgestellt von Oekofacta GmbH in der Nähe von Berlin, Juni 2023

Yurt, 7 metres in diameter, without a column in the middle, set up near Berlin in June 2023 by Oekofacta GmbH

umgeben. Jurten brauchen Sonne, Belüftung und regelmäßige Pflege. Ich lerne viel von den Menschen, die Jurten kaufen. Zum Beispiel sollte eine Jurte mit einem Holzkamin beheizt werden, nicht mit Gas, da das zu viel Feuchtigkeit erzeugt. In Kirgistan werden Jurten für Veranstaltungen auf- und danach wieder abgebaut, und jedes Mal müssen sie instand gehalten werden, zum Beispiel durch die Pflege von Filz und Holz. Durch diese in der kirgisischen Kultur verankerte Tradition können Jurten Generationen überdauern, einige sind über 200 Jahre alt. Das üblicherweise verwendete dünne Holz scheint haltbarer zu sein, was die Bedeutung von regelmäßiger Pflege für die Langlebigkeit unterstreicht. Dieser Aspekt der Pflege und der Lebensdauer von Materialien ist faszinierend und wird oft übersehen. Das Konzept lässt sich auch auf andere Architekturformen übertragen. In der Schweiz werden Gebäude gut gepflegt, was zu ihrer Langlebigkeit beiträgt. Es ist wichtig, den Studierenden dieses Konzept zu vermitteln, da es eine tiefere Verbindung zu den Materialien und Gebäuden schafft, mit denen sie arbeiten.

Jurte zum kulturellen Wissensaustausch (Kurzfilm: youtu.be/vks76ej5VEM)

Cultural knowledge sharing yurt (short film: youtu.be/vks76ej5VEM)

higher value. We are working on making it easier to reuse materials and value them, no matter where they come from, rather than use extracted raw materials. In our CircÛbi project, we emphasised protecting reused materials from weathering to foster a reuse and upkeep mindset to preserve value. The yurt I lived in also taught me the importance of maintenance for long-term reuse, as these nomadic structures are maintained every time the yurt is disassembled and reassembled.

SZ   Yes, yurts are not meant to stand idle. A Swiss client built a holiday yurt with raw willow wood but faced mould issues after not using it for months. The site was also densely surrounded by tall trees. Yurts need sun, ventilation, and regular attention. I learn a lot from yurt buyers. For example, a yurt is meant to be heated with a wood-burning fireplace, not with gas, which creates too much moisture for this type of architecture. In Kyrgyzstan, yurts are set up for events and taken down again, with each setup involving maintenance, such as for felt and wood. This tradition of care allows yurts to last for generations, with some over 200 years old. The thin wood typically used seems more durable, highlighting the importance of regular upkeep for longevity. This perspective on maintenance and material lifespan is fascinating and often overlooked. Yurts indeed require regular maintenance, which is embedded in the culture of Kyrgyzstan. This concept can be translated into other forms of architecture. In Switzerland, buildings are well-maintained, contributing to their longevity. Teaching students about this maintenance mindset is essential, as it fosters a deeper connection to the materials and buildings they work with.

8 Die Verbindung von KI, Kunst und Architektur

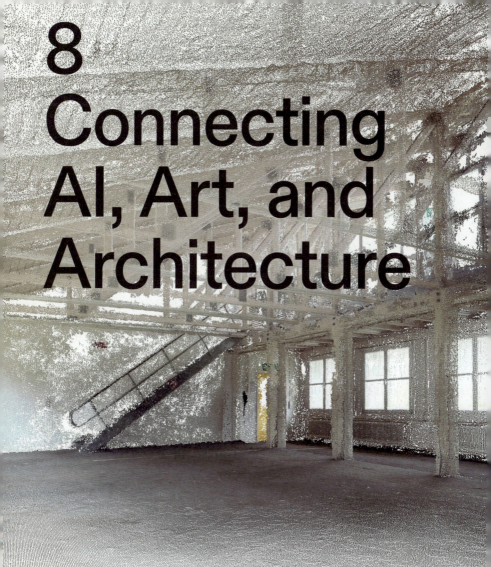

8 Connecting AI, Art, and Architecture

Als Pädagogin beobachte ich, dass künstliche Intelligenz als Bedrohung für die individuelle Kreativität, das Privatleben oder den Arbeitsplatz wahrgenommen wird (zum Beispiel die Sorge, dass Architekt:innen durch KI ersetzt werden). Unsere Forschung zeigt jedoch, dass KI als leistungsstarkes kreatives Werkzeug eingesetzt werden kann und sollte. Beispielsweise kann sie die Entwurfsfähigkeiten von Architekt:innen und Ingenieur:innen verbessern, indem sie durch Datenanalyse die Ressourcennutzung optimiert, um Abfall und Kosten zu reduzieren, die Energieeffizienz durch genaue Modellierung von Gebäudesystemen verbessert oder sogar bei der Auswahl wiederverwendeter Materialien hilft, indem sie deren Umweltauswirkungen und Zustand bewertet. KI könnte Fachleute befähigen, innovative und nachhaltige Entwürfe zu erstellen, die Kreislaufwirtschaft zu fördern und die Umwelt zu schützen. In der Praxis könnten Architekt:innen, die wissen, wie sich KI zur Förderung dieser nachhaltigen Praktiken einsetzen lässt, berufliche Vorteile haben.

Die Auseinandersetzung mit KI aus diesem Blickwinkel ist für meine Studierenden, mein Team, Architekt:innen und Künstler:innen, mit denen ich zusammenarbeite, sehr bereichernd. Durch den Einsatz von KI als Werkzeug für Innovation und Nachhaltigkeit habe ich echtes Interesse und ihre Wissbegierde erlebt, mehr über digitale Technologien für das zirkuläre Bauen zu lernen – im Unterricht, in der Forschung, in der Zusammenarbeit mit der Industrie und in Workshops. Die Kompetenz der KI entsteht aus ihrer Fähigkeit, komplexe Probleme zu lösen, Ressourcen auf der Grundlage großer Datensätze zu optimieren und Gelerntes aus ähnlichen Aufgaben zu verallgemeinern. Die Auseinandersetzung mit der Komplexität, um nachhaltige Lösungen zu schaffen, weckt die Neugier und Leidenschaft der Beteiligten.

Die neuen Perspektiven meiner Studierenden, Teammitglieder, Kolleg:innen und Mitarbeitenden ergeben sich aus ihren unterschiedlichen Hintergründen und den neuen Möglichkeiten, die sich ihnen durch die Anwendung von KI für innovative zirkuläre Lösungen bieten. Ihr Enthusiasmus wird durch das Potenzial angetrieben, einen echten Einfluss auf Umwelt und Gesellschaft zu haben. Ich sehe den positiven Einfluss von KI auf ihre Kreativität und Problemlösungsfähigkeiten, wenn sie komplexe Herausforderungen wie die Kreislaufwirtschaft in der gebauten Umwelt angehen. Dies bestärkt mich auch in der Relevanz unseres Fachgebiets: Es zeigt, wie KI auch

As an educator, I have observed that AI is often perceived as a threat to individual creativity, privacy, or jobs (e.g., concerns that architects will be replaced by AI). However, our research demonstrates that it can, and should, be harnessed as a powerful creative tool. For example, AI can enhance design capabilities for architects and engineers by optimising resource use through data analysis to reduce waste and costs, improve energy efficiency with precise modelling of building systems, or even aid in the selection of reused materials by evaluating their environmental impact and condition. AI could empower professionals to create innovative, sustainable designs, fostering a circular economy and promoting environmental stewardship. In reality, architects might be replaced by other architects who know how to use AI to advance these sustainable practices.

Engaging with AI in such an empowering light has been transformative for my students, lab members, architects, and artists I work with. By harnessing AI as a tool for innovation and sustainability, I have witnessed their genuine interest and eagerness to learn about digital technologies for circular construction in my classes, research, industry collaborations, and workshops. The empowerment comes from AI's ability to solve complex problems and optimise resources based on large datasets on the model's ability to generalise from what it has learned about similar tasks. Addressing complexity to create sustainable solutions is what ignites my collaborators' curiosity and passion.

The fresh perspectives from my students, lab members, colleagues, and collaborators stem from their diverse backgrounds and the new ways in which they envision applying AI for innovative circular solutions. Their enthusiasm is driven by the potential to make a tangible impact on the environment and society and makes my efforts in teaching and research deeply fulfilling – I see firsthand the positive influence of AI on their creativity and problem-solving skills while engaging with complex challenges such as circularity in the built environment. Seeing this creativity also reinforces how I see the importance and relevance of our field: it shows how AI can also be a force for good, towards promoting sustainability and advancing circular economy principles.

Moreover, the curiosity for and unique interpretations of our research from art communities highlight a broader belief in AI's potential to positively impact society, further validating the significance of integrating AI into circular practices. Art plays a crucial role in

eine Kraft für das Gute sein kann, um Nachhaltigkeit und Kreislaufwirtschaft voranzutreiben.

Darüber hinaus unterstreichen die Neugierde und die einzigartigen Interpretationen unserer Forschung durch Kunstschaffende einen breiteren Glauben an das Potenzial von KI, die Gesellschaft positiv zu beeinflussen. Das betont zusätzlich, wie wichtig ihre Integration in zirkuläre Praktiken ist. Kunst spielt eine entscheidende Rolle bei der Gestaltung und Entwicklung von Technologien wie KI, indem sie konventionelles Denken infrage stellt und die Grenzen des Möglichen verschiebt. Diese künstlerische Offenheit für Innovation führt zu neuartigen Algorithmen, unerwarteten Anwendungen und intuitiveren Benutzeroberflächen, die die Entwicklung von KI und Architektur in einer Weise vorantreiben, wie es mit herkömmlicher Technologie allein nicht möglich wäre.

Darüber hinaus fördert Kunst Empathie und ein tieferes Verständnis der menschlichen Erfahrung, was für die Entwicklung ethischer und nutzerorientierter KI-Systeme unerlässlich ist. Der Kern der KI-Arbeit in meinem Lab ist die Anwendung der neuesten Entwicklungen in der Informatik in Bezug auf zirkuläres Bauen, um eine nachhaltigere gebaute Umwelt zu fördern. Durch die Integration von künstlerischen Perspektiven können Informatiker:innen eine KI entwickeln, die sich mit gesellschaftlichen Fragen wie den Auswirkungen unserer gebauten Umwelt auf Klimawandel, Abfallproduktion, Ressourcenverbrauch, Gesundheit und Lebensqualität auseinandersetzt.

Verknüpfung digitaler Technologien

Mein Lehrstuhl Circular Engineering in Architecture (CEA) untersucht die Rolle digitaler Technologien und Innovationen im Bereich des zirkulären Bauens. Unser Fokus liegt darauf zu verstehen, wie sich diese Werkzeuge einsetzen lassen, um die Prozesse zu verbessern, die die Wiederverwendung von Materialien erleichtern, unter Berücksichtigung der potenziellen wirtschaftlichen und ökologischen Auswirkungen. Wir untersuchen, wie digitale Technologien Arbeitsabläufe im Bauwesen rationalisieren, die Materialverfolgung verbessern und die Ressourcennutzung optimieren können.

Ein wichtiger Aspekt unserer Forschung ist es sicherzustellen, dass die Einführung dieser Technologien nicht unbeabsichtigt zu höheren Kosten oder Rebound-Effekten führt. Rebound-Effekte treten

shaping and advancing technologies such as AI by challenging conventional thinking and pushing the boundaries of what is possible. This 'artistic' openness to innovation leads to novel algorithms, unexpected applications, and more intuitive user interfaces, driving the evolution of AI and architecture in ways that might not emerge from traditional engineering alone.

Further, art encourages empathy and a deeper understanding of the human experience, which is essential in designing AI systems that are ethical and user-centric. The core of AI work in my lab is applying the latest developments of computer science in the field of circular construction, in order to foster a more sustainable built environment. By integrating artistic insights, technologists can create AI that addresses societal needs such as the impact of our built environment on climate change, waste generation, resource depletion, health, and quality of life.

Connecting digital technologies

At my chair, the CEA, we continually scrutinise the role of digital technologies and innovation in circular construction. Our focus is on understanding how these tools can be leveraged to enhance processes that facilitate the reuse of materials while carefully considering the potential economic and environmental impacts. We evaluate how digital technologies can streamline construction workflows, improve material tracking, and optimise resource use, etc.

A critical aspect of our research is ensuring that the implementation of these technologies does not inadvertently lead to increased costs or rebound effects. Rebound effects occur when the benefits of improved efficiency or reduced resource use are offset by increased consumption elsewhere or generally, negating the positive impacts. For instance, while digital tools can make construction processes more efficient and reduce waste, they might also lead to increased overall consumption of materials if the ease of reuse lowers the perceived value of conservation. There could also be increased energy consumption associated with operating digital technologies such as robotics, blockchain systems, and computational power. Researchers at the Harvard John A. Paulson School of Engineering and Applied Sciences (SEAS)[48] have shown how to assess the environmental footprint of computing.

To address these concerns, we perform comprehensive lifecycle analyses of materials and construction methods to ensure that digital

auf, wenn die Vorteile einer verbesserten Effizienz oder eines verringerten Ressourcenverbrauchs durch einen erhöhten Verbrauch an anderer Stelle zunichtegemacht oder die positiven Auswirkungen allgemein zerstört werden. Beispielsweise können digitale Werkzeuge zwar die Effizienz von Bauprozessen erhöhen und Abfälle reduzieren, sie können aber auch zu einem höheren Gesamtmaterialverbrauch führen, wenn die Wiederverwendung den gefühlten Wert des Erhalts von Gebäuden verringert. Der Betrieb digitaler Technologien wie Robotik und Blockchain und deren Rechenleistung kann zu einem höheren Energieverbrauch führen. Forschungen an der Harvard John A. Paulson School of Engineering and Applied Sciences (SEAS) haben gezeigt, wie man den ökologischen Fußabdruck der Datenverarbeitung bewerten kann.[50]

Um diese Bedenken auszuräumen, führen wir umfassende Lebenszyklusanalysen von Baumaterialien und Konstruktionsweisen durch, um sicherzustellen, dass digitale Innovationen zu positiven Umweltauswirkungen beitragen. Wir erstellen detaillierte Kosten-Nutzen-Analysen, um zu bestätigen, dass digitale Lösungen nicht zu höheren Gesamtkosten führen und nachhaltige Praktiken wirtschaftlich tragfähig machen. Die Kombination von nachhaltigen Entwurfsprinzipien mit digitalen Technologien ermöglicht es, die Ressourceneffizienz zu maximieren und die Abfallmenge zu minimieren. So können die Vorteile digitaler Innovationen ohne unbeabsichtigte Folgen realisiert werden. Darüber hinaus entwickeln wir robuste Monitoring- und Feedbacksysteme, um die Leistung digitaler Werkzeuge in der Kreislaufwirtschaft kontinuierlich zu überwachen und Anpassungen und Verbesserungen in Echtzeit zu ermöglichen.

Als Forschende sind wir bestrebt, das Potenzial neuer digitaler Technologien zu nutzen, um das zirkuläre Bauen nachhaltig zu verbessern. Während wir die Auswirkungen auf die Umwelt (und die Kosten) gründlich untersuchen, erwarten wir auch erhebliche langfristige Vorteile, wenn diese Technologien in größerem Umfang eingesetzt werden und sich die Disziplinen weiterentwickeln. Beispielsweise könnte die Robotik mit der Zeit erschwinglicher werden, und die Blockchain-Technologie könnte sich zunehmend auf erneuerbare Energiequellen stützen, was langfristig zu niedrigeren Kosten und mehr Nachhaltigkeit führen würde.

Wir vergleichen kritisch digitale Methoden mit traditionelleren, analogen Methoden. Wir fragen uns, warum zirkuläre Baupraktiken wie die Durchführung einer Ressourcenbewertung (das heißt die

innovations contribute to net positive environmental outcomes. We conduct detailed cost-benefit assessments to confirm that digital solutions do not result in higher overall costs, making sustainable practices economically viable. Integrating sustainable design principles with digital technologies allows us to maximise resource efficiency and minimise waste, ensuring that the benefits of digital innovation are realised without unintended consequences. Additionally, we develop robust monitoring and feedback systems to continuously track the performance of digital tools in circular construction, allowing for real-time adjustments and improvements.

As researchers, we strive to harness the potential of emerging digital technologies to sustainably enhance circular construction practices. While we rigorously study the environmental (and cost) implications, we also anticipate significant long-term benefits as these technologies become more widely adopted and the fields evolve. For instance, robotics may become more affordable over time, and blockchain technology could increasingly rely on renewable energy sources, leading to reduced costs and improved sustainability in the long run.

We approach this critically, comparing digital methods with more traditional, analogue methods. We ask why circular construction practices such as conducting a resource assessment (i.e., looking at all materials in a building before its demolition to assess which materials could be reused and making an inventory of these materials) are not more widely implemented today. Is it due to high labour costs or a shortage of experts? Could digital technologies address these challenges, and if so, how effectively? We critically evaluate whether digital methods truly offer more efficiency. At what point does it become more efficient to perform tasks manually versus digitally? We also consider the broader impacts on local job markets and the environment. Which approach creates more local employment opportunities? Which has a lower environmental impact?

For instance, we explore the use of scanning methods for identifying the materials in buildings before they get demolished to assess their condition and make an inventory of materials that could potentially be reused. We also use computational design tools to design new structures with a stock of reused materials from these disassembled buildings. We use digital platforms for the distribution of the disassembled materials and match them with new projects aimed at building with reused materials. We use digital fabrication techniques that enable us to make custom connections between two non-standard reused elements.

Untersuchung aller Materialien in einem Gebäude vor dem Abriss, um festzustellen, welche Materialien wiederverwendet werden können, und die Erstellung eines Inventars dieser Materialien) heute nicht häufiger angewendet werden. Liegt das an den hohen Arbeitskosten oder am Fehlen von Expert:innen? Könnten digitale Technologien diese Herausforderungen bewältigen und wenn ja, wie effektiv? Wir hinterfragen kritisch, ob digitale Methoden tatsächlich mehr Effizienz bieten. Ab welchem Punkt ist es effizienter, Aufgaben manuell oder digital zu erledigen? Wir betrachten auch die weiterreichenden Auswirkungen auf lokale Arbeitsmärkte und die Umwelt. Welcher Ansatz schafft mehr Arbeitsplätze vor Ort? Welcher Ansatz hat geringere Auswirkungen auf die Umwelt?

Zum Beispiel untersuchen wir den Einsatz von Scanning-Methoden, um Materialien in Gebäuden vor dem Abriss zu identifizieren, ihren Zustand zu bewerten und ein Inventar zu erstellen, welche Materialien potenziell wiederverwendbar sind. Darüber hinaus setzen wir computergestützte Entwurfswerkzeuge ein, um neue Strukturen mit einem Bestand an wiederverwendeten Materialien aus diesen abgerissenen Gebäuden zu entwerfen. Wir nutzen digitale Plattformen, um die demontierten Materialien zu vermarkten und sie mit neuen Projektbeteiligten zusammenzubringen, die mit wiederverwendeten Materialien bauen wollen. Wir verwenden digitale Fertigungstechniken, mit denen sich maßgeschneiderte Verbindungen zwischen zwei nicht standardisierten wiederverwendeten Elementen herstellen lassen.

Unabhängig davon, ob es sich um altes Wissen oder um Spitzentechnologie handelt, die Vorteile der Neugierde liegen auf der Hand. Nach dem Erwerb neuer Informationen ermutige ich Studierende und Mitarbeitende, deren Wirksamkeit zu bewerten, insbesondere im Hinblick auf ihre Nützlichkeit für die Verbesserung von zirkulären Verfahren. Die Verbindung von neu erworbenem Wissen mit den großen Problemen der Gesellschaft, wie dem Klimawandel, wird durch den kreativen Drang angetrieben zu sehen, was war, und herauszufinden, was besser sein könnte. Dazu haben wir einen digitalen Workflow zum zirkulären Bauen entwickelt, der aus fünf Schritten besteht: Erkennen, Zerlegen, Verteilen, Entwerfen und Nutzen.[51] In all diesen Phasen kommen Technologien zum Einsatz, die das Potenzial haben, die Genauigkeit, den Zeitaufwand, die Geschwindigkeit und die Arbeitskosten zu verbessern – Faktoren, die einer Ausweitung der Wiederverwendung im Wege stehen. Zu diesen Technologien gehören DPP (digitale Produktpässe), KI-gestützte Materialklassifizierung,

Regardless, the benefits of curiosity are crystal clear whether applied to ancient knowledge or cutting-edge technology. After acquiring new information, I encourage my students and lab researchers to evaluate its efficacy, specifically in relation to its usefulness in enhancing circular construction practices. Connecting newly acquired knowledge with the grand problems society faces, such as climate change, is driven by the creative urge to see what was and figure out what can be better. To do this, we have developed a digital circular construction workflow consisting of five steps: detection, disassembly, distribution, design, and deployment[49]. All of these steps use technologies that have the potential to improve accuracy, time, speed, and any labour costs standing in the way of scaling up reuse. These technologies include DPPs (better known as 'material passports'), AI-assisted material classification, reality capture, computational design, design aided by generative AI, digital fabrication, extended reality, and blockchain. We applied this to multiple case studies, including the Huber Pavilions, highlighting its effectiveness in supporting circular economy principles in the construction industry by improving the processes of detecting, disassembling, and redistributing reusable building materials.

In the *detection phase*, Geographical Information Systems (GIS), machine learning, and computer vision algorithms, along with data from sources such as Google Street View, drone imagery, and public record data, identify materials suitable for reuse[50]. These technologies are revolutionising the way these data are useful to urban circular economy strategies. A concrete example of this is the URBAN-AI workflow[51] developed by my PhD student Deepika Raghu, guided by Stanford professor Iro Armeni and me, which integrates advanced AI tools – specifically large language models (LLMs) like GPT-4 and vision models (VMs) such as Grounding Dino and Segment Anything. With these tools, we can examine circular retrofitting possibilities for the city of Zurich, for example.

This process identifies and quantifies material stocks, feeding into BIMs to offer details on building materials. These insights are key for circularity strategies, supporting stakeholders such as governments and non-profits in policy and execution. The research highlights AI's advantages over traditional audits, showcasing the transformative impact of digital technologies in urban planning. Deepika Raghu is releasing global datasets and AI tools for urban façade materials that promote global usage, especially in historically underrepresented regions, broadening the impact of AI in advancing sustainable cities aligned with circular economy principles.

Realitätserfassung, computerbasiertes Entwerfen, generatives Design, digitale Fertigung, Extended Reality und Blockchain. Wir haben diese Technologien auf mehrere Fallstudien angewandt, darunter die Huber Pavillons, und dadurch gezeigt, wie wirksam sie zur Unterstützung der Kreislaufwirtschaft in der Bauindustrie beitragen, durch die Verbesserung der Identifizierung, Demontage und Wiederverteilung von wiederverwendbaren Baumaterialien.

In der *Erkennungsphase* erkennen geografische Informationssysteme (GIS), maschinelles Lernen und Computer-Vision-Algorithmen zusammen mit Daten aus Quellen wie Google Street View, Drohnenbildern und öffentlichen Aufzeichnungen die Materialien, die für eine Wiederverwendung geeignet sind.[52] Diese Technologien revolutionieren die Art und Weise, wie sich Daten für die urbane Kreislaufwirtschaft nutzen lassen. Ein konkretes Beispiel ist der URBAN-AI-Workflow, der von meiner Doktorandin Deepika Raghu[53] unter der Leitung von Stanford-Professorin Iro Armeni und mir entwickelt wurde und fortschrittliche KI-Tools integriert, insbesondere große Sprachmodelle (LLM) wie GPT-4 und bildgebende Modelle (VM) wie Grounding Dino und Segment Anything. Mit diesen Werkzeugen können wir zum Beispiel für die Stadt Zürich die Möglichkeiten einer zirkulären Neugestaltung untersuchen.

Dieser Prozess identifiziert und quantifiziert Materialbestände und wird in BIM (Building Information Modeling) integriert, um Details über Baumaterialien zu liefern. Diese Informationen sind für die Kreislaufwirtschaft von entscheidender Bedeutung und unterstützen Akteure wie Regierungen und gemeinnützige Organisationen bei der Politikgestaltung und -umsetzung. Die Forschung unterstreicht die Vorteile von KI gegenüber herkömmlichen Bestandsaufnahmen und zeigt die transformative Wirkung digitaler Technologien in der Stadtplanung. Deepika Raghu veröffentlicht globale Datensätze und KI-Tools für urbane Fassadenmaterialien, die die Nutzung weltweit fördern, insbesondere in historisch unterrepräsentierten Regionen, und so die Wirkung von KI bei der Förderung nachhaltiger Städte im Einklang mit den Prinzipien der Kreislaufwirtschaft erweitern.

Um dies den Studierenden im Kurs „Digital Transformation for Circular Construction" zu vermitteln, haben wir sie gebeten, Drohnenbilder der Huber Pavillons aufzunehmen, um die Materialien der Pavillons automatisiert zu analysieren. Mithilfe von Punktwolken, erstellt durch Fotogrammetrie auf der Grundlage der Bilder, entstanden BIM-Modelle, und mit auf die Bilder angewandter Computer Vision wurden die Materialien in der Struktur erkannt.

To teach this to our students in the 2022 'Digital Transformation for Circular Construction' course, we asked students to capture drone images of the Huber Pavilions in order to analyse the pavilions' materials in an automated way – using the point clouds (generated through photogrammetry based on the images) to construct BIM models and using computer vision (applied onto the images) to detect the materials present in the overhang structure.

The disassembly phase involves cataloguing materials using reality capture, scan-to-BIM, and extended reality technologies to ensure precise and efficient sorting. The Huber Pavilions were scanned by students and researchers using both LiDAR technology and advanced photogrammetry software, such as Agisoft Metashape, RealityCapture, and Pix4D. These techniques collectively generated detailed point clouds, capturing the precise spatial and geometric data of the pavilions. The accurate three-dimensional representation of the structures facilitated subsequent analysis and inventory for future reuse of the structural elements.

The distribution phase focuses on creating DPPs to track, trace, and trade materials, incorporating blockchain for transparency. My lab members Brandon Byers and Meliha Honic have conducted extensive research on this topic[52,53]. For the Huber Pavilions' material reuse, we asked the students in our class to create a database of the materials they used in CircÛbi, and they engraved QR codes on certain building components (e.g., the trusses) so that people visiting the pavilion can

Drohnenaufnahme der Verbindungskunstruktion zwischen den Huber Pavillons

Drone imagery capturing overhang structures of the Huber Pavilions

In der *Rückbauphase* werden die Materialien mithilfe von Reality Capture, Scan-to-BIM und Extended-Reality-Technologien katalogisiert, um eine präzise und effiziente Sortierung zu gewährleisten. Die Huber Pavillons wurden von Studierenden und Forschenden sowohl mit LiDAR-Technologie als auch mit fortschrittlicher Fotogrammetrie-Software wie Agisoft Metashape, RealityCapture und Pix4D gescannt. Damit wurden detaillierte Punktwolken erstellt, die die exakten räumlichen und geometrischen Daten der Pavillons enthalten. Die genaue dreidimensionale Darstellung der Strukturen erleichterte die anschließende Analyse und Inventarisierung für eine zukünftige Wiederverwendung der Elemente.

Die *Verteilungsphase* konzentriert sich auf die Erstellung von DPP für Verfolgung, Rückverfolgbarkeit und Handel von Materialien, wobei Blockchain für Transparenz sorgt. Brandon Byers[54] und Meliha Honic[55] haben am CEA viel zu diesem Thema geforscht. Für die Wiederverwendung von Materialien der Huber Pavillons haben wir die Studierenden gebeten, eine Datenbank der in CircÛbi verwendeten Materialien zu erstellen und QR-Codes in bestimmte Bauteile (zum Beispiel die Fachwerkbinder) einzugravieren. Besuchende des Pavillons können diese einscannen und Informationen über die Art des Materials, den Zustand, die Abmessungen und die Geschichte erhalten.

In der *Entwurfsphase* werden generative KI und Computeralgorithmen eingesetzt, um wiederverwendete Materialien mit neuen Bauprojekten zu kombinieren. Algorithmen gleichen die Materialien mit den Projektanforderungen ab, indem sie verschiedene Faktoren wie Materialeigenschaften, strukturelle Anforderungen, Materialabmessungen und Umweltauswirkungen analysieren. Sie bewerten die Eigenschaften der wiederverwendeten Materialien (zum Beispiel Festigkeit, Größe, Haltbarkeit) und vergleichen sie mit den Spezifikationen des neuen Bauprojekts. Die Analyse schlägt optimale Materialkombinationen vor, die die funktionalen und gestalterischen Kriterien des Projekts erfüllen, eine effiziente Nutzung der wiederverwerteten Ressourcen gewährleisten, den Bauablauf verbessern und die Abfallmenge reduzieren. Forschende an der Cornell University haben untersucht, wie sich rechnerische Nachhaltigkeit und Materialwissenschaft kombinieren lassen, um die Ressourcennutzung zu optimieren und die Umweltauswirkungen des Bauens zu verringern.[56] Forschende an Institutionen wie dem MIT, der ETH, dem Singapore-ETH Centre (SEC) und der EPFL untersuchen in Zusammenarbeit mit innovativen Firmen wie Schlaich Bergermann

scan and get information about the material type, condition, dimensions, and history.

The design phase uses generative AI and computational algorithms to innovatively pair reclaimed materials with new construction projects. Computational algorithms match materials with project needs by analysing various factors such as material properties, structural requirements, material dimensions, and environmental impact. Algorithms assess the characteristics of reclaimed materials (e.g., strength, size, durability) and compare them against the specifications of the new construction project. Through this analysis, optimal material matches are suggested that meet the project's functional and design criteria, ensuring efficient use of reclaimed resources, optimising constructability, and reducing waste. Researchers at Cornell University[54] have explored how computational sustainability and materials science can be combined to optimise resource use and reduce the environmental impact of construction. Researchers at institutions such as MIT, ETH, Singapore-ETH Centre (SEC), and EPFL, in collaboration with innovative sustainable engineering design firms such as Schlaich Bergermann Partner (sbp) and Werner Sobek AG, also study how to combine computational design and sustainable materials[55], technology

Punktwolke der Huber Pavillons, erstellt von CEA-Mitarbeiter Matthew Gordon und den Studierenden des Sommerkurses

Point cloud of the Huber Pavilions generated by Matthew Gordon and the students of the summer course

Partner (sbp) und Werner Sobek ebenfalls, wie sich computerbasiertes Entwerfen und nachhaltige Materialien,[57] Technologien für eine resiliente Stadtplanung und -gestaltung,[58] computerbasiertes Entwerfen für die Wiederverwendung von tragenden Bauteilen[59] und digitale Entwurfswerkzeuge für nachhaltige Ingenieursplanung[60] kombinieren lassen.

Generative KI kann die Kreativität im Designprozess mit wiederverwendeten Materialien steigern, indem sie eine breite Palette innovativer Lösungen generiert, die für menschliche Designer:innen möglicherweise nicht sofort ersichtlich sind.[61] Meine Doktorandin Vanessa Schwarzkopf untersucht, wie KI umfangreiche Datensätze zu Materialeigenschaften, historischer Verwendung und erfolgreichen Entwurfsmustern analysieren kann, um neue Kombinationen und Anwendungen von wiederverwendeten Materialien vorzuschlagen. Durch die Simulation verschiedener Szenarien und die Optimierung von Faktoren wie Nachhaltigkeit, Kosteneffizienz und Ästhetik kann die generative KI Entwerfende dazu anregen, unkonventionelle Ideen zu erforschen und einzigartige, ressourceneffiziente Entwürfe zu schaffen. Dieser kollaborative Ansatz nutzt die Stärken sowohl der menschlichen Kreativität als auch des KI-gesteuerten Wissens und führt zu einer einfallsreicheren und effizienteren Wiederverwendung von Materialien im Bauwesen. Forschende an Institutionen wie dem Center for Augmented Computational Design in Architecture, Engineering and Construction (Design++) der ETH Zürich haben zusammen mit Firmen wie Basler & Hofmann, Halter AG und Hexagon untersucht, wie Deep Learning und generatives Design eingesetzt werden können, um die Kreislauffähigkeit von Gebäuden und Infrastrukturen zu bewerten.[62]

Nach dem Entwurf des CircÛbi-Pavillons haben wir diese Aspekte unserer Forschung weiter vertieft. Die Studierenden haben den Nutzen der Technologien, die wir ihnen beigebracht hatten, kritisch hinterfragt. Die Studierenden haben mithilfe von generativer KI Bilder erzeugt und dabei zur Bedingung gemacht, dass die Dachbinder der Huber Pavillons wiederverwendet werden. Das zeigte die unpraktikable Konstruktion dieser KI-generierten Entwürfe im Vergleich zu baubaren Entwürfen, die unsere Studierenden auf analoge Weise erstellt hatten. Tatsächlich wurden die Fachwerkbinder in den analogen Entwürfen in ihrer ursprünglichen Form belassen, während sie in den KI-generierten Versionen in sehr unregelmäßige Größen zerschnitten wurden (was zu einem Downcycling geführt hätte). Die

for resilient urban planning and design[56], computational design for the reuse of load-bearing components[57], and digital design tools for sustainable structural engineering[58].

Generative AI[59] can enhance creativity in the design process with reused materials by generating a wide array of innovative solutions that might not be immediately apparent to human designers. My PhD student Vanessa Schwarzkopf studies how AI can analyse extensive datasets of material properties, historical usage, and successful design patterns to suggest novel combinations and applications of reclaimed materials. By simulating different design scenarios and optimising for factors such as sustainability, cost-efficiency, and aesthetic appeal, generative AI can inspire designers to explore unconventional ideas and create unique, resource-efficient constructions. This collaborative approach leverages the strengths of both human creativity and AI-driven insights, leading to more imaginative and effective reuse of materials in construction. Researchers at institutions such the Center for Augmented Computational Design in Architecture, Engineering and Construction (Design++) at ETH Zurich, together with practitioners such as Basler & Hofmann, Halter AG, and Hexagon, have studied how to apply deep learning and generative design for circularity assessment of buildings and infrastructure[60].

Following the design of the CircÛbi pavilion, we further advanced this aspect of our research. The students critically inquired on the benefit of the technologies we introduced them to. Students created images with generative AI prompting it to reuse the roof trusses of the Huber Pavilions. This demonstrated the lacking practicability of AI-generated designs compared to buildable designs that our students created in an analogue manner. In fact, in the analogue design, the original geometry of the trusses was maintained, while they were cut into very irregular sizes in the AI-generated design (which would have led to downcycling). The research we are conducting makes use of AI-generated designs more so as to inspire than to improve the creative processes. Some of the designs the students created by use of tools such as Runway or MidJourney were, however, built for the purposes of the Kunsthalle exhibition.

The deployment phase uses digital fabrication techniques and extended reality for assembling new structures with reclaimed materials, ensuring precise and efficient construction processes. For the digital fabrication of our pavilion, the students chose to use Computer Numerical Control (CNC) milling for the connections. It is useful to

Forschung, die wir betreiben, nutzt KI-generierte Entwürfe eher als Inspiration zur Verbesserung des kreativen Prozesses. Einige der Entwürfe, die die Studierenden mit Tools wie Runway und MidJourney erstellt haben, wurden für die Ausstellung in der Kunsthalle gebaut. Wir erwarten, dass sich dieser Bereich in Zukunft sehr schnell entwickeln wird.

In der *Aufbauphase* werden digitale Fertigungstechniken und Extended Reality eingesetzt, um neue Strukturen aus wiederverwendeten Materialien zusammenzusetzen und so präzise und effiziente Bauprozesse zu gewährleisten. Für die digitale Fertigung unseres Pavillons haben sich die Studierenden entschieden, die Verbindungen mithilfe einer CNC-Fräse zu erstellen. Es ist sinnvoll, sich mit den Forschungen des National Centre of Competence in Research (NCCR) zum Thema digitale Fabrikation zu beschäftigen, denn dieser Bereich entwickelt sich rasant. Derzeit arbeiten wir gemeinsam an der robotergestützten (De-)Montage und am 3D-Druck mit wiederverwendeten Materialien. Dominik Nüssen und Martin Schulte von Herzog & de Meuron haben die Studierenden bei der Anwendung von digitaler Fertigung und Extended Reality für diese Schritte im zirkulären Workflow unterstützt.

Die Wiederverwendung von Materialien aus den Huber Pavillons hat gezeigt, wie fortschrittliche digitale Technologien in der gesamten Industrie eingesetzt werden können. Es ist wichtig, die Endphase des Lebenszyklus von Gebäuden mit neuen Bauprojekten zu koordinieren, um Lagerzeiten zu minimieren und die Wiederverwendung von Materialien zu maximieren. Durch die Verarbeitung großer Datenmengen vor dem Abriss kann sichergestellt werden, dass die Materialien sofort in neuen Projekten Wiederverwendung finden. Die digitalen Technologien ermöglichen dies, da die Datensätze zu groß sind, um von Menschen mit traditionellen Planungsmethoden verarbeitet zu werden. Mehrere meiner Doktoranden, darunter Beril Önalan, Deepika Raghu, Heidi Silvennoinen, Zain Karsan, Ana Bendiek Laranjo, Vanessa Costalonga und Vanessa Schwarzkopf, nutzen KI und digitale Fertigung für zirkuläres Design, Architektur und Kunst.

Die Medien würdigen die Forschung und Praxis zur Verbindung von Informatik, Ingenieurwesen und Architektur mit dem Ziel des zirkulären Bauens in mehreren Filmen, Artikeln und Büchern. *Architectural Record*[63] interviewte zum Beispiel mich zusammen mit Caitlin Mueller und Sheila Kennedy vom MIT sowie Frances Yang und

explore the research of my colleagues from the National Centre of Competence in Research (NCCR) on digital fabrication, as this field is rapidly evolving. Currently, we are working together on robotic (dis-)assembly and 3D printing using reclaimed materials. Dominik Nüssen and Martin Schulte from Herzog & de Meuron helped our students use digital fabrication techniques and extended reality for these steps in the circular workflow.

Reusing materials from the Huber Pavilions has shown how advanced digital technologies can have industry-wide application. I always emphasise the importance of aligning the end-of-life phase of buildings with new construction projects to minimise storage times and maximise material reuse. The processing of large datasets ahead of demolition indeed ensures that materials are immediately repurposed in new projects. This can be enabled through digital technologies because the datasets are too large to be processed by humans with the more traditional design methods. Several of my PhD students, including Beril Önalan, Deepika Raghu, Heidi Silvennoinen, Zain Karsan, Ana Bendiek Laranjo, Vanessa Costalonga, and Vanessa Schwarzkopf, are using AI and digital fabrication for circular design, architecture, and art.

Mit den wiederverwendeten Fachwerkbindern konstruierter Pavillon, generiert mit dem DALL-E-Modell von OpenAI

Pavilion constructed with the reused trusses, generated using OpenAI's DALL·E model

Fiona Cousins von Arup. Die Publikation *Architektur und Klimawandel*[64] versammelt Interviews mit engagierten Architekt:innen, um die Bedeutung der Auswirkungen von Architektur auf die Klimakrise hervorzuheben. Das Bewusstsein für das Thema wächst.

Verbindung von Wissenschaft und Kunst

Es ist auch ein Bewusstsein für diese Wissenschaft nötig, und das kann durch Kunst ermöglicht werden. Martina Huber hat mich eingeladen, unsere Arbeit im Rahmen von „WE ARE AIA (Awareness in Art)" in der Kunsthalle Zürich zu präsentieren. Die Verschmelzung von Kunst und KI fördert ein Umfeld, in dem Kreativität gedeiht – der interdisziplinäre Ansatz (siehe Kapitel 6) stellt sicher, dass KI sich nicht nur technisch kompetent, sondern auch kulturell und gesellschaftlich relevant entwickelt. Bei den Mitarbeitenden für meinen Lehrstuhl suche ich nach einer Kombination von Fähigkeiten: Informatik und Architektur, Ingenieurwesen und Anthropologie, Robotik und Ökobilanzierung, Umweltwissenschaften und Stadtplanung, Systemdenken und Bauerfahrung etc. Nachdem diese talentierten Forschenden eine Weile in der Forschungsgruppe gearbeitet haben, kommen oft auch neue und unerwartete künstlerische Talente zutage, die sich als verborgene Stärken in Forschung und Lehre erweisen.

So habe ich Matthew Gordon wegen seinen am Institute for Advanced Architecture of Catalonia (IaaC) erworbenen Fähigkeiten in Robotik und Architektur eingestellt und später entdeckt, dass er in seiner Freizeit Musikinstrumente erfindet und baut; Vanessa Schwarzkopf hat einen architektonischen Hintergrund von der Leibniz Universität Hannover, zeigt ihre Arbeiten in Kunstausstellungen und tritt als Tänzerin auf; Thibaut Menny studierte Architektur, Energietechnik und Umweltwissenschaften an der EPFL und hat eine Leidenschaft für Lithografie; Vanessa Costalonga ist Architektin und Computerdesignerin an den Universitäten von Brasília und Stuttgart und kreiert illustrierte Poesie, Musikmagazine und Malerei; Ana Bendiek Laranjo ist Ingenieurin an der Technischen Universität Dresden, in ihrer Freizeit restauriert sie gerne Möbel; Nina Limbach hat einen Management-Hintergrund und war Europameisterin im irischen Tanz; Elias Knecht hat Architektur studiert und ist ein leidenschaftlicher Musiker, der mit seiner Band Konkolo

The emerging research and practice mixing computer science, engineering and architecture for circular construction is beginning to be recognised by the media in multiple films and press articles. For example, the *Architectural Record*[61] interviewed me alongside my role models whom I had the opportunity to work with, such as Caitlin Mueller and Sheila Kennedy from MIT as well as Frances Yang and Fiona Cousins from Arup. Books such as *Architecture and Climate Change*[62] by Edition Detail feature interviews 20 architects including Kunlé Adeyemi, Shigeru Ban, Titiana Bilbao, Roger Boltshauser, Michael Braungart, Barbara Buser, Richard Hassell, Anna Heringer, Lacol, Anders Lendager, Lamia Messari-Becker, Alan Organschi, Tarik Oualalou, Michael Pawlyn, Marina Tabassum, Camilla van Deurs, Inge Vinck, Richard Weller, Sarah Wigglesworth and myself to highlight the importance of the topic of the impact of architecture on the climate crisis. Awareness is growing.

Connecting science and art

Awareness of this science is also needed, and this can be enabled by art. Martina Huber invited me to present our work through "WE ARE AIA (Awareness in Art)" at the Kunsthalle Zürich. The fusion of art and AI fosters an environment where creativity thrives – the interdisciplinary approach I advocated in Chapter 6 ensures that AI evolves in a way that is not only technically proficient but also culturally and socially relevant. When I recruit members for my chair, I am looking for a combination of skills: computer science and architecture, engineering and anthropology, robotics and life cycle assessment, environmental science and urban planning, systems thinking and construction experience, etc. After these talented researchers worked in the lab for a while and we got to know each other a bit better, I often discovered new and unexpected hidden 'artistic' talents.

For instance, I hired Matthew Gordon for his skills in robotics and architecture from the Institute for Advanced Architecture of Catalonia (IaaC), and later discovered that he invents and handcrafts musical instruments in his free time; Vanessa Schwarzkopf has an architectural background from Leibniz Universität Hannover but also exhibits her work in art exhibitions and performs dance; Thibaut Menny studied architecture, energy engineering and environmental science at EPFL but also has a passion for lithography; Vanessa Costalonga

Orchestra Live-Konzerte gibt. Anna Buser ist Anthropologin an der Universität Basel, arbeitet gerne mit wiederverwendeten Materialien und ist eine talentierte Fotografin; Daisy Ziyan Zhang hat am MIT Architektur studiert, stellt aber auch Keramik und Möbel her und hat in Harvard Film studiert. Eines meiner Hobbys ist das Klavierspielen, und meine Klavierlehrerin hat mir einmal von *The Virtuoso Teacher* erzählt, einem Buch, aus dem ich viel über das Unterrichten gelernt habe[65] – was ich jetzt in meinem Kurs über zirkuläre Kreativität anwende. Kunst wird zu einer unerwarteten Stärke in der akademischen Welt.

Die unterschiedlichen Kompetenzen und Perspektiven sind für unsere Forschung wichtig, da sie einen ganzheitlichen Ansatz für das zirkuläre Bauen fördern, der technische Kompetenz mit kreativer und kultureller Sensibilität verbindet. Diese multidisziplinären Synergien helfen dabei, nachhaltigere, kosteneffizientere, ästhetisch ansprechendere und sozial verantwortlicher gebaute Umgebungen zu entwerfen. Durch das Zusammenbringen von Teammitgliedern mit unterschiedlichen Fähigkeiten können wir anpassungsfähige und ressourceneffiziente Arbeitsabläufe für die zirkuläre Gestaltung entwickeln.[66] Der wesentliche Sinn dieser Arbeitsabläufe besteht darin, systematisch und digital wiederverwertete Materialien (Angebot) mit geeigneten Bauprojekten (Nachfrage) zu verbinden, indem wir Akteur:innen zusammenbringen, die im Umgang mit wiederverwendeten Materialien erfahren sind.

Meine Hoffnung für die Zukunft wächst, wenn ich sehe, wie meine Mitarbeitenden die zirkuläre Architektur mit digitalen Technologien wie maschinellem Lernen, Computer Vision, großen Sprachmodellen, multi-modaler KI, parametrischem und generativem Design, digitaler Fertigung, dem Internet der Dinge (IoT), erweiterter Realität und vielem Mehr angehen. Der interdisziplinäre Ansatz und der schnelle technologische Fortschritt ermöglichen es jungen Architekt:innen, skalierbare und effiziente Lösungen für die komplexen Herausforderungen des zirkulären Bauens zu entwickeln.

Im Kontext der Kreislaufwirtschaft spielt die Kunst eine wichtige Rolle bei der Sensibilisierung für gesellschaftliche Themen wie den Klimawandel und die Architektur eine wichtige Rolle bei der Reduzierung der Umweltauswirkungen des Bausektors durch Design. Aus diesem Grund hat Adrian Notz vom ETH AI Center meinen Lehrstuhl für eine Ausstellung in der Kunsthalle Zürich

is an architect and computational designer from the Universities of Brasilia and Stuttgart but also makes illustrated poems, music magazines, and paintings; Ana Bendiek Laranjo is an engineer from Technische Universität Dresden (TU Dresden) but likes to upcycle furniture in her free time; Nina Limbach has a background in management but also used to be European champion in Irish dancing; Elias Knecht studied architecture and is a passionate musician playing live concerts with the band "Konkolo Orchestra" (next to being the documentalist of this book).

These artistic talents often turn out to be hidden strengths benefitting our research and teaching. For instance, Anna Buser is an anthropologist from the University of Basel but loves to work with reclaimed materials and is a talented photographer; and Daisy Ziyan Zhang studied architecture at MIT but also makes ceramics and furniture and was enrolled in film studies at Harvard. Some of the images in this book were beautifully captured by Anna and Daisy. One of my hobbies is playing the piano and my piano teacher once told me about 'The Virtuoso Teacher', a book that taught me a lot about teaching[63] – which I now apply in my new course on circular creativity. Art becomes an unexpected strength in academia.

These varied skills and perspectives are meaningful to our research as they foster a holistic approach to circular construction, integrating technical prowess with creative and cultural sensitivity. This multidisciplinary synergy helps us to design more sustainable, cost-efficient, aesthetically pleasing, and socially responsible built environments. By bringing together team members with diverse skills, we can develop circular design workflows[64] that are adaptable and resource efficient. The essential purpose behind these workflows is to systematically and digitally pair reclaimed materials (supply) with appropriate construction projects (demand) by connecting stakeholders skilled in working with reused materials.

My hope for the future intensifies as I see my lab members embrace circular architecture through such digital technologies as machine learning, computer vision, large language models, multi-model AI, parametric and generative design, digital fabrication, the Internet of Things (IoT), extended reality, and more. The interdisciplinary approach and rapid technological advancements empower young architects to create scalable and impactful solutions towards the complex challenges of circular construction.

In the context of a circular economy, art plays a big role in raising awareness of societal issues such as climate change, and

angefragt. Ziel war es, die Bereiche KI (AI), Kunst (Art) und Architektur (AAA) zu verbinden, indem in einer interdisziplinären Zusammenarbeit von ETH-Professor:innen und ihren Studierenden innovative Lehrmethoden erforscht werden, die Kunst und Wissenschaft integrieren. An dieser Initiative sind zudem die Lehrstühle der Professur:innen Eleni Chatzi, Emily Cross, Benjamin Dillenburger, Inge Hermann, Peter G. Kirchschläger, Bob Sumner, Philip Ursprung beteiligt. Die Kuratoren Daniel Baumann und Adrian Notz wollten mit den AAA-Experimenten Unsicherheit und Improvisation fördern. Öffentliche Vorträge, Seminare und Kurse der beteiligten Professor:innen, Forschenden und Kurator:innen begleiteten die Ausstellung von Kunstwerken und Artefakten, die aus den Seminaren und Vorlesungen hervorgegangen waren. Das machte die Ausstellung und alles, was in ihr produziert wurde, zu einem dynamischen Experiment.

Daniel Baumann, der Direktor der Kunsthalle Zürich, bat mich, einen Pavillon zu entwerfen, in dem die Vorträge stattfinden sollten. Zusammen beschlossen die Kunsthalle Zürich und das CEA-Team, die Kunst-/Strukturinstallation „Mehrwerk" zu nennen. Alle empfanden „Werk" allein als zu starr und wollten einen Titel, der einen Raum für vielfältige Prozesse und Interaktionen vermittelt – mehr als nur eine Struktur. „Mehr" suggeriert einen zusätzlichen Wert, der sich auf den Begriff „Mehrwert" bezieht und auf die Wiederverwendung über die ursprünglichen Erwartungen hinaus verweist. Das ist es, was die Wiederverwendung der Huber-Fachwerkbinder symbolisiert: Beim zirkulären Bauen geht es darum, mehr Wert zu schaffen, indem Abfall in Reichtum verwandelt wird.

Wir entschieden uns, Materialien aus früheren Ausstellungen der Kunsthalle selbst und aus den Huber Pavillons zu verwenden. Der Entwurf gliederte sich in zwei Teile: einen komplett menschlichen Teil, an dem von meinem Team Vanessa Schwarzkopf, Tim Cousin, MIT-Praktikant Vincent Pierre Michel Jackow, Elias Knecht und ich beteiligt waren, unterstützt von B3 Kolb AG; und einen zweiten Teil, der mithilfe von generativer KI entworfen wurde, an dem die Studierenden des Kurses „Digital Creativity for Circular Construction" beteiligt waren. Ziel war es, die Kunsthalle zu einem Ort für Debatten und Diskussionen über die Rolle der KI im zirkulären Bauen zu machen.

In meinem Entwurfsstudio, das Teil des Future Cities Lab ist,[67] erforschen Studierende KI als Werkzeug, um einen partizipativen

architecture plays a big role in reducing the construction sector's environmental impact through design. This is why Adrian Notz from the ETH AI Center reached out to me for an exhibition at Kunsthalle Zürich. The aim was to combine the fields of AI, art, and architecture (AAA) by bringing together an interdisciplinary collaboration of ETH Zurich professors and their students to explore innovative education methods that integrate art and science. This initiative involves the chairs of professors Eleni Chatzi, Emily Cross, Benjamin Dillenburger, Inge Hermann, Peter G. Kirchschläger, Bob Sumner, Philip Ursprung, and mine. Curators Daniel Baumann and Adrian Notz had envisioned the AAA Experiments as an opportunity to embrace uncertainty and improvisation. Various public talks, seminars, and courses were conducted by the participating professors, researchers, and curators. Throughout the exhibition, works of art and artefacts created during the seminars and talks were on display, making the exhibition and everything produced in it a dynamic experiment.

For these AAA experiments, Daniel Baumann asked me to design a pavilion for the Kunsthalle exhibitions in which talks would be hosted. During a brainstorming session, the Kunsthalle Zürich and CEA team decided to name the structure of our art / structural

Kunstausstellung von Vanessa Schwarzkopf   Art exhibition by Vanessa Schwarzkopf

Zeichnung der Informatikerin und Ingenieurin Ana Bendiek Laranjo zum „Abschlusshut", den wir für Deepika Raghus Promotionsfeier vorbereitet haben

Drawing by computer scientist and engineer Ana Bendiek Laranjo on the 'graduation hat' we prepared for Deepika Raghu's PhD celebration

Lithografischer Kalkstein mit Zeichnungen unbekannter Autoren

Lithographic limestone with drawings by unknown authors

installation 'Mehrwerk.' In German, 'Werk' means art, oeuvre, and is part of the word for 'truss"(Fachwerk). All felt 'Werk' alone was too rigid and wanted a title that conveys a space for diverse processes and interactions—more than just a structure. 'Mehr" (meaning 'more' in German) suggests additional value, referencing the German term 'Mehrwert' and hinting at reusing or repurposing beyond initial expectations. This is what the reuse of the Huber trusses symbolises: circular construction is about creating more value by turning waste into wealth.

We decided to employ materials reused from previous Kunsthalle exhibitions as well as those from the Huber Pavilions. The design is divided into two parts: one designed 100 % by humans, involving my team members Vanessa Schwarzkopf, Tim Cousin, an MIT intern, Vincent Pierre Michel Jackow, Elias Knecht, and myself, accompanied by B3 Kolb AG; and another designed using generative AI, involving the students of our class on digital creativity for circular construction. This served the aim of using the Kunsthalle as a space of debate and discussion about the role of AI in circular construction. In my design studio, which is part of the Future Cities Lab[65], students are exploring AI as a tool to design and

Gemälde von Vanessa Costalonga   Paintings by Vanessa Costalonga

Spielplatz zu entwerfen und zu bauen, der als Grundlage für verschiedene Ausstellungen dient.

Das vielfältige Programm und der kooperative Charakter der AAA-Experimente sind der Prototyp für eine neue Art von Bildungseinrichtung, die spielerisches künstlerisches Experimentieren mit rigoroser wissenschaftlicher Forschung verbindet und beiden Bereichen Raum gibt. Mit anderen Worten, die Initiative legte den Schwerpunkt auf Improvisation und Anpassungsfähigkeit und bereitete die Teilnehmenden auf die zukünftigen Herausforderungen komplexer und ungewisser Umgebungen vor. Das ist es, worum es bei KI, Kunst und Architektur geht, wenn man zirkulär denkt: Erwarte das Unerwartete.

Möbel und Keramiken von Daisy Ziyan Zhang   Furniture and ceramics by Daisy Ziyan Zhang

build a participatory playground which serves as the basis for various exhibitions

In essence, the diverse program and collaborative nature of the AAA Experiments prototyped a new kind of educational institution, one that combines playful artistic experimentation with rigorous scientific research, giving freedom to both fields. In other words, the initiative emphasised improvisation and adaptability, preparing participants for the future challenges of complex and uncertain environments. This is what AI, art, and architecture is all about when thinking circular: expect the unexpected.

Vanessa Schwarzkopf und Vincent Pierre Michel Jackow über ihren Prototypenbau in der Bauhalle der ETH Zürich und die abschließende kreisförmige Installation „Mehrwerk" in der Kunsthalle Zürich

Vanessa Schwarzkopf and Vincent Pierre Michel Jackow on their prototype construction in the ETH Zurich Bauhalle and final circular installation "Mehrwerk" at the Kunsthalle Zürich

Gespräch mit den Computational Designern Dominik Nüssen und Martin Schulte

Dominik Nüssen ist ausgebildeter Bauzeichner und schloss 2012 sein Architekturstudium an der Münster School of Architecture (MSA) ab. Nach Tätigkeiten am Lehrstuhl für Information Architecture der ETH Zürich und am Future Cities Laboratory in Singapur begann er 2013 als Computational Designer in der Abteilung Design Technologies bei Herzog & de Meuron. Im Laufe der Zeit verlagerte sich sein Schwerpunkt auf digitale Fabrikation und nachhaltiges Bauen. Seit 2020 leitet er das Werkstatt-Team in der Abteilung Design Technologies, wo er sich derzeit auf Datenintelligenz und robotergestützte Fertigung konzentriert. Zusätzlich zu seiner Rolle arbeitet Dominik Nüssen mit mehreren Universitäten zusammen, um den Wissensaustausch zwischen Praxis, Industrie und Wissenschaft zu fördern.

Martin Schulte ist Teamleiter für Computation bei Herzog & de Meuron und leitet das Team Computational Design in der Abteilung Design Technologies. Er ist auf die Integration fortschrittlicher technologischer Prozesse wie parametrische Modellierung, KI, Datenmanagement und Extended Reality in die Architektur-, Ingenieur- und Baubranche (AEC) spezialisiert. Zuvor war er als Junior-Architekt bei Herzog & de Meuron tätig und hat als Dozent an der Münster School of Architecture umfangreiche Erfahrungen im digitalen Entwurf gesammelt. Martin Schulte hat einen Master of Arts mit Auszeichnung und einen Bachelor of Arts in Architektur der Fachhochschule Münster, wo er aktiv am Digital Lab mitgearbeitet hat. Seine Arbeit ist ein Beispiel für die innovative Verschmelzung von traditioneller Architektur und modernster Technologie.

Conversation with computational designers Dominik Nüssen and Martin Schulte

Dominik Nüssen is a trained draftsman who completed his architecture studies in 2012 at Münster School of Architecture (MSA) in Germany. After working for the Chair of Information Architecture at ETH Zurich and the Future Cities Laboratory in Singapore, he joined Herzog & de Meuron in 2013 as a computational designer in the Design Technologies department. Over time, he shifted his focus towards digital fabrication and sustainable construction. Since 2020, he has been leading the workshop team within the Design Technologies department, with a current emphasis on data intelligence and robotic fabrication. In addition to his role, Dominik also maintains a collaborative relationship with multiple universities, promoting knowledge exchange between practice, industry, and academia.

Martin Schulte is the Team Lead for Computation at Herzog & de Meuron, where he spearheads the Computational Design Team within the Design Technologies Department. With over five years of experience at the renowned architectural firm, Martin specialises in integrating advanced technological processes such as parametric modelling, AI, data management, and extended reality into the AEC industry. He previously served as a junior architect at Herzog & de Meuron and has a rich background in digital design, having taught at the Münster School of Architecture. Martin holds a Master of Arts with distinction and a Bachelor of Arts in Architecture from FH Münster, where he actively contributed to the Digitales Labor. His work exemplifies the innovative fusion of traditional architecture and cutting-edge technology.

Dominik Nüssen und Martin Schulte während ihres Interviews auf der Baustelle von CircÛbi (von links nach rechts)

Dominik Nüssen and Martin Schulte interviewed on the construction site of CircÛbi (from left to right)

Dominik Nüssen und Martin Schulte besuchten unseren Kurs mehrmals: als wir den CircÛbi-Pavillon bauten, als wir Möbel aus den Materialien des Huber Pavillons zerlegten und wieder zusammensetzten und als wir den Pavillon „Mehrwerk" für die Kunsthalle Zürich bauten. Sie hielten eine Vorlesung und organisierten zusammen mit meinem Forschungsteam, bestehend aus Elias Knecht, Thibaut Menny und Eleftherios Triantafyllidis, ein Modul über den Einsatz von digitaler Fertigung (CNC-Fräse) und Extended Reality (XR) im zirkulären Bauen. Sie sprechen im Interview[68] über die Bedeutung eines digitalen Workflows sowie Werkzeuge wie Extended Reality und digitale Datenverarbeitung für die Lebenszyklusanalyse. Innerhalb des renommierten Büros Herzog & de Meuron sind sie Teil des Design-Technologies-Teams und konzentrieren sich auf computerbasiertes Entwerfen und digitale Fertigung.

[ZÜRICH, 23. JUNI 2023]

CDW   Was ist eurer Meinung nach die Rolle von Computational Architekt:innen und Ingenieur:innen in Bezug auf nachhaltige Praktiken?

MS   Meine Arbeit dreht sich hauptsächlich um angewandte Forschung. Ich bin ein Technologie-Scout, der ständig neue Technologien erforscht, akademische Forschung liest und experimentiert, um diese Fortschritte in unsere tägliche Praxis zu integrieren. Unsere Aufgabe als Informatiker ist es, neue Werkzeuge und Arbeitsabläufe zu entwickeln, um neue Herausforderungen wie die Komplexität der Kreislaufwirtschaft zu bewältigen. In der Vergangenheit war die Kreislaufwirtschaft die Norm, insbesondere beim Bau traditioneller Häuser, bei denen Ressourcen eine große Rolle spielten. Heute ist die Herausforderung eine andere: Wir müssen diese Praktiken ausweiten, was eine erhebliche Komplexität mit sich bringt. Daher ist die Entwicklung innovativer Arbeitsabläufe und Ansätze von entscheidender Bedeutung, und hier sehe ich einen großen Einfluss der Computational Designer auf den Gesamtprozess.

CDW   In unserer Forschung haben mein Team und ich einen digitalen zirkulären Workflow entwickelt, der digitale Technologien wie KI und Extended Reality nutzt. Welche Rolle kann die Digitalisierung beim Übergang zum zirkulären Bauen spielen?

Dominik Nüssen and Martin Schulte visited our course several times, when we were building the CircÛbi pavilion, when we were dis- and re-assembling furniture pieces with the Huber Pavilions' materials, and when we were building the Kunsthalle Zürich playground. They gave a lecture and organised a module on using digital fabrication (CNC milling) and extended reality (XR) for circular construction together with my research team including Elias Knecht, Thibaut Menny, and Eleftherios Triantafyllidis. We interviewed[66] them in the framework of our course to understand their thoughts about the importance of creating a digital workflow and tools like extended reality and digital data processing, aimed at helping with life cycle assessments. Within the renowned Herzog & de Meuron office, they are part of the design technologies group, focusing on computational design and digital fabrication.

[ZURICH, SWITZERLAND, JUNE 23TH, 2023]

CDW   What do you think the role of computational architects and engineers is within sustainable practices?

MS   My work heavily revolves around applied research. I act as a technology scout, constantly exploring new technologies, reading academic research, and experimenting to integrate these advancements into our daily practices. Our job as computational designers is to create new tools and workflows to approach new challenges such as the complexity of circularity. In the past, circularity was a norm, especially when building traditional houses where resources were highly valued. Today, the challenge is different; we need to scale up these practices, which introduces significant complexity. Therefore, developing innovative workflows and approaches is essential, and this is where I see computational designers making a significant impact in the overall process.

CDW   In our research, my team and I developed a digital circular workflow, using digital technologies such as AI and extended reality. What role do you think digitalisation can play in the transition to circular construction?

MS   Digitalisation plays a crucial role in the transition to circular construction because it helps manage the complexity and vast information associated with reused parts. We need to develop planning

MS   Die Digitalisierung spielt eine entscheidende Rolle, da sie hilft, die Komplexität und Informationsfülle zu bewältigen, die mit wiederverwendeten Bauteilen verbunden ist. Wir müssen Planungsprozesse entwickeln, die mit dieser Komplexität umgehen können. Ein wichtiger Aspekt der Digitalisierung ist die Weiterentwicklung des BIM-Prozesses, um Datenbanken mit vorhandenen Materialien zu erstellen, die es uns ermöglichen, mit bereits verwendeten Bauteilen zu planen. Traditionell entwickelt sich die Bauindustrie nur langsam und benötigt oft Jahre oder sogar Jahrzehnte, um Veränderungen umzusetzen. Im Moment befinden wir uns jedoch in einer spannenden Phase mit vielen neuen Technologien. Ich hoffe, dass wir in Zukunft bessere digitale Werkzeuge für das Bauen haben werden.

CDW   Könnt ihr ein Beispiel für ein Projekt bei Herzog & de Meuron nennen, bei dem neue digitale Technologien eingesetzt werden, um Prozesse zu verbessern oder Abfall zu minimieren?

MS   Bei Herzog & de Meuron sehen wir ein großes Potenzial im Einsatz von Technologie auf Baustellen. Ein bemerkenswertes Projekt ist ein Krankenhaus in Kopenhagen, bei dem wir durch Scannen und Überlagern der gebauten Umgebung mit digitalen Modellen Fehler schnell erkennen können. Das hat sich als sehr vorteilhaft erwiesen, da wir in der Lage sind, Probleme sofort zu sehen und zu beheben. Wir entwickeln aber auch neue Technologien. Zum Beispiel forschen wir daran, wie man Bauarbeiter:innen Computer-Vision-Technologien zur Verfügung stellen kann, damit sie in Zukunft automatisierte fachkundige Informationen über die Materialien und Gebäude erhalten können, mit denen sie arbeiten. Dies hat das Potenzial, die Genauigkeit und Effizienz weiter zu verbessern. Die Technologie muss jedoch erst ausgereift sein und die gesetzlichen Anforderungen zur Gewährleistung der Sicherheit der Arbeitenden erfüllen, bevor sie in der Praxis eingesetzt werden kann. Aber unsere Forschung auf diesem Gebiet weist in eine vielversprechende Richtung für die Zukunft.

EK   In unseren Kursen haben wir gemeinsam mit Werkzeugen der digitalen Fabrikation und der Extended Realität experimentiert, für den Entwurf und den Bau von CircÛbi sowie für die De- und Remontage von Möbeln aus wiederverwendeten Materialien der Huber Pavillons. Wie groß ist eurer

Virtuelle Realität, unterrichtet von Eleftherios Triantafyllidis in Zusammenarbeit mit Martin Schulte und Catherine De Wolf

Virtual reality taught by Eleftherios Triantafyllidis in collaboration with Martin Schulte and Catherine De Wolf

processes capable of handling this complexity. One significant aspect of digitalization is advancing the BIM process to create databases of existing materials, enabling us to plan with previously used building components. Traditionally, the construction industry evolves slowly, often taking years or even decades to implement changes. However, we are currently at an exciting juncture with many emerging technologies. I hope that in the future, we will have better digital tools for construction.

CDW Can you give us an example of a project at Herzog & de Meuron that uses new digital technologies to improve processes or minimise waste?

MS At Herzog & de Meuron, we see great potential in using technology on construction sites. One notable project is a hospital in Copenhagen, where we use scanning and overlaying of the built environment with digital models to quickly identify errors. This has been very beneficial in spotting and addressing issues promptly. However, we continue developing new technologies. For example, we are doing research on how to bring computer vision technology to construction workers (so that, in the future, they can get automated expert information about the materials and buildings they are working with). This

Erfahrung nach die Bereitschaft der Handwerker:innen, diese neuen Technologien einzusetzen?

MS Obwohl ich wenig direkten Kontakt zu den Leuten auf der Baustelle habe, habe ich die Erfahrung gemacht, dass viele neugierig sind und neue Technologien ausprobieren wollen. Bei einem Besuch auf der Baustelle des Kinderspitals Zürich waren die Handwerker:innen zum Beispiel sehr daran interessiert, Mixed-Reality-Geräte auszuprobieren. Sie sahen die potenziellen Vorteile und waren begeistert von der Möglichkeit, solche Geräte in Zukunft einzusetzen. Als wir ein 3D-gedrucktes Modell einer komplexen Wendeltreppe zur Verfügung stellten, fanden die Arbeiter:innen dies unglaublich hilfreich für die Visualisierung und Fertigstellung. Trotz der anfänglichen Begeisterung wird die tatsächliche Akzeptanz von den langfristigen Vorteilen und der Bequemlichkeit abhängen, die diese Technologien für die Arbeit mit sich bringen.

CDW Ihr habt diese Extended-Reality-Technologien im Workshop mit den Studierenden vorgestellt, aber auch einen Workshop zur digitalen Fabrikation durchgeführt. Die Studierenden waren von beidem begeistert. Ihr habt darin eure Erfahrungen mit digital gefertigten Modellen in Zusammenarbeit mit Shaper Tools[69] weitergegeben, um Verbindungen zu schaffen, die an die Einzigartigkeit von wiederverwendeten Materialien angepasst sind. Könnt ihr mehr über die digitale Fertigung bei Herzog & de Meuron erzählen?

DN Unsere Werkstatt arbeitet nicht nur im Modellbau, sondern ist ein Raum, in dem Architekt:innen und Auszubildende alles finden, was sie zur Umsetzung ihrer Ideen benötigen. Wir sind mit verschiedenen CNC-Geräten, 3D-Druckern und digitalen Schneidegeräten gut ausgestattet. Demnächst wollen wir sogar einen Roboter einführen, der Holz und Schaumstoff fräsen kann. Der Modellbau hat in der Werkstatt eine lange Tradition, mit vielen Iterationen in jeder Phase eines Projekts. Es liegt auf der Hand, dass wir beim Modellbau großen Wert auf Materialeffizienz, Wiederverwendung und Nachhaltigkeit legen. Die Nutzung wiederverwendeter Materialien kann den kreativen Prozess fördern. Wir haben in Basel ein umfangreiches Modellarchiv mit über 18.000 Modellen, die wir in 45 Jahren gesammelt haben. Wenn man durch diese Galerie geht, sieht man die unglaubliche Kreativität,

has the potential to further enhance accuracy and efficiency. Nevertheless, this requires technological maturity and meeting legal conditions to ensure worker safety before it can become a hands-on tool development, but our research on this topic shows a promising direction for the future.

EK Together in our courses, we experimented with both digital fabrication and extended reality tools that we are developing in the design and construction of CircÛbi, and in the dis- and re-assembly of furniture pieces with reused materials from the Huber Pavilions. From your experience, how eager are construction workers to adopt these new technologies?

MS Although I have limited direct interaction with construction workers, my experience has shown that many are curious and eager to try new technologies. For instance, during a visit to the construction site of the Kinderspital Zürich, workers were very interested in testing mixed reality devices. They saw the potential benefits and were excited about the possibility of using such tools in the future. Additionally, when we provided a 3D-printed model of a complex spiral staircase, the workers found it incredibly helpful for visualising and finalising their work. Overall, while there is initial excitement, the true test of adoption will depend on the long-term benefits and convenience these technologies bring to their work.

CDW You experienced these extended reality technologies in our student workshop, but you also did a workshop on digital fabrication. Our students loved both. You brought your experiences of digitally fabricated models to our students in collaboration with Shaper Tools [a company developing innovative woodworking equipment, notably the Shaper Origin, a handheld CNC router that combines digital precision with manual control], to fabricate material connections that were adapted to the uniqueness of reclaimed materials. Can you tell us more about your digital fabrication experience at your workshop at Herzog & de Meuron?

DN Our workshop is not just for model building; it is a space where architects and trainees can find everything they need to bring their ideas to life. We are well-equipped with various CNC machines,

mit der die Leute alle zur Verfügung stehenden Materialien verwenden, von Draht und Stoff bis hin zu geschmolzenem Wachs. Während die CNC-Technologie unsere Produktion drastisch erhöht hat, wollen wir diesen wilden, kreativen Ansatz beibehalten, indem wir dazu anleiten, verschiedene Materialien und Technologien zu erforschen.

CDW Wie lässt sich dieses Wissen zu digitalem Design und Fertigung sowie Extended Reality auf die Bauindustrie übertragen, und wie kann es dazu beitragen, dass Gebäude zirkulärer werden?

DN In der Bauindustrie wird die Kreislaufwirtschaft den Prozess wesentlich komplexer machen. Computerbasiertes Entwerfen wird bei der Bewältigung dieser Komplexität eine entscheidende Rolle spielen. In der Vergangenheit waren digitale Technologien High-End-Projekten vorbehalten, aber ich sehe ein großes Potenzial für ihre breitere Anwendung. Digitale Werkzeuge können helfen, die Verfügbarkeit und Verarbeitung von Materialien zu steuern und den Bauprozess nachhaltiger und effizienter zu gestalten.

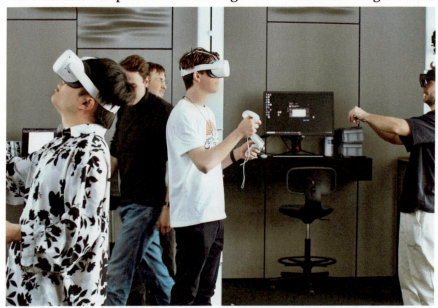

Virtual-Reality-Kurs, unterrichtet von Brandon Byers, Thibaut Menny und Catherine De Wolf in Zusammenarbeit mit Martin Schulte und Dominik Nüssen von Herzog & de Meuron

Virtual reality class taught by Brandon Byers, Thibaut Menny and Catherine De Wolf in collaboration with Martin Schulte and Dominik Nüssen from Herzog & de Meuron

3D printers, and digital cutters. We are even planning to introduce a robot equipped for milling wood and foam soon. The workshop has a rich tradition of model building, with many iterations at each phase of a project. Obviously, we prioritise material efficiency, reuse, and sustainability for our model building. Using reused materials can enhance the creative process. We have an extensive model archive in Basel with over 18,000 models collected over 45 years. Walking through this gallery, you see incredible creativity where people used whatever materials they had at hand, from wire and fabric to melted wax. While CNC technology has increased our output drastically, we aim to retain that wild, creative approach by guiding people to explore different materials and technologies.

CDW How can this knowledge on digital design and fabrication as well as extended reality be adapted to the construction industry and how will it help make buildings more circular?

DN Regarding the construction industry, the concept of circularity will add significant complexity to the process. Computational design will play a crucial role in managing this complexity. Historically, digital technologies were reserved for high-end projects, but I see great potential for them to be applied more broadly. Digital tools can help us navigate the availability and transformation of materials, making the construction process more sustainable and efficient.

EK Is there one digital technology that you think is going to be a game changer in the industry?

MS There are many emerging technologies that could significantly impact the industry. While it is difficult to pinpoint one specific game changer, I believe mixed reality has tremendous potential. It could revolutionise how we visualise and interact with construction projects. Additionally, tools that work with data are incredibly important. For example, Life Cycle Assessment (LCA) tools will play a crucial role in understanding and improving the sustainability of materials and processes. Overall, any technology that helps us manage complexity and data more effectively will be essential in advancing the industry.

Even though the construction industry has been slow to adopt new technologies, I hope that in the next five to ten years, we

EK Gibt es eine digitale Technologie, die eurer Meinung nach die Branche grundlegend verändern wird?

MS Es gibt viele neue Technologien, die einen großen Einfluss auf die Branche haben könnten. Auch wenn es schwierig ist, einen bestimmten Vorreiter auszumachen, glaube ich, dass Mixed Reality ein enormes Potenzial hat. Sie könnte die Art revolutionieren, wie wir Bauprojekte visualisieren und mit ihnen interagieren. Außerdem sind Werkzeuge, die mit Daten arbeiten, unglaublich wichtig. Zum Beispiel werden Werkzeuge für die Lebenszyklusanalyse (LCA) eine entscheidende Rolle spielen, um die Nachhaltigkeit von Materialien und Prozessen zu verstehen und zu verbessern. Insgesamt wird jede Technologie, die hilft, effektiver mit Komplexität und Daten umzugehen, entscheidend sein für den Fortschritt in der Branche.

Auch wenn die Bauindustrie neue Technologien bisher nur langsam angenommen hat, hoffe ich, dass in den nächsten fünf bis zehn Jahren bessere Werkzeuge auf den Baustellen eingeführt werden, die helfen, Fehler zu reduzieren und die Effizienz zu steigern. Zum Beispiel würde der Einsatz von Mixed Reality, um direkt von einem 3D-Modell zu bauen, den unnötigen Schritt der Übersetzung von 2D zu 3D eliminieren und damit Fehler und Verschwendung minimieren. Ich bin davon überzeugt, dass diese Technologie, sobald sie ausgereift ist, einen tiefgreifenden Einfluss auf den gesamten Bauprozess haben wird.

will see the introduction of better tools on construction sites in a way that helps reduce errors and improves efficiency. For example, using mixed reality to construct directly from a 3D model would eliminate the unnecessary step of translating 2D versus 3D, thereby minimising errors and waste. I believe that, as this technology matures, it will have a profound impact on the whole construction process.

Gespräch mit der Informatikerin, Architekturingenieurin und Professorin Iro Armeni, der Designerin und Doktorandin Vanessa Schwarzkopf und dem Art Director Daniel Baumann

Dr. Iro Armeni ist Assistenzprofessorin im Fachbereich Civil and Environmental Engineering an der Stanford University und leitet die Gradient Spaces Group. Nach ihrem Master in Architektur an der Nationalen Technischen Universität Athen und der Universität Tokio sowie ihrem Master in Informatik an der Ionischen Universität in Korfu setzte sie ihre interdisziplinäre Forschung in den Bereichen Architektur, Bauingenieurwesen und maschinelle Wahrnehmung fort und schloss ihre Promotion an der Stanford University ab, sowie ein Postdoc-Studium an der ETH Zürich. Ihr Schwerpunkt liegt auf der Entwicklung von Methoden zur Generierung, Vorhersage und Simulation von gebauten Umgebungen, die den Menschen in den Mittelpunkt stellen und unsere heutigen und zukünftigen physischen und digitalen Bedürfnisse unterstützen können.

Daniel Baumann ist Kunsthistoriker und Kurator und lebt in Basel und Zürich. Seit 2015 ist er Direktor der Kunsthalle Zürich. Er war Kurator der Adolf Wölfli Stiftung, am Kunstmuseum Bern (1996–2014), des öffentlichen Kunstprojekts „Kunsttangente" in Basel (2003–2010) und der Ausstellung „Junge Szene" in der Wiener Secession (2003). Er initiierte eine fortlaufende Ausstellungsreihe in Tiflis, Georgien (2004) und leitete den Ausstellungsraum New Jerseyy in Basel, zusammen mit Tobias Madison, Emanuel Rossetti und Dan Solbach (2008–2013). Zusammen mit Dan Byers und Tina Kukielski war er Kurator der Carnegie International 2013 im Carnegie Museum of Art in Pittsburgh, Pennsylvania.

Vanessa Schwarzkopf ist Doktorandin an der ETH Zürich. Sie studierte Architektur und Städtebau und untersuchte in ihrer Masterarbeit „Dreaming Architecture" das Potenzial von generativer KI in den frühen Phasen des Entwurfs. Sie hat einen Bachelor of Science in Architektur und einen Master of Science in Architektur und Städtebau von der Leibniz Universität Hannover in Deutschland, und studierte als Austauschstudentin an der École nationale supérieure d'architecture de Paris (ENSA Paris). Sie ist seit 2024 Mitglied des Lehrstuhls CEA, wo sie die Möglichkeiten von KI-gesteuertem Design für zirkuläre Entwurfsstrategien erforscht.

Conversation with computer scientist, architecural engineer, and professor Iro Armeni, designer and PhD student Vanessa Schwarzkopf and art director Daniel Baumann

Dr. Iro Armeni is Assistant Professor in the Department of Civil and Environmental Engineering at Stanford University, leading the Gradient Spaces group. After completing her master's degree in architecture at the National Technical University of Athens and the University of Tokyo and her master's in computer science at the Ionian University, she continued her interdisciplinary research in Architecture, Civil Engineering, and Machine Perception, completing her doctoral degree at Stanford University and a postdoctoral appointment at ETH Zurich. Her area of focus is on developing methods to generate, predict, and simulate built environments that place humans in the centre and that can support our current and future physical and digital needs.

Daniel Baumann is an art historian and curator based in Basel and Zurich, Switzerland. He has been the director of Kunsthalle Zürich since 2015. He served as curator of the Adolf Wölfli Foundation, Museum of Fine Arts Bern (1996 to 2014), and 'Kunsttangente', a public art project in Basel, Switzerland (2003-2010), as well as 'Junge Szene at Secession' in Vienna (2003). He started an ongoing exhibition series in Tbilisi, Georgia (2004) and ran the Basel exhibition space in New Jersey, together with Tobias Madison, Emanuel Rossetti, and Dan Solbach (2008 to 2013). He was the curator of the 2013 Carnegie International at Carnegie Museum of Art, Pittsburgh, along with Dan Byers and Tina Kukielski.

Vanessa Schwarzkopf is a doctoral candidate at ETH Zurich. She studied architecture and urban design and her master's thesis on Dreaming Architecture explored the potential of generative AI in the early phases of design. Vanessa Schwarzkopf's background is in architecture, with a Bachelor of Science in Architecture and a Master of Science in Architecture and Urban Design from the Leibniz University Hannover in Germany. At the same time, she studied at the École nationale supérieure d'architecture de Paris (ENSA Paris) as an exchange student. Vanessa joined the Chair of CEA in 2024, eager to explore the possibilities of AI-driven design for circular design strategies.

Gespräch zwischen Iro Armeni (links) und Catherine De Wolf und Elias Knecht in der Kunsthalle Zürich

Conversation between Iro Armeni (left) and Catherine De Wolf and Elias Knecht at the Kunsthalle Zürich

Gespräch mit Vanessa Schwarzkopf und Daniel Baumann in der Kunsthalle Zürich

Conversation with Vanessa Schwarzkopf and Daniel Baumann at the Kunsthalle Zürich

Iro Armeni war Postdoc-Stipendiatin an der ETH Zürich am Lehrstuhl CEA sowie am Lehrstuhl von Marc Pollefeys, Professor für Informatik und Direktor des Mixed Reality and AI Lab Zurich bei Microsoft. Danach gründete sie ihr eigenes Lab, die Gradient Spaces Research Group, am Fachbereich Civil and Environmental Engineering der Stanford University, wo sie zur Informatik für das Bauwesen forscht. Für CircÛbi arbeiteten ihr Lehrstuhl und der Lehrstuhl CEA zusammen und kombinierten die Bereiche Computer Vision und maschinelles Lernen mit zirkulärem Bauen und digitalen Technologien. Zwei Jahre später kam Vanessa Schwarzkopf als wissenschaftliche Mitarbeiterin und Doktorandin an den Lehrstuhl des CEA und arbeitete an ähnlichen Themen, allerdings aus der Perspektive des Designs. Seitdem hat sich der Bereich der künstlichen Intelligenz so schnell entwickelt, dass sich viele neue Möglichkeiten eröffnet haben. So kam es zur Zusammenarbeit mit dem ETH AI Center, um für die Kunsthalle Zürich[70] eine KI-inspirierten Installation mit den wiederverwendeten Materialien der Huber Pavillons zu entwerfen. Der Direktor der Kunsthalle Zürich, Daniel Baumann, ermöglicht mit seinen öffentlichen Vorträgen und seinem innovativen Zugang zur Kunst sinnvolle Diskussionen zu wichtigen gesellschaftlichen Themen.

[ZÜRICH, ZWISCHEN JUNI UND OKTOBER 2024]

CDW Iro, ich war schon immer fasziniert von deiner Doppelausbildung in Informatik und Bauingenieurwesen und deinem internationalen Bildungshintergrund, der Griechenland, Japan, die USA und die Schweiz umfasst. Was dich motiviert hat, in die Baubranche einzusteigen?

IA Ich bin mit dem Bauen aufgewachsen. Meine Eltern hatten ein Entwurfs- und Konstruktionsbüro, und ich verbrachte meine Sommer damit, in ihre Welt einzutauchen. Ich war entweder im Büro, wo ich mich mit Software wie AutoCAD beschäftigte, oder auf der Baustelle, wo ich die verlegten Bewehrungsstäbe zählte, um sicherzustellen, dass sie den Plänen entsprachen. Ich war fasziniert von der Idee, Gebäude zu schaffen, die Familien oder Unternehmen über Jahrzehnte hinweg nutzen können. Ich habe auch gesehen, welche Herausforderungen die Kommunikation und Organisation zwischen den verschiedenen Beteiligten selbst bei kleinen Projekten mit sich bringt.

Iro Armeni was a postdoctoral fellow at the Chair of CEA, and that of Marc Pollefeys, Professor of Computer Science at ETH Zurich and Director of the Mixed Reality and AI Lab Zurich at Microsoft. She soon started her own lab, the Gradient Spaces group, at the Department of Civil and Environmental Engineering at Stanford University, where she conducts inspirational research in computer science for the construction sector. The year that CircÛbi was founded we merged our two courses (hers was on computer vision and machine learning, and mine was on circular construction and digital technologies). Two years later, Vanessa Schwarzkopf joined the Chair of CEA as a scientific assistant and PhD student working on similar topics, but from a design perspective. Since then, the field of AI has evolved so quickly that many more possibilities have opened up that benefit from the visionary work of Iro Armeni and Vanessa Schwarzkopf in design. This is when the ETH AI Center reached out to us to collaborate with the Kunsthalle Zürich[67] on an AI-inspired installation called 'Mehrwerk', employing the reused materials from the Huber Pavilions. The director of Kunsthalle Zürich, Daniel Baumann enables meaningful discussions on important societal issues through public talks.

[ZURICH, SWITZERLAND, BETWEEN JUNE AND OCTOBER, 2024]

CDW Iro, we had an amazing time teaching together and I'm happy to welcome you again to Kunsthalle Zürich in my course. I have always been excited about your dual computer science

Plakat für die AAA-Experimente in der Kunsthalle Zürich

Poster for the AAA Experiments at the Kunsthalle Zürich

EK Wie bist du mit deinem Hintergrund im Bauwesen dazu gekommen, dich für die Zusammenarbeit von Menschen und Robotern und für Computer Vision zu interessieren?

IA Nach dem verheerenden Tsunami in Japan 2011 habe ich dort mein Masterstudium abgeschlossen und bin in meine Heimatstadt zurückgekehrt. Im darauffolgenden Jahr war ich als Architektin an mehreren Renovierungsprojekten beteiligt, die alle die Erfassung geometrischer Bestandsdaten erforderten. Dieser Prozess war sehr mühsam und verzögerte oft die kreative Phase neuer Entwürfe. Auf der Suche nach Verbesserungsmöglichkeiten stieß ich auf die Fotogrammetrie und das Laserscanning – Technologien, mit denen die benötigten Informationen aus visuellen Daten gewonnen werden können. Dies führte dazu, dass ich mich intensiver mit dem Gebiet der Computer Vision beschäftigt habe, dessen Ziel es ist, Maschinen mit visueller Wahrnehmung auszustatten. Seitdem bin ich fest davon überzeugt, dass Computer Vision das Potenzial hat, die Baubranche zu revolutionieren. Diese Überzeugung hat sich in den letzten Jahren durch die großen Fortschritte bei großflächigen Bildverarbeitungssystemen und neuronalen Sprachmodellen noch verstärkt. Diese Modelle sind heute präziser als je zuvor, mit Daten, die vorher nicht zur Verfügung standen. Die Nutzenden werden immer versierter darin, sie in alltäglichen Anwendungen zu einzusetzen, ohne dass sie tiefere Kenntnisse über das Training von Modellen benötigen.

Ich gehe davon aus, dass die nächsten Jahre bedeutende Veränderungen in der Forschung und in den Anwendungen im Bauwesen bringen werden. Während wir diese neuen Möglichkeiten erforschen, ist es wichtig, dass wir uns weiterhin Ziele setzen, die Entwicklung der Branche im Auge behalten und uns mit Vorurteilen, organisatorischen Herausforderungen und ethischen Überlegungen auseinandersetzen.

CDW Daniel, du und das ETH AI Center seid an mich herangetreten, um einen zirkulären Pavillon zu entwerfen. Warum habt ihr unseren Lehrstuhl für dieses Projekt ausgewählt?

DB Meine Projekte entstehen oft zufällig. Ich mag diesen organischen Prozess. Wir haben uns zum Beispiel getroffen, als du den Musikpavillon in Oetwil am See für deinen Sommerkurs 2022 abgebaut

and architectural engineering background, and your international educational background spanning Greece, Japan, the US, and Switzerland. Can you tell us more about what motivated you to get into construction in the first place?

IA   I grew up around construction. My parents ran a design and construction practice, and I spent my summers immersed in their world. I would either be in the office, exploring design software like AutoCAD, or out on construction sites, counting installed rebar to ensure it matched the design. I was captivated by the idea of creating structures from scratch that could house families or businesses for decades. Additionally, I observed the challenges of communication and organisation among various stakeholders, even on small projects.

EK   With your construction background, how did you become interested in human-robot collaboration and computer vision?

IA   After the devastating tsunami hit Japan in 2011, I completed my master's degree there and returned to my hometown. In the following year, I handled several renovation projects as an architect, all of which demanded acquiring the as-built geometric information. This process was very tedious and often delayed the creative phase of new designs. Seeking ways to improve this, I discovered photogrammetry and laser scanning—technologies that can provide the necessary information from visual data. This led me to delve deeper into the field of computer vision, which aims to equip machines with visual perception.

Since then, I have been a firm believer in the potential of computer vision to revolutionise the construction industry. This belief has only grown stronger over the past year with the significant advances in large vision and language neural models. These models are now more accurate than ever, with data never encountered before, and users are becoming more adept at using them in everyday applications, without needing extensive knowledge of model training.

I anticipate that the next few years will bring substantial shifts in research and applications within the construction industry. As we explore these new capabilities, it is crucial to continue setting goals, envisioning the industry's evolution, and addressing biases, organisational challenges, and ethical considerations.

hast, bei deinem Art & Science Talk mit Liz Larner, deinem Vortrag für die Engadiner Kunstgespräche, bei der Kunsthalle Gala. Adrian Notz, Kurator am ETH AI Centre, schlug dann vor, dich für ein Projekt in der Kunsthalle Zürich zu engagieren. Ich wollte etwas Experimentelles machen, bei dem es nicht um unmittelbare Ergebnisse geht, sondern um Prozesse und Partizipation. Es deckt sich mit deiner Arbeit über KI und Wiederverwendung, ein Projekt zu schaffen, das die Beteiligten gestalten, ohne vordefinierte Ergebnisse. Dieser Ansatz birgt Risiken, was sowohl spannend als auch herausfordernd ist. Wir müssen unsere Begeisterung für die Kreislaufwirtschaft und das Experimentieren mit der Notwendigkeit in Einklang bringen, den Besuchenden der Kunsthalle Zürich bedeutsame Erlebnisse zu bieten.

CDW   Vanessa, deine Masterarbeit mit dem Titel „Dreaming Architecture" und deine Doktorarbeit an meinem Lehrstuhl kamen mir sofort für dieses Projekt in den Sinn. Ich dachte, dass deine Beschäftigung mit generativer KI im Design perfekt für diese reale Anwendung wäre. Du bist Architektin mit einer starken Verbindung zur Kunstwelt, das macht dich für diese Zusammenarbeit ideal. Kannst du uns mehr über deine Arbeit und ihre Bedeutung für dieses Projekt erzählen?

VS   Ich konzentriere mich auf den Einsatz von generativer KI für zirkuläres Entwerfens, was die menschliche Kreativität unterstützt und nicht nur optimiert. Da zirkuläre Entwurfsstrategien zunehmend eine Rolle spielen, hoffen wir, eine große Datenbank mit wiederverwendbaren Elementen aufzubauen. Generative KI kann dabei helfen, diese Bauteile auf innovative Weise neu zusammenzusetzen. Das bringt oft Ideen hervor, die wir davor nicht bedacht haben. Das Projekt ist eine fantastische Gelegenheit, diese Konzepte in einer praktischen und partizipativen Umgebung mit den Studierenden, aber auch mit Schulkindern in Zürich zu erforschen.

CDW   Welche Rolle seht ihr in der Zusammenarbeit von Mensch und Roboter, um eine kreislauforientierte Bauindustrie zu ermöglichen?

IA   Heute ist es mühsam und teuer, eine kreislauforientierte Bauindustrie zu schaffen. Einerseits mangelt es an einer guten

CDW Daniel, you and the ETH AI Centre reached out to me about designing a circular building pavilion. Can you tell us why you chose our chair for this project?

DB Often, my projects come together serendipitously, which is how we met. I appreciate this organic process. For example, we met when you were dismantling a pavilion [the music pavilion at Oetwil am See, Switzerland, Summer Course 2022], at your Art & Science talk with Liz Larner, then at your lecture for the Engadin Art Talks, as a host at the Kunsthalle Gala, and over pizza. One thing led to another, and Adrian [curator at the ETH AI Center] suggested involving you in a project at Kunsthalle Zürich. I wanted to do something experimental, not focused on immediate results but on process and participation. This aligns with your work on AI and reuse, creating a project shaped by those involved, not by predefined outcomes. This approach involves risk, which is both exciting and challenging, and requires us to balance our enthusiasm for circular economy and experimentation with the need to provide meaningful experiences for visitors who choose to spend their time at Kunsthalle Zürich.

CDW Vanessa, your master's thesis in Germany, titled 'Dreaming Architecture' and your PhD work at my chair immediately came to mind for this project. I thought your work with generative AI for designing would be perfect for this real-world application. You are an architect with a strong connection to the art world, making you ideal for this collaboration. Can you tell us more about your work and how it applies to this project?

VS I focus on using generative AI for circular design, which supports human creativity rather than just optimisation. As circular design strategies continue emerging, we hope to develop a large database of repurposed elements. Generative AI can help us reassemble these parts in innovative ways, often revealing ideas we hadn't considered before. This project is a fantastic opportunity to explore these concepts in a practical setting as well as in a participatory way, with our students, but also with the schoolchildren of Zurich.

CDW What role do you see for human–robot collaboration to enable a more circular building industry?

Dokumentation und Überwachung der Gebäude, um die Menge und den Zustand der Materialien genau einschätzen zu können. Zum anderen erschweren es die derzeitigen Bauweisen, Gebäude abzubauen und die Materialien für den Wiederaufbau zurückzugewinnen. Einer der ersten Schritte, den wir unternehmen können, besteht darin, Gebäude mit Verbindungen und Materialien zu errichten, die sich mithilfe existierender Robotertechnologien leicht (ab)bauen lassen. Welche Alternativen zu Leim und Nägeln gibt es?

Meiner Meinung nach sollten Roboter sowohl in der Bau- als auch in der Rückbauphase eingesetzt werden. Für den Rückbau mit Robotern müssen wir auf eine Weise bauen, die zur Stärke und Präzision der Roboter passt. So verbinden wir beide Phasen miteinander. Darüber hinaus lassen sich Roboter einsetzen, um Informationen über den aktuellen Zustand des Gebäudes und seiner Bauteile zu gewinnen. Roboter in die derzeitigen Abbruch- und Bauverfahren einzubeziehen, ist eine Herausforderung, aber nicht unmöglich.

Darüber hinaus kann die robotergestützte Fertigung ein breites Spektrum von Anwendungen abdecken, vom maschinellen Zuschneiden von Materialien bis hin zu völlig autonomen Humanoiden, die Gebäude errichten. Von Letzterem sind wir noch weit entfernt, aber es gibt vielversprechende Anwendungen, die getestet werden können. Beispielsweise könnten Roboterarme dazu eingesetzt werden, Materialien präzise zu platzieren, während ein Mensch (oder ein anderer Roboter) die Teile zusammenfügt. Es ist wichtig, die Stärken von Robotern und Menschen zu berücksichtigen, wenn es darum geht, ihre Rollen in einer Mensch-Roboter-Kooperation zu definieren.

CDW   Welche Rolle seht ihr für die generative KI, um eine zirkulärere Bauindustrie zu ermöglichen?

VS   Die generative KI steckt noch in den Kinderschuhen. Wir verwenden derzeit Text-Bild-Generatoren und hoffen, bald zu 3D überzugehen. Dieses Projekt ist ein Experiment, und die Ergebnisse werden sich im Laufe der Zeit entwickeln. Unsere Arbeit ist nicht nur technisch, sondern auch konzeptionell. Wir wollen, dass KI-generierte Entwürfe verständlich und nachvollziehbar sind, nicht nur technische Wunderwerke. Das Ziel ist, dass alle das Potenzial und die Anwendungsmöglichkeiten dieser Werkzeuge erkennen können.

IA Today, enabling a circular building industry is laborious and expensive. On one hand, we lack good documentation and the monitoring of buildings to accurately assess the amount and condition of materials. On the other hand, current design principles do not facilitate easy demolition and material harvesting for reconstruction. One of the first steps we can take is to construct buildings with connections and materials that can be easily (dis-)mantled using existing robotic technologies. Instead of using glue or nails, what other alternatives can we consider?

I believe robots should be integrated into both the construction and deconstruction stages. For dismantling with robots, we must build in a way that suits the robots' capabilities in strength and precision, linking both phases. Additionally, robots can be used to acquire as-is status information for buildings and their components. Integrating robots into the current practices of deconstruction and construction is challenging, but not impossible.

Moreover, robotic fabrication can encompass a wide range of applications, from using machinery to cut materials to shape, to fully autonomous humanoids constructing buildings. While we are still far from achieving the latter, there are promising applications that can be tested. For instance, robotic arms could be used to accurately place materials, while a human (or another robot) connects the pieces. It is crucial to consider the strengths of both robots and humans when defining their roles in a human-robot collaborative setting.

CDW What is the role you see for generative AI to enable a more circular building industry?

VS Generative AI is still in its early stages. We are currently using text-to-image generators and hope to progress to 3D soon. This project involves experimentation, and results will develop over time, which is the focus of my PhD. Our work is not merely technical, but also conceptual. We want the AI-generated designs to be understandable and relatable, not just technical marvels. The goal is for everyone to see the potential and applications of these tools.

CDW This learning experience with our students has already inspired unique design ideas using AI. It is exciting to see

CDW Die Erfahrung mit den Studierenden hat bereits zu einzigartigen Entwurfsideen unter Verwendung von KI geführt. Es ist spannend zu sehen, was wir gemeinsam schaffen – mit den Studierenden und Schüler:innen sowie mit KI.

EK Wir wissen noch nicht, wie der Pavillon am Ende aussehen wird.

VS Ich stelle mir den Pavillon als einen wachsenden, sich verändernden Raum vor, der sich während des Semesters und vielleicht darüber hinaus entwickelt. Die Verwendung bestimmter Materialien schränkt zwar ein, regt aber auch die Kreativität an. Im Gegensatz zu einem linearen Wirtschaftsmodell, in dem alles möglich ist, können vordefinierte Materialien Entscheidungen vereinfachen und kreative Lösungen fördern.

DB Das ist erst der Anfang eines Entwurfsfelds. Ich freue mich, daran teilzuhaben und bin gespannt, was daraus entstehen wird. Der Pavillon soll für Workshops und Vorlesungen geeignet sein, verschiedene Aktivitäten wie Studierendenprojekte beherbergen und bis zu 100 Personen Platz bei Vorträgen bieten. Die Struktur ist temporär und kann je nach Bedarf angepasst werden. Von meinen Techniker:innen und Handwerker:innen habe ich gelernt, wie wichtig Wiederverwendung ist, lange bevor sie zum Schlagwort wurde. Sie haben schon immer Abfall minimiert und Materialien so viel wie möglich wiederverwendet. Sie in unsere Teamarbeit einzubeziehen, wird Vorteile bringen, denn sie verfügen über unschätzbares Wissen und Können.

CDW Dein flexibler Ansatz entspricht dem Wesen der Kreislaufwirtschaft. Danke, dass du ein so anpassungsfähiger „Kunde" für unser Entwurfsstudio des Future Cities Lab bist, der es uns ermöglicht, die Materialien des Huber Pavillons zu verwenden, um KI zu erforschen. Wie siehst du die Bedeutung von KI in der zirkulären Architektur?

DB Größe ist der Schlüssel. In einem kleinen Unternehmen wie dem unseren verhindert das persönliche Wissen zu den Materialien Verschwendung. Größere Unternehmen laufen jedoch Gefahr, den Überblick über ihre Bestände zu verlieren. KI könnte bei der

what we will create together – with the students and the schoolchildren, as well as with AI.

EK   We don't yet know what the final pavilion will look like.

VS   I envision the pavilion as a growing, transforming space throughout the semester, and possibly beyond. Using specific materials is restrictive but also sparks creativity. Unlike a linear economy model where anything is possible, having set materials can simplify decisions and encourage creative solutions.

DB   This is just the beginning of a design field. I'm glad to be part of this. I look forward to seeing what emerges. The pavilion must be functional for workshops and lectures, accommodating various activities like student projects and potentially seating 100 people for talks. The structure is temporary and can adapt as needed, so it can evolve. My technicians and craftspeople taught me the importance of reuse long before it became a buzzword. They have always minimised waste, reusing materials as much as possible. Including them in our teamwork will be beneficial, as they have invaluable knowledge and skills.

CDW   Your flexible approach aligns with the essence of circular economy. Thank you for being such an adaptive 'client' for our Future Cities Lab design studio, enabling us to use materials from the Huber Pavilion we disassembled on campus and to explore AI. How do you see the importance of AI in circular architecture?

DB   Scale is key. In a small operation like ours, personal knowledge of materials prevents waste. However, larger organisations might lose track of their inventory. AI could help manage and reconfigure materials, preventing unnecessary purchases and waste.

EK   Iro, the master students I supervise used the book 'A Circular Built Environment in the Digital Age' for which Iro, Deepika [Raghu], and Catherine wrote a chapter on AI[68]. The students considered the book a bible for digital transformation towards circular construction. Besides

Verwaltung und Rekonfiguration von Materialien helfen und so unnötige Einkäufe und Verschwendung vermeiden.

EK Iro, die Masterstudierenden, die ich betreue, haben das Buch *A Circular Built Environment in the Digital Age* benutzt, in dem du, Catherine und Deepika Raghu ein Kapitel über KI geschrieben haben.[71] Sie betrachteten das Buch als eine Bibel für die digitale Transformation hin zur Kreislaufwirtschaft. Was würdest du Studierenden verschiedener Fachrichtungen raten, die sich für zukünftige Wiederverwendungsprojekte interessieren?

IA Ich würde ihnen raten, neue Konstruktionsmethoden zu erforschen, die eine einfache Wiederverwendung ermöglichen, ohne die Industrie grundlegend umgestalten zu müssen, da unmittelbare Ergebnisse für das Erreichen von Nachhaltigkeitszielen entscheidend sind. Ich würde sie auch ermutigen, beharrlich zu bleiben und sich für die Wiederverwendung im Bauwesen einzusetzen. Dieser Bereich ist in Bezug auf Gesetzgebung und Politik noch unterentwickelt, daher müssen sie bereit sein, hier eine führende und innovative Rolle zu übernehmen. Eines meiner Ziele ist es, von Robotern inspirierte Gebäude zu bauen: Ich stelle mir Gebäude vor, die je nach Bedarf montiert oder demontiert werden können und in denen sich Teile austauschen lassen; Gebäude, die sich selbst montieren und demontieren können; Gebäude, die ihre Umgebung wahrnehmen und ihre Form oder Funktion ändern können, um sich an die Bedürfnisse der Nutzenden anzupassen oder auf ihre Aktivitäten zu reagieren.

EK Wie können wir die verschiedenen digitalen Technologien miteinander verbinden, um sie für Baufachleute und andere Interessensgruppen zugänglicher zu machen, damit das Bauen zirkulärer wird?

IA Das ist eine Frage, die mich oft beschäftigt. Ich glaube, dass es nicht nur darum geht, den Zugang zu Technologien zu verbessern, sondern auch darum, digitale Technologieanwendungen zu entwickeln, die jetzt einen Unterschied machen können. Das erfordert sowohl eine kurz- als auch eine langfristige Vision: Wir müssen verstehen, was jetzt nützlich sein kann und was in ein paar Jahren

reading books, what advice would you give to students of different disciplines who are interested in pursuing reuse projects in the future?

IA I would advise them to explore new construction methods that enable easy reuse without requiring major industry overhauls, as immediate results are crucial for meeting sustainability goals. Additionally, I would encourage perseverance and advocacy for reuse in construction. This area is still underdeveloped in terms of legislation and policy, so they must be prepared to lead and innovate in this field. Among my goals is making 'buildings inspired by robots': I envision buildings made for assembly-disassembly and switching of parts when necessary, buildings that can build and unbuild themselves, as well as buildings that can perceive their environment and change shape or function to adapt to user needs or to react to user activities.

EK How can we connect the different digital technologies to make them more accessible for building professionals and stakeholders toward this aim of making construction more circular?

Bau vom „Mehrwerk" in der Kunsthalle Zürich   Construction of "Mehrwerk" at the Kunsthalle Zürich

nützlich sein wird. Diese Anwendungen müssen auf einfache und intuitive Weise innerhalb der Genauigkeitsgrenzen funktionieren.

Computer Vision und Mixed Reality werden zweifellos eine tragende Rolle bei der Schaffung einer zirkuläreren Bauindustrie spielen, denn „ein Bild sagt mehr als tausend Worte". Unsere Denkweise muss sich ändern, aber vor allem auch unser Tempo. Angesichts des für die nächsten ein bis zwei Jahrzehnte prognostizierten Bevölkerungswachstums und des daraus resultierenden neuen Bedarfs an Wohnraum können wir es uns nicht leisten, einen Schritt zu verpassen.

CDW Wir müssen pragmatisch sein, wenn es um das Bewusstsein und die Machbarkeit von Wiederverwendung im Bausektor geht. Das ist auch der Grund, warum die Ausstellung in der Kunsthalle Zürich, in der wir sowohl die digitale Innovation als auch die Kreislaufwirtschaft feiern, so wichtig ist. Ich habe noch nie mit jemandem zusammengearbeitet, der so offen für das Endergebnis ist wie Daniel. Diese Zusammenarbeit ist prozessorientiert, ähnlich wie die Forschung. Vielen Dank, Daniel, dass du dich dem Team von Menschen angeschlossen hast, die die Materialien der Huber Pavillons wiederverwenden, um einen gesellschaftlichen Dialog anzustoßen über den Einsatz von KI, um die Prinzipien der Kreislaufwirtschaft in Kunst und Architektur umzusetzen.

DB Ich freue mich darauf, was wir bauen werden. Oder nicht bauen.

IA   I am often preoccupied by this question. I believe that what is needed is not merely increased accessibility to technologies but the development of digital technology applications that can make a difference now. This requires having both a short- and long-term vision: understanding what can be of value now and what will be in a few years. These applications must work within accuracy thresholds in an easy and intuitive manner. Certainly, computer vision and mixed reality will play a unique role in creating a more circular construction industry; after all, 'a picture is worth a thousand words'. Our mindsets need to change, but more importantly, so does our pace. With population growth projections for the next one to two decades, and the new housing needs this creates, we cannot afford to skip a beat.

CDW   Fascinating. We need to be pragmatic about awareness and feasibility of reuse in construction. This is also why having an art exhibition at Kunsthalle Zürich, where we celebrate both digital innovation and circular economy, is so important: it might shift things so that clients also change their minds about how they want their buildings to be built. I have never worked with someone so open-minded about end results as Daniel. This collaboration focuses on the process, much like research. Thank you, Daniel, for inviting us to design the pavilion and for joining the team of people who reused the materials from the Huber Pavilions to start a societal conversation about the use of AI towards implementing circular economy principles in art and architecture.

DB   I'm looking forward to seeing what we will build. Or not build.

Fazit

Conclusion

Zuerst dachte ich, die Geschichte der Huber Pavillons ginge mich nichts an. Schließlich fanden die Diskussionen über die mögliche Umnutzung dieser ikonischen Bauten lange vor meiner Ankunft als Assistenzprofessorin an der ETH Zürich im Jahr 2021 statt. Doch je mehr ich mich mit all den bemerkenswerten Menschen austauschte, die bei dieser Umnutzung eine entscheidende Rolle spielten und spielen, desto klarer wurde mir, dass diese Geschichte nicht nur das Nachleben eines architektonischen Juwels feiert, sondern vor allem eine Hommage ist an das Können, die Vorstellungskraft und das innovative Denken all jener inspirierenden Menschen – Entwerfer:innen, Ingenieur:innen, Lehrende, Forschende, Studierende und Handwerker:innen –, die die Kraft der Zusammenarbeit nutzen, um zu einer transdisziplinären und multikulturellen Umsetzung der Prinzipien und Techniken des zirkulären Bauens beizutragen.

Es muss noch viel getan werden, um das Bewusstsein zu schärfen für die dringende Notwendigkeit, die globale Abfallproduktion, den Ressourcenverbrauch und die Umweltzerstörung umzukehren. Gängige Praktiken müssen durch solche ersetzt werden, die die Baubranche von einem Sektor, der für mehr als ein Drittel der Treibhausgasemissionen verantwortlich ist, in einen Sektor verwandeln können, der ein Klima der Erneuerung und der Rückgewinnung von Gebäuden, Materialien und der Umwelt selbst schafft. Historisch gesehen reichen die Anfänge dieses vielversprechenden Wandels bis in die 1980er-Jahre zurück. Damals wurden mit der Entdeckung des Ozonlochs, das auf eine dramatische Ausdünnung der natürlichen Sonnenschutzschicht der Erde hindeutete, die schädlichen Auswirkungen der Menschheit auf die Umwelt offensichtlich. Der „Brundtland-Bericht"[72] der Vereinten Nationen machte das Konzept der Nachhaltigkeit in der Wissenschaft populär, das besagt, dass die gegenwärtigen Bedürfnisse befriedigt werden müssen, ohne die Möglichkeiten künftiger Generationen zu gefährden, deren eigene Bedürfnisse zu befriedigen. Das ähnelt dem Grundsatz indigener Völker, dass unsere heutigen Entscheidungen den nächsten sieben Generationen zugutekommen müssen.[73]

In dieser Zeit (die meine Erziehung stark beeinflusste) entstand jedoch neben der zunehmenden Betonung nachhaltiger Baupraktiken eine Atmosphäre der Negativität, in der Schuldzuweisungen und Schuldgefühle für „schlechte" Umweltpraktiken zu einer unwirksamen Standardstrategie wurden, um Veränderungen herbeizuführen. Je mehr ich mich mit diesem Ansatz auseinandersetzte, desto klarer wurde, dass es nicht zu den dringend benötigten Veränderungen führen würde, wenn

At first, I did not think the story of the Huber Pavilions was mine to tell. After all, discussions about these iconic structures' potential reuse were taking place long before I arrived as an assistant professor at ETH Zurich in 2021. Yet, the more I began to connect with all the remarkable people who played, and continue to play, crucial roles in this reuse journey, it became clear that telling this story not only celebrates the afterlives of an architectural gem but, even more, pays tribute to the skill, imagination, and innovative thinking of all those inspiring individuals – designers, engineers, teachers, researchers, students, craftspeople – who have harnessed the power of collaboration to contribute to a transdisciplinary, multicultural embrace of circular construction principles and techniques.

There is more work to do to open up minds to the critical need for reversing global waste generation, resource depletion, environmental degradation, and replacing these practices with methods that can transform the construction industry from being responsible for over a third of greenhouse gas emissions to one that creates a climate of renewal and recovery of buildings, materials, and the environment itself. Historically, the seeds of this promising shift date back to the 1980's, when our detrimental impact on the environment gained attention with the discovery of an ozone hole, signalling that the earth's natural sunscreen was dramatically thinning. At that time, the United Nations' 'Brundtland Report'[69] popularised the concept of sustainability within the scientific community as meeting current needs without compromising the ability of future generations to meet their own, similarly to the indigenous principle of ensuring our decisions benefit the next seven generations[70].

Yet, during that period (which heavily impacted my upbringing), along with a growing emphasis on sustainable building practices came an atmosphere of negativity, in which blame and guilt for 'bad' environmental practices became an ineffective default strategy for spurring change. The more I was exposed to this finger-pointing approach, the more I saw that making people feel guilty about their environmental impact would not bring the change that was so urgently needed. Instead, what if we celebrated the people who actually make this positive change possible? Why not bring amazing people into the spotlight who are doing more good, rather than shaming people who are not?

I am grateful for this chance to do just that. The reuse of Zurich's Huber Pavilions is a compelling story on its own, showcasing the

Menschen für ihre Umweltauswirkungen verantwortlich gemacht werden. Wie wäre es stattdessen, die Menschen zu feiern, die den positiven Wandel möglich machen? Warum stellen wir nicht die erstaunlichen Menschen ins Rampenlicht, die Gutes tun, anstatt diejenigen zu beschämen, die es nicht tun?

Ich bin dankbar für diese Gelegenheit, genau das zu tun. Die Wiederverwendung der Huber Pavillons in Zürich ist an sich schon eine fesselnde Geschichte, die die Kraft der zirkulären Architektur veranschaulicht. Die wahre Bedeutung dieses Projekts liegt aber in den gewonnenen Erkenntnissen, den menschlichen und interdisziplinären Verbindungen, den angewandten Technologien und der innovativen Architektur, die es hervorgebracht hat. Für dieses Buch hatte ich das Privileg, die beeindruckenden Menschen zusammenzubringen, mit denen ich studiert und gearbeitet habe, die ich interviewt und von denen ich gelernt habe. Obwohl sich das Buch auf die Möglichkeiten der Wiederverwendung konzentriert, die buchstäblich aus den architektonischen Elementen der Huber Pavillons entstanden sind, wird es hoffentlich zeigen, warum solche nachhaltigen Praktiken für alle von Vorteil sind und dass zirkuläres Bauen in seinem Kern nicht nur eine technische Herausforderung oder ein Schlagwort für Veränderung ist, sondern auch eine sehr kreative und kollaborative Strategie, die weit über die Grenzen unseres Campus oder unserer Stadt hinausstrahlen kann, um eine Übernahme von zirkulärem Denken und zirkulären Praktiken in der gesamten Bauindustrie zu unterstützen und eine gesündere Umwelt und Lebensweise für uns alle zu fördern.

Wie dieses Buch vermittelt, ist Zusammenarbeit der Schlüssel zum Erreichen dieses Ziels. Jedes Kapitel bietet eine neue Perspektive auf die Vorteile eines ganzheitlichen Ansatzes zur Problemlösung. Das Buch zeigt,

- warum eine enge Zusammenarbeit zwischen allen Beteiligten Herausforderungen aufdeckt und neue Ideen und Lösungen hervorbringt (Kapitel 1);
- wie Studierende in praktischen Kursen lernen, wie wichtig der Aufbau einer tragfähigen zirkulären Lieferkette und die Schaffung unterstützender Maßnahmen für eine effiziente Materialwiederverwendung sind, um zirkuläres Bauen realisierbar zu machen (Kapitel 2);
- den Wert des Erhalts, nicht nur der Architektur und der Baumaterialien der Pavillons, sondern auch der Geschichten, die sie begleiten (Kapitel 3);

power of circular architecture, but the true significance of this endeavour lies in the knowledge gained, the human and interdisciplinary connections forged, the technologies applied, and the innovative architectures created through this project. Writing this book afforded me the privilege of bringing together the inspiring people I studied with, worked with, worked for, interviewed, and learned from, all of whom are positive change makers who are using their knowledge, imagination, craft, and technological prowess to move the dial within the design and construction industries toward a more sustainable built environment. Although focusing on the reuse opportunities that literally grew from the architectural bones of the Huber Pavilions, this book will hopefully show why such sustainable practices benefit *everyone*, and that, at its core, circular construction is not just a technical challenge or a buzzword for change, but is also a deeply creative and collaborative strategy that can reverberate far beyond the confines of our campus or city, in support of an industry-wide adoption of circular thinking and practices that promote a healthier environment and way of life for all of us.

As this book demonstrates, collaboration is the key to meeting this goal. Every chapter presents a new perspective on the tangible benefits of a holistic approach to problem-solving. On these pages, we glean

- why strong collaborations between all stakeholders uncovers challenges and gives birth to new ideas and solutions (Chapter 1);
- how hands-on classes teach students the importance of building a strong circular supply chain and creating supportive policies for efficient material reuse, aimed at making circular construction more feasible (Chapter 2);
- what the value is of preserving not only the pavilions' architecture and building materials but also the stories that accompany them (Chapter 3);
- that, rather than living in siloed industries, mindful practitioners can come together to leverage digital technologies that 'matchmake' those with available reusable materials with those who need them, thus reducing waste, preserving resources, and lowering greenhouse gas emissions, all while saving time and money (Chapter 4);
- how, through their knowledge of the feasibility and legality of reusing these materials and matching them with new

- dass Menschen aus der Praxis sich zusammenschließen können, anstatt isoliert zu arbeiten, um digitale Technologien zu nutzen, die diejenigen, die über wiederverwendbare Materialien verfügen, mit denjenigen, die sie benötigen, zusammenbringen, um so Abfall zu reduzieren, Ressourcen zu schonen, Treibhausgasemissionen zu verringern und gleichzeitig Zeit und Geld zu sparen (Kapitel 4);
- wie „Materialjäger:innen" mit ihrem Wissen über die Machbarkeit und Legitimität der Wiederverwendung dieser Materialien und deren Anpassung an neue Bauprojekte wiederverwendbare Baustoffe aus bestehenden Gebäuden identifizieren, beschaffen und bewerten können, um die Nachfrage nach solchen Materialien für Neubauten zu decken (Kapitel 5);
- wie interdisziplinäre Verbindungen zum Erfolg von Projekten wie den Zwhatt-Küchen- und Badmodulen von Pensimo, dem selbstorganisierten Studio von Freek Persyn, dem Platillion von Momoyo Kaijima, dem Reuse Tent von Tom Emerson, dem Stadthausprojekt von Roger Boltshauser, dem Re-Detailing-Modell von Stefanie Giersberger, dem Kurs zur Tragwerksplanung von Jacqueline Pauli und vielen anderen Projekten im Zusammenhang mit den Huber Pavillons geführt haben (Kapitel 6);
- wie die Projektbeschränkungen in Bezug auf die verfügbaren Materialien zu einzigartigen und originellen Entwürfen, zu interkulturellem Lernen und zu einer inspirierenden Integration traditioneller Techniken mit moderner Technologie geführt haben (Kapitel 7);
- wie all diese Innovationen durch neue und aufkommende digitale Technologien ermöglicht werden, die eine zentrale Rolle bei der Wiederverwendung von Materialien spielen, indem sie deren Bewertung, Inventarisierung und Verteilung, die Verfolgung ihres Lebenszyklus sowie zirkuläres Entwerfen und Herstellen ermöglichen (Kapitel 8).

Ich hoffe, dass die gemeinsame Arbeit von Wissenschaftler:innen und Fachleuten aus der Praxis, die dieses Buch beschreibt, die Architektur-, Ingenieur- und Baubranche grundlegend neu kalibrieren wird, indem sie die Kreislaufwirtschaft von einer Nische zu einer Notwendigkeit macht. Es liegt noch viel Arbeit vor uns, um die Prinzipien

construction projects, 'material hunters' can identify, source, and assess reusable building materials from existing structures, to meet the demand for reusable materials for new designs (Chapter 5);
- how these interdisciplinary connections have led to the success of such projects as Pensimo's Zwhatt kitchen and bathroom modules, Freek Persyn's Self-Organised Studio, Momoyo Kaijima's Platillion, Tom Emerson's Reuse Tent, Roger Boltshauser's municipal house project, Stefanie Giersberger's Re-Detailing modelling, Jacqueline Pauli's structural design course, and many more projects related to the Huber Pavilions (Chapter 6);
- how project constraints in available materials lead to more unique and original designs, to cross-cultural learning, and to an inspired integration of traditional techniques with modern technology (Chapter 7);
- and, finally, how all of these innovations are made feasible through new and emerging digital technologies that play a pivotal role in the reuse of materials through the assessment and inventory of the materials as well as their distribution, material lifecycle tracking, and circular design and fabrication (Chapter 8).

My hope is that the collective work of the academics and practitioners described in this book will fundamentally recalibrate the design, engineering, and building industries by making circular practices essential rather than niche. We still have significant work ahead to be able to advance the principles of a circular economy in construction. Attitudes and practices do not change overnight. A crucial part of this journey involves immersing ourselves in exemplary global instances of accomplished sustainable architecture. By spotlighting talented, creative, intelligent, driven, and ecologically-minded changemakers, and witnessing their regenerative problem-solving firsthand, this book brings to light the stories, ideas, challenges, and achievements that have the potential to genuinely shift us away from the detrimental consequences of a linear economy to the balanced and creative problem solving made possible through a widespread adoption of a circular economy model.

As acknowledged, this effort will be difficult. But I think we can make progress by moving away from guilt and moving in the

der Kreislaufwirtschaft im Bausektor voranzubringen. Einstellungen und Praktiken lassen sich nicht über Nacht ändern. Ein wesentlicher Teil dieses Weges besteht darin, dass wir uns mit vorbildlichen Beispielen weltweit für erfolgreiche nachhaltige Architektur auseinandersetzen. Das Buch rückt talentierte, kreative, intelligente, engagierte und umweltbewusste Menschen ins Rampenlicht, die Veränderungen vorantreiben, und beleuchtet ihre Lösungsstrategien. Es zeigt Geschichten, Ideen, Herausforderungen und Errungenschaften auf, die das Potenzial haben, uns weg von den schädlichen Auswirkungen einer linearen Wirtschaft und hin zu ausgewogenen und kreativen Problemlösungen zu führen, die die weit verbreitete Einführung eines zirkulären Wirtschaftsmodells ermöglichen.

Ich gebe zu, dass diese Bemühungen schwierig sein werden. Aber ich glaube, dass wir Fortschritte machen können, wenn wir uns von Schuldgefühlen lösen und uns auf positive Veränderungen konzentrieren, wenn wir Anerkennung zollen, wo sie verdient ist, und wenn wir eine neue zirkuläre Denkweise einführen, die die Lehren aus der Vergangenheit mit neuer Dringlichkeit und Energie integriert, angetrieben durch die Art von umweltbewusstem Planen und Bauen, die dieses Buch beleuchtet. Ich schätze mich glücklich, dass ich als Professorin ständig von denjenigen lernen kann, die diesen Fortschritt vorantreiben, seien es Studierende, Kolleg:innen oder Partner:innen aus Industrie und Politik. Ich glaube, dass das Hervorheben ihrer Arbeit ein starker Katalysator für tiefgreifende und schrittweise Veränderungen sein kann. Gemeinsam können wir auf das Ziel hinarbeiten, dass die Kreislaufwirtschaft nicht nur ein nachträglicher Gedanke oder eine interessante Idee ist, sondern ein grundlegendes Entwurfsprinzip, das den Weg zu einer widerstandsfähigeren, inklusiveren und schöneren Welt ebnet.

direction of positive change-making, giving credit where it is due, and triggering a new circular way of thinking that integrates lessons learned from the past with a new level of urgency and energy, driven by the kind of environmentally responsible design and construction practices celebrated in this book. I feel fortunate that as a professor, my job involves continually learning from those who are driving this progress, whether they are students, colleagues, or industry and government partners. I believe that highlighting their work can be a powerful catalyst for change —both profound and incremental. Let's work together towards this goal of making circularity not merely an afterthought or an interesting idea, but rather a fundamental design principle that paves the way for a more resilient, inclusive, and beautiful world.

Nachwort

Afterword

Nachwort Barbara Buser

Barbara Buser ist eine Pionierin der Schweizer Architektur und bekannt als Vorreiterin in der Umnutzungspraxis. Seit der Mitbegründung der ersten Schweizer Bauteilbörse in den 1990er-Jahren engagiert sie sich auf verschiedenen Ebenen für nachhaltiges und kreislauforientiertes Bauen. Als Mitbegründerin und Co-Geschäftsführerin des Baubüro in situ und Mitglied der Projektleitung der Stiftung Abendrot war sie maßgeblich am Projekt K.118 in Winterthur beteiligt. An der Architekturbiennale in Venedig 2021 wurde Baubüro in situ für K.118 mit dem Global Gold Award der Holcim Foundation for Sustainable Construction ausgezeichnet, 2020 erhielt sie zusammen mit ihrem Partner Eric Honegger den Prix Meret Oppenheim für ihre Arbeit. Im Jahr 2024 wurde ihr die Ehrenmitgliedschaft im Schweizerischen Ingenieur- und Architektenverein (SIA) verliehen.

Ich hatte das große Vergnügen, meinen ersten Workshop an der ETH Zürich in den Huber Pavillons zu geben. Da ich wollte, dass die Studierenden mit ihren Händen arbeiten, wusste ich, dass wir genügend Platz brauchten, um Modelle im Maßstab 1:1 zu bauen, einen Raum, in dem wir arbeiten, Lärm und Staub machen konnten etc. Es war klar, dass die Huber Pavillons für diesen Zweck ideal waren.

Als ich erfuhr, dass ich die letzte Lehrkraft sein würde, die die Pavillons nutzen konnte, begann ich sofort, mit Professor:innen und Studierenden über ihre Ideen zur Wiederverwendung der Materialien zu sprechen.

Wiederverwendung ist im Bauwesen kein neues Konzept. Während des Baubooms der 1960er-Jahre wurde es jedoch nicht in großem Umfang angewandt, da Wirtschaftlichkeit und Schnelligkeit Vorrang vor dem kostspieligeren und zeitaufwendigeren Rückbau von Gebäuden zur Wiederverwendung hatten. Dank des Engagements aller Beteiligten, insbesondere von Catherine De Wolf und Elias Knecht, die eine offene und transparente Kommunikation mit allen am Bau Beteiligten pflegten, konnte eine beträchtliche Menge an Material der Huber Pavillons zur Wiederverwendung gerettet werden. Eine anspruchsvolle Aufgabe, bei der die Abbruchbaustelle zu einer Fundgrube für neue Materialien wurde.

Dank Catherines diplomatischem Geschick und ihrem fundierten Fachwissen hat das Projekt nicht nur Material gespart, sondern allen Beteiligten auch eine wichtige Lernerfahrung für die Zukunft

Afterword Barbara Buser

Barbara Buser is a pioneering Swiss architect renowned for being on the forefront of reuse practice. Ever since she co-founded the first Swiss building component exchange ('Bauteilbörse') in the 1990s, she has been committed to sustainable, circular construction at many different levels. As co-founder and co-managing director of baubüro in situ and a member of the project management team at Abendrot Foundation, she played a key role in the K.118 project in Winterthur. At the 2021 Venice Architecture Biennale, her practice baubüro in situ received the Global Gold Award from the Holcim Foundation for Sustainable Construction for the K.118 project, and in 2020 she was awarded the Prix Meret Oppenheim together with her business partner, Eric Honegger, for their work. In 2024, she received a Swiss Society of Engineers and Architects (SIA) honorary membership.

I had the great pleasure of teaching my first studio at ETH Zurich in the Huber Pavilions. Since I wanted the students to work with their hands, I knew we needed enough space to build full-scale mockups, a space where we could work, make noise and dust, etc. It was clear that the Huber Pavilions were ideal for this purpose.

When I learned that I would be the last teacher to be able to use the pavilions, I immediately began talking to professors and students about their ideas for reusing their materials. In the construction industry, reuse is not a new concept. It was common for materials from ancient structures to be reused in the construction of new buildings, but during the building boom of the 1960s, this practice was not widely adopted because economy and speed were prioritised over the more costly and time-consuming process of dismantling buildings for reuse. However, through the dedication of all involved, especially Catherine De Wolf and Elias Knecht, who practised open and transparent communication with all the construction industry's stakeholders, the Huber Pavilions' reuse project saved a significant portion of the materials. This was a demanding task, allowing the demolition site to become a mine for new materials.

Also, thanks to Catherine's diplomacy and profound knowhow, besides saving materials, the project gave all the participants an important learning experience to carry into the future. I am thrilled our shared experience has been documented in this book. This testifies to

gebracht. Ich freue mich, dass dieses Buch unsere gemeinsame Erfahrung dokumentiert. Es beweist, dass es möglich ist, die Wiederverwendung von Baustoffen wieder in den „normalen" Bauprozess zu integrieren. Es sind noch viele Schwierigkeiten zu überwinden, aber das Potenzial, Ressourcen und Treibhausgasemissionen einzusparen, ist nachweislich sehr groß!

Die Zukunft der Architektur und des Bauens insgesamt wird Teamarbeit erfordern – die Art von Vernetzung und Kooperation, die in diesem Buch vorgestellt wird. Die Komplexität der anstehenden Aufgaben erfordert eine ganze Gemeinschaft von Fachleuten, die gemeinsam auf ein Ziel hinarbeiten. Dieses Projekt macht deutlich, dass die edelste Aufgabe jeder Bildungseinrichtung darin besteht, diesen Geist der Zusammenarbeit und der reibungslosen Kommunikation zu fördern.

the fact that it is possible to re-introduce the reuse of construction materials into the "normal" building process. There are many difficulties that still need to be tackled, but the possibility of saving resources and greenhouse gas emissions has been demonstrated to be very high!

The future of architecture and the construction industry as a whole will require teamwork – the kind of connection and collaboration demonstrated in this book. Because the tasks ahead are so complex, a whole community of specialists will be needed, working together towards the same goal. With this project as its model, it is clear that the most noble task for any teaching institution is harnessing this spirit of collaboration and fluid lines of communication.

Danksagung

Acknowledgments

Danksagung

Ich möchte den beeindruckenden Architektinnen und Professorinnen Barbara Buser und Momoyo Kaijima meine tiefe Dankbarkeit dafür aussprechen, dass sie geholfen haben, die Vision der Wiederverwendung der Huber Pavillons zu verwirklichen und mich und Elias Knecht auf dieser faszinierenden Reise begleitet haben.

Elias Knecht hat mit seiner Beharrlichkeit, seinem Enthusiasmus und seinen außergewöhnlichen dokumentarischen Fähigkeiten entscheidend zur Realisierung des Vorhabens beigetragen, die mündlich überlieferte Geschichte der Huber Pavillons festzuhalten.

Elias Knecht und ich möchten den Interviewparter:innen für dieses Buch unseren großen Dank aussprechen: Momoyo Kaijima, Barbara Buser, Claudia La Valle, Yannick Reich, Carole Allenbach, Loukas Mettas, Clara He, Samuel Labhard, Annette Spiro, Florian Schrott, Rudolf Bolli, Ralph Alan Mueller, Michael Wick, Tazuru Harada, Sabrina Dinger, Anna Buser, Christoph Müller, Pascal Angehrn, Mario Marty, Jacqueline Pauli, Federico Bertagna, Kozo Kadowaki, Ryoko Iwase, Saikal Zhunushova, Dominik Nüssen, Martin Schulte, Iro Armeni, Vanessa Schwarzkopf und Daniel Baumann.

Meine Arbeit wären nicht möglich ohne die talentierten Teammitglieder des Lehrstuhls für Circular Engineering for Architecture an der ETH Zürich. Viele der Initiativen, die zu einem Ökosystem des zirkulären Bauens beitragen, werden vorangetrieben von meinen phänomenalen wissenschaftlichen Assistent:innen Anna Buser, Elias Knecht, Martin Bucher, Matthew Gordon, Matthias Vollmer, Natalia Kobylinska, Pascal Emmeneger, meine wunderbare Kontaktperson zur Industrie, Arabelle de Saussure, von der kreativen Kommunikationsmanagerin Daisy Ziyan Zhang und der talentierten wissenschaftlichen Redakteurin Jennifer Bartmess. Ich freue mich auch, dass ich von meinen hervorragenden Doktorand:innen viel über die neuesten Entwicklungen in der digitalen Technologie lerne, darunter Ana Bendiek Laranjo, Beril Önalan, Brandon Byers, David Bucher, Deepika Raghu, Heidi Silvennoinen, Silvia Vangelova, Thibaut Menny, Vanessa Costalonga, Vanessa Schwarzkopf, Zain Karsan. Auch vom Wissen meiner exzellenten Postdoktorand:innen Dr. Eleftherios Triantafyllidis, Dr. Inés Ariza, Dr. Ioanna Mitropoulou, Prof. Iro Armeni, Dr. Jens Hunhevicz, Dr. Kasimir Forth, Dr. Katarina Slvakovic, Dr. Meliha Honic und Dr. Pei-Yu Wu profitiere ich enorm. Praktikant:innen und studentische Hilfskräfte wie Anastasia Wieser, Hannah Kovacs, Joëlle Schmied, Laia Meier, Loukas Mettas, Marlene

Acknowledgments

I extend my deepest gratitude to the tremendously inspiring architects and professors Barbara Buser and Prof. Momoyo Kaijima for making the vision of reusing the Huber Pavilions a reality and for joining me and Elias Knecht on this fascinating circular journey.

As the documentalist of this book, Elias Knecht played a pivotal role in bringing the vision of turning the oral history of the Huber Pavilions to life through his perseverance, enthusiasm, and exceptional documentation skills.

Elias Knecht and I would like to express our sincere thanks to the interviewees for this book: Momoyo Kaijima, Barbara Buser, Claudia La Valle, Yannick Reich, Carole Allenbach, Loukas Mettas, Clara He, Samuel Labhard, Annette Spiro, Florian Schrott, Rudolf Bolli, Ralph Alan Mueller, Michael Wick, Tazuru Harada, Sabrina Dinger, Anna Buser, Christoph Müller, Pascal Angehrn, Mario Marty, Jacqueline Pauli, Federico Bertagna, Kozo Kadowaki, Ryoko Iwase, Saikal Zhunushova, Dominik Nüssen, Martin Schulte, Iro Armeni, Vanessa Schwarzkopf and Daniel Baumann.

None of my work would be possible without the talented team members of the Chair of Circular Engineering for Architecture at ETH Zurich. Many of the initiatives contributing to a circular construction ecosystem are pushed forward thanks to my phenomenal scientific assistants Anna Buser, Elias Knecht, Martin Bucher, Matthew Gordon, Matthias Vollmer, Natalia Kobylinska, Pascal Emmeneger, my wonderful industry liaison officer Arabelle de Saussure, creative communication manager Daisy Ziyan Zhang, and gifted scientific editor Jennifer Bartmess. I also love that I can keep learning about the latest developments of digital technologies from my exceptional PhD students, including Ana Bendiek Laranjo, Beril Önalan, Brandon Byers, David Bucher, Deepika Raghu, Heidi Silvennoinen, Silvia Vangelova, Thibaut Menny, Vanessa Costalonga, Vanessa Schwarzkopf, Zain Karsan, and from my outstanding postdoctoral fellows Dr. Eleftherios Triantafyllidis, Dr. Inés Ariza, Dr. Ioanna Mitropoulou, Prof. Iro Armeni, Dr. Jens Hunhevicz, Dr. Kasimir Forth, Dr. Katarina Slvakovic, Dr. Meliha Honic, and Dr. Pei-Yu Wu. Interns and student assistants including Anastasia Wieser, Hannah Kovacs, Joëlle Schmied, Laia Meier, Loukas Mettas, Marlene Braun, Noah Pasqualini, Sofia Gloor, Vincent Jackow, Yannick Reich, and many more made our courses and constructions with the materials of the Huber Pavilions joyful. I also want to thank my lab's guests Prof. James Helal

Braun, Noah Pasqualini, Sofia Gloor, Vincent Jackow, Yannick Reich und viele andere haben unsere Kurse und Bauten mit den Materialien der Huber Pavillons zu einem Vergnügen gemacht. Ich möchte mich auch bei den Gästen in meinem Lab, Prof. James Helal und Dr. Dan Bompa, für ihre Einblicke in Konstruktion bedanken. Schließlich wäre all dies nicht möglich gewesen ohne meine administrative Assistentin Nina Limbach, deren unermüdliche Unterstützung der Grundstein unseres Labs ist. Alle meine Mitarbeitenden haben mich die Kunst gelehrt, Disziplinen zu verbinden.

Die Beherrschung der Kunst des Verbindens ist für ein effizientes Management im zirkulären Bauen unerlässlich. Ich bin zutiefst dankbar für den Kontakt mit den wunderbaren Professoren des Instituts für Bau- und Infrastrukturmanagement (IBI) der ETH Zürich, Prof. Bryan Adey und Prof. Guillaume Habert, und ihren Teams, die mich so herzlich aufgenommen haben. Mein herzlicher Dank geht an Prof. Paolo Burlando (ehemaliger Dekan) und Patrick Dilger für die Finanzierung des Departements Bau, Umwelt und Geomatik (D-BAUG) sowie an Prof. Tom Emerson (ehemaliger Dekan) und Zeljko Medved für die Finanzierung des Departements Architektur (D-ARCH), die diese praxisnahe Lehr- und Forschungserfahrung ermöglicht haben.

Ich danke Andrei Koshelev, Catharina Anna Cecilie Weis, Katja Kalkstein-Eggimann und Diego Fornari von der ETH-Abteilung Immobilien, Natasa Stefancic von der ETH-Abteilung Bewilligungen und Beat Brüngger, Colin Müller, Fritz Graber und Fabian Egger von den Facility Services Gebäudebereich HI, dass sie den Ab- und Wiederaufbau unserer Projekte auf dem Campus ermöglicht haben. Ohne die außerordentliche Unterstützung von Alessandro Tellini, Christian Egli, Henry Welch, Federico Billeter und Liliana Siewczyk vom Raplab der ETH Zürich wäre es nicht möglich gewesen, Strukturen aus den wiederverwendeten Materialien der Huber Pavillons zu bauen. Ines Raabe und Pascal Bieger vom Team Sicherheit, Gesundheit, Umwelt (SGU) sind unentbehrlich für die Sicherheit beim Bauen auf dem Campus.

Mein aufrichtiger Dank gilt den Teammitgliedern von Prof. Momoyo Kaijima: Basil Witt, Christoph Danuser, Grégoire Farquet, Kelly Man, Tanguy Caversacciom, Tazuru Harada; von Prof. Barbara Buser: Saikal Zhunushova; sowie von Prof. Joseph Schwartz und Prof. Jacqueline Pauli: Federico Bertagna, Shuai Wang.

Mein herzlicher Dank geht an Michael Wick von der Firma Wick Upcycling und sein Team: Philippe Wessling, Tobias Metzger, Phillip Kaiser, Henry Curran für deren hervorragende Arbeit bei der

and Dr. Dan Bompa for their insights in construction. Finally, none of this would be possible without my administrative assistant, Nina Limbach, whose unwavering support is the cornerstone of our lab. All of the affiliates to my lab have truly taught me the art of connecting disciplines.

Mastering the art of connection is essential for effective management in circular construction. I am deeply grateful to have connected with the wonderful chairs of the Institute of Construction and Infrastructure Management (IBI) at ETH Zurich, Prof. Bryan Adey and Prof. Guillaume Habert, along with their entire teams, who all welcomed me so warmly. I would like to express my heartfelt gratitude to Prof. Paolo Burlando (former dean) and Patrick Dilger for the Department of Civil, Environmental and Geomatic Engineering (D-BAUG) funding, and to Prof. Tom Emerson (former dean) and Zeljko Medved for the Department of Architecture (D-ARCH) funding, which enabled this hands-on teaching and research experience. I would like to thank Andrei Koshelev, Catharina Anna Cecilie Weis, Katja Kalkstein-Eggimann, Diego Fornari, and Martin Angermann from the ETH Real Estate Department, Natasa Stefancic from ETH Permits (Bewilligungen), and Beat Brüngger, Colin Müller, Fritz Graber, and Fabian Egger from the HI Facility Services for enabling the disassembly and reassembly of our projects on campus. The construction of structures from the reused materials of the Huber Pavilions would not have worked without the exceptional support of Alessandro Tellini, Christian Egli, Henry Welch, Federico Billeter, Liliana Siewczyk from the Raplab of ETH Zurich. Essential to the safety of construction on campus are Ines Raabe and Pascal Bieger from the safety, health, and environment team (Sicherheit, Gesundheit, Umwelt or SGU). I extend my sincere appreciation to the team members of Prof. Momoyo Kaijima: Basil Witt, Christoph Danuser, Grégoire Farquet, Kelly Man, Tanguy Caversacciom, Tazuru Harada; of Prof. Barbara Buser: Saikal Zhunushova; and of Prof. Joseph Schwartz and Prof. Jacqueline Pauli: Federico Bertagna, Shuai Wang.

My sincere thanks to Michael Wick from Wick Upcycling GmbH and his team: Philippe Wessling, Tobias Metzger, Phillip Kaiser, Henry Curran for their exceptional work in contracting and ensuring the safety of our student construction projects. I also want to thank Philippe Honneger from Marti for his safety course held for our students. I am also deeply appreciative of Pascal Angehrn from baubüro in situ and the entire team, including Ralph Alan Mueller, Moritz Theusinger, Christoph Müller, Oliver Seidel, and Clément Estreicher for their expert consultancy in reuse architecture. My thanks extend to Mathis Jedele, Christoph

Auftragsvergabe und der Gewährleistung der Sicherheit der studentischen Bauprojekte. Ich möchte Philippe Honegger von Marti für seinen Sicherheitskurs für der Studierenden danken. Pascal Angehrn vom Baubüro in situ und dem gesamten Team, darunter Ralph Alan Müller, Moritz Theusinger, Christoph Müller, Oliver Seidel und Clément Estreicher, bin ich für ihre fachkundige Beratung im Bereich der Wiederverwendungsarchitektur sehr dankbar. Ich danke Mathis Jedele, Christoph Angehrn und Mario Marty von B3 Kolb für ihre technische Unterstützung; Adrian Schellenberger, Tobias Kneuer, Astrid Gloor und Silvio Schwarz von der Firma Eberhard für ihre Demontagearbeiten. Danke auch an Karl Martin von der Firma sumami, der den Vertrieb der Materialien aus den Huber Pavillons über useagain.ch ermöglicht hat. Ich danke Johann Petersmann, Félix Dillmann, Barbara Buser, Martina Bischof und Joëlle Schmied von Re-Win für die Organisation der Wiederverwendung der demontierten Fenster in der Ukraine. Martin Schriener von der Pensimo Management AG bin ich sehr dankbar für die Unterstützung unserer zirkulären Experimente im Projekt Zwhatt.

Ich danke Iris Mickein und Michel Büchel von der Hochschulkommunikation der ETH Zürich sowie Urs Honegger von der Zeitschrift *Hochparterre* für die Kommunikation unserer Arbeit zur Wiederverwendung der Huber Pavillons. Mein Dank gilt auch Ian Oggenfuss und seinem Team: Michael Schwendiger, Nico Drechsel, Hannes Cullum, Valentin Raeber, Lauro Jenni und Lars Wicki von IvyStudios, die zusammen mit Daisy Ziyan Zhang die in diesem Forschungsprojekt verwendeten Filmaufnahmen realisiert haben.

Ich möchte mich bei meinen engagierten Studierenden für ihre Arbeit an den in diesem Buch beschriebenen Projekten bedanken: Leonhard Andreas Schönfelder, Niki Apostolopoulou, Tatiana Vascan, Philip Kaiser, Nadia Vérène Doriot, Seren Arwen Arber, Ada Emilia Ala-Härkönen, Selina Bitting, Tiziano Derme, Kira Johanna Kulik, Gregory Bianchi, Ansgar Hans Josef Fridolin Stadler, Miriam Annika Sonnak, Josien Heleen Lieke de Koning, Nils Sami Sören Brunell, Qi Wang, Nina Hsu (2022), Alan von Arx Carrascal, Andreas Lanz, Béla Dalcher, Carole Allenbach, Konrad Kramer, Michelle Schenk, Monica Ciobotar, Samuel Labhard, Tim Stettler, Zhaoye Li, Giona Peter, Maxime Lanter, Dominik Reisach, Yu Han, Despoina Papadopoulou, Hanshuo Wu, Loukas Mettas, Marvin Trottmann, Xi Huang, Cashen Adkins, Filip Kalapish, Yannick Reich, Araceli Rodriguez Vallejo, Clara He, Vadym Gerashchenkov, Robin Karutz, Emma Zeindl Cronin,

Angehrn, and Mario Marty from B3 Kolb AG for their engineering support. I would also like to thank Adrian Schellenberger, Tobias Kneuer, Astrid Gloor, and Silvio Schwarz from Eberhard for their deconstruction work. I extend my gratitude to Karl Martin from sumami GmbH for enabling the distribution of the materials from the Huber Pavilions through useagain.ch. I am also profoundly grateful to Johann Petersmann, Félix Dillmann, Barbara Buser, Martina Bischof and Joëlle Schmied from ReWIN for organising the reuse of the disassembled windows in Ukraine. Further, I am sincerely thankful to Martin Schriener from Pensimo Management AG for supporting our circular experimentations in the Zwhatt project.

I am appreciative to Alex Winiger and Sabina Tenti for giving me access to the gta Archives. I am also grateful for the amazing communication about our work on the reuse of the Huber Pavilions done by my creative department's communications specialist Iris Mickein and talented Michel Büchel from Corporate Communications (Hochschulkommunikation or HK) at ETH Zurich as well as by ingenious Urs Honegger from Hochparterre. I also would like to thank Ian Oggenfuss and his masterful team: Michael Schwendiger, Nico Drechsel, Hannes Cullum, Valentin Raeber, Lauro Jenni and Lars Wicki from IvyStudios for beautifully capturing the film images used throughout this research project, in collaboration with Daisy Ziyan Zhang.

I would like to thank my passionate students for their work on the projects described in this book: Leonhard Andreas Schönfelder, Niki Apostolopoulou, Tatiana Vascan, Philip Kaiser, Nadia Vérène Doriot, Seren Arwen Arber, Ada Emilia Ala-Härkönen, Selina Bitting, Tiziano Derme, Kira Johanna Kulik, Gregory Bianchi, Ansgar Hans Josef Fridolin Stadler, Miriam Annika Sonnak, Josien Heleen Lieke de Koning, Nils Sami Sören Brunell, Qi Wang, Nina Hsu (2022), Alan von Arx Carrascal, Andreas Lanz, Béla Dalcher, Carole Allenbach, Konrad Kramer, Michelle Schenk, Monica Ciobotar, Samuel Labhard, Tim Stettler, Zhaoye Li, Giona Peter, Maxime Lanter, Dominik Reisach, Yu Han, Despoina Papadopoulou, Hanshuo Wu, Loukas Mettas, Marvin Trottmann, Xi Huang, Cashen Adkins, Filip Kalapish, Yannick Reich, Araceli Rodriguez Vallejo, Clara He, Vadym Gerashchenkov, Robin Karutz, Emma Zeindl Cronin, Claudia La Valle, Lukas Zink (2023) and Antoine Binggeli, Fan Ut Chang, Laura Ciak, Thomas Durrer, Kerem Ekiz, Damaris Eschbach, Natalie Feakins, Xinge Gao, Lionel Gilliar-Schönenberger, Carlo Elia Grandis, Julian Häderli, Bianca Hettinger, Andreas Hunziker, Sandra Hurek, Pritha Jacob, Caitlin Jaeggli,

Claudia La Valle, Lukas Zink (2023) und Antoine Binggeli, Fan Ut Chang, Laura Ciak, Thomas Durrer, Kerem Ekiz, Damaris Eschbach, Natalie Feakins, Xinge Gao, Lionel Gilliar-Schönenberger, Carlo Elia Grandis, Julian Häderli, Bianca Hettinger, Andreas Hunziker, Sandra Hurek, Pritha Jacob, Caitlin Jaeggli, Gabriel Käppeli, Panagiotis Karapiperis, Timon Kaufmann, Hannah Kovacs, Florian Kühr, Janice Leung, Lukas Ljungblom, Samantha Lotz, Sree Chandana Madabhushi, Zaira Malpica Delgado, Kai Marti, Kirk Newton, Noah Pasqualini, Janne Perini, Can Saçan, Yuri Schmid, Neroli Soso, Kaspar Stengele, Bartu Tuncay, Quentin Wiesmath, Miaojun Xia, Jintao Yang (Frühling 2024) und Clara Dufour-Simard, Philine Euler-Rolle, Chia-Wei Lee, Ipek Mertan, Yiqiao Wang, Noah D. Adriany, Sarah Corina Benz, Maksim Borovlev, Fabienne Chantal Bürgler, Wang Hin Duncan Chan, Silvia Ilieva Dimitrova, Ola Berg Edseth, Ioannis Galetakis, Léonie Emma Marie Guers, Siran Huang, Marie Keller, Annabelle Katharina Klinkhammer, Matteo Mazzotta, Shu Meng, Mischa Gil Reuven Orlow, Asena Özel, Bo Pan, Ana Perez Recatala, Simon Loris Ritter, Reva Saksena, Gino Roger Sandi, Antonia Felicitas Schittich, Shafira Shastri, Pin-hsien Tang, Harish Karthick Vijay, Konstantinos Samer Zouraikat (Herbst 2024).

Ich danke Sandra Leitte herzlich für die sorgfältige Bearbeitung der deutschen Texte. Marilyn Levine vom Massachusetts Institute of Technology (MIT) bin ich zutiefst dankbar für ihre großzügige Betreuung, ihre außergewöhnliche Unterstützung und ihre brillanten Einsichten während meines gesamten Schreibprozesses seit Beginn meiner Doktorarbeit und insbesondere für die Bearbeitung und Strukturierung dieses Buches sowie Liz Craig-Olins für das Korrekturlesen des Buchs. Ich danke Jennifer Bartmess aus meinem Lab und dem gta Verlag der ETH Zürich für ihre wertvollen Ratschläge zur Strukturierung des Buchs sowie Fabienne und Benoît Luisier von Alpiness Coliving für ihre herzliche Gastfreundschaft während der Endredaktion des Buchs.

Vielen Dank an meinen Partner, meine Familie und meine Freunde, denn Ihre Unterstützung, Kreativität und Ihr Unternehmungsgeist haben mich immer inspiriert und ermutigt, meiner Neugierde zu folgen und weiter (zirkuläre) Verbindungen zu schaffen.

Gabriel Käppeli, Panagiotis Karapiperis, Timon Kaufmann, Hannah Kovacs, Florian Kühr, Janice Leung, Lukas Ljungblom, Samantha Lotz, Sree Chandana Madabhushi, Zaira Malpica Delgado, Kai Marti, Kirk Newton, Noah Pasqualini, Janne Perini, Can Saçan, Yuri Schmid, Neroli Soso, Kaspar Stengele, Bartu Tuncay, Quentin Wiesmath, Miaojun Xia, Jintao Yang (Spring 2024), and Clara Dufour-Simard, Philine Euler-Rolle, Chia-Wei Lee, Ipek Mertan, Yiqiao Wang, Noah D. Adriany, Sarah Corina Benz, Maksim Borovlev, Fabienne Chantal Bürgler, Wang Hin Duncan Chan, Silvia Ilieva Dimitrova, Ola Berg Edseth, Ioannis Galetakis, Léonie Emma Marie Guers, Siran Huang, Marie Keller, Annabelle Katharina Klinkhammer, Matteo Mazzotta, Shu Meng, Mischa Gil Reuven Orlow, Asena Özel, Bo Pan, Ana Perez Recatala, Simon Loris Ritter, Reva Saksena, Gino Roger Sandi, Antonia Felicitas Schittich, Shafira Shastri, Pin-hsien Tang, Harish Karthick Vijay, Konstantinos Samer Zouraikat (Fall 2024).

I am deeply grateful to Sandra Leitte for her outstanding German editing of this book. I am profoundly grateful to Marilyn Levine from the Massachusetts Institute of Technology (MIT) for her generous guidance, exceptional support, and brilliant insights throughout all my writing processes since I began my PhD, and in particular for the editing and structuring of this book, and to Liz Craig-Olins for proofreading the book. I also extend my heartfelt thanks to Jennifer Bartmess from my lab and the gta Verlag at ETH Zurich for her valuable advice on structuring the book. I am also grateful to Fabienne and Benoît Luisier from Alpiness Coliving for warmly hosting me during the final writing of this book.

Thank you to my partner, family, and friends, as your support, creativity, and entrepreneurship have always inspired and encouraged me to follow my curiosity towards building more (circular) connections.

Anhang

Appendix

Endnoten

1. Rubin, R.: *The creative act: A way of being.* London 2023
2. Seelig, T.: *inGenius: A Crash Course on Creativity.* San Francisco 2012
3. Terzi, A.: *Growth for Good: Reshaping Capitalism to Save Humanity from Climate Catastrophe.* Harvard 2022
4. Ghyoot, M., Devlieger, L., Billet, L., & Warnier, A. *Déconstruction et Réemploi.* 2. Aufl., Lausanne 2018
5. Walter R. Stahel: *The performance economy.* 2. Aufl., London 2010
6. William McDonough, Michael Braungart: *Cradle to Cradle. Remaking the Way we Make Things,* New York 2002
7. Nancy Bocken et al.: „Taking the Circularity to the Next Level. A Special Issue on the Circular Economy". In: *Journal of Industrial Ecology,* Juni 2017, S. 476–482
8. Treibhausgasemissionen, die bei Produktion, Transport, Bau, Wartung und Entsorgung von Materialien entstehen
9. Catherine De Wolf, Sultan Cetin, Nancy Bocken (Hrsg.): *A Circular Built Environment in the Digital Age.* Cham 2024
10. Die Kurator:innen der Library of Reuse sind Barbara Buser, Daniel Stockhammer und Catherine De Wolf, zu ihren Redakteur:innen gehören Anna Buser und Jennifer Bartmess.
11. Interview von Catherine De Wolf und Elias Knecht mit Barbara Buser in Basel, 14. Mai 2024. Das Gespräch begann auf einer Fähre (ein öffentliches Verkehrsmittel in Basel) und endete in Barbara Busers Büro.
12. Interview von Catherine De Wolf und Elias Knecht mit Momoyo Kaijima in Zürich, 2. Mai 2024. Das Gespräch fand am Ende von Momoyo Kaijimas Kurs in ihrem Büro an der ETH Zürich statt.
13. Weitere Informationen unter newrope.world/studio-informal-learning-spaces
14. Studio Boltshauser, Schweizer Netzwerk mit der Ukraine, Co-Haty, D-ARCH, ETH Zürich: „Vacancy in Ukraine. Umnutzung eines städtischen Hauses in Lviv". Seminarwoche, 17.–23. März 2024. iea.arch.ethz.ch/assets/common/seminars/eth-with-ukraine-repurposing-a-house-in-lviv/pdf/roger-boltshauser-2.pdf
15. Institut für Wissenschaft, Technologie und Politik: „ETH with Ukraine – Exchanging Knowledge for a Sustainable and Resilient Future". Ausstellung, 24. Januar–5. Februar 2024. istp.ethz.ch/news/2024/01/csfm-seminar-new-regulations-for-autonomous-vehicles-for-switzerland1.html
16. Interview von Catherine De Wolf und Elias Knecht mit Claudia La Valle, Yannick Reich, Carole Allenbach, Loukas Mettas, Clara He, Samuel Labhard in Zürich und online aus Boston, USA, und Xinjiang, China, 2. Mai und 13. Juni 2024
17. Julia Watson und Catherine De Wolf, ETH Global Lecture Series, „Lo-TEK. Design by Radical Indigenism", verfügbar auf dem Blog der ETH-Botschafter: ethambassadors.ethz.ch/2023/03/30/the-power-of-technology-for-climate-resilience/
18. Interview von Catherine De Wolf und Elias Knecht mit Annette Spiro und Florian Schrott in Zürich, 24. Mai 2024. Das Gespräch fand auf dem ETH-Campus Hönggerberg im HIL-Gebäude statt, in dem sowohl das Departement Architektur als auch das Departement Bau, Umwelt und Geomatik untergebracht sind.
19. Schweizerischer Ingenieur- und Architektenverein (SIA): SIA-Preis. prixsia.ch
20. Das Davoser Qualitätssystem für Baukultur ist ein Instrument, das die Qualitäten unserer gebauten Umwelt an verschiedenen Orten anhand von acht definierten Kriterien bewertet: Gouvernanz, Funktionalität, Umwelt, Wirtschaft, Vielfalt, Kontext, Genius Loci und Schönheit. davosdeclaration2018.ch/en/
21. Alle Gebäude auf dem Campus sind mit einem Akronym benannt, das mit einem H für Hönggerberg beginnt. Die Huber-Pavillons waren die Gebäude HIP, HIQ und HIR.
22. www.stadt-zuerich.ch/hbd/de/index/staedtebau/architektur/auszeichnung/ausgezeichnete-bauten/1985-1990/aba136.html
23. Sabina Tenti: Martha Huber-Villiger (1926–2017). Innenarchitektin in Zürich, Paris und Tokio. Die Zeichnung als Metier. Grundlagenforschung einer marginalisiert gehandelten Schweizer Gestalterin. Masterarbeit, betreut von Prof. Dr. Roger Fayet. Zürich 2024
24. Catherine De Wolf: „Saving Reused Building Materials Through Architectural Design. The Case of the Centre Pompidou Glass". In: Matthias Brenner et al. (Hrsg): *High Tech Heritage. (Im)permanence of Innovative Architecture,* Basel: Birkhäuser, 2024
25. Interview mit Rudolf Bolli von Catherine De Wolf und Elias Knecht, Zürich, 2. Mai 2024. Das Gespräch fand in Catherine De Wolfs Büro auf dem ETH-Campus statt.

Endnotes

1. Rubin, R. (2023). *The creative act: A way of being.* Penguin Press.
2. Seelig, T. (2012). *inGenius: A Crash Course on Creativity.* HarperOne.
3. Terzi, A. (2022) *Growth for Good: Reshaping Capitalism to Save Humanity from Climate Catastrophe.* Harvard University Press.
4. Ghyoot, M., Devlieger, L., Billet, L., & Warnier, A. (2018). *Déconstruction et Réemploi* (2nd ed.). Presses polytechniques et universitaires romandes (PPUR).
5. Stahel W (2010) *The performance economy.* Second edition. Palgrave Macmillan.
6. McDonough W, Braungart M (2002) *Cradle to cradle: Remaking the way we make things.* North Point, New York.
7. Bocken NM, Olivetti EA, Cullen JM, Potting J, Lifset R (2017) 'Taking the circularity to the next level: a special issue on the circular economy'. J Industr Ecol, 21(3), 476–482.
8. De Wolf, C., Cetin, S., Bocken, N. (eds.) (2024) *A Circular Built Environment in the Digital Age*, Springer Nature, Switzerland.
9. Interview by Catherine De Wolf and Elias Knecht of Barbara Buser, Basel, Switzerland, May 14th, 2024.
10. The curators of the Library of Reuse are Barbara Buser, Daniel Stockhammer and Catherine De Wolf. The editors of the Library of Reuse include Anna Buser and Jennifer Bartmess.
11. Interview by Catherine De Wolf and Elias Knecht of Momoyo Kaijima, Zurich, Switzerland, May 2nd, 2024.
12. Studio Informal Learning Spaces, more information available at: https://newrope.world/studio-informal-learning-spaces
13. Studio Boltshauser, Swiss Network with Ukraine, Co-Haty, D-ARCH, ETH Zurich (2023). Vacancy in Ukraine. Seminar Week: Repurposing a municipal house in Lviv. https://iea.arch.ethz.ch/assets/common/seminars/eth-with-ukraine-repurposing-a-house-in-lviv/pdf/roger-boltshauser-2.pdf
14. Institute of Science, Technology and Policy, ETH with Ukraine—Exchanging Knowledge for a Sustainable and Resilient Future. https://istp.ethz.ch/news/2024/01/csfm-seminar-new-regulations-for-autonomous-vehicles-for-switzerland1.html
15. Interview by Catherine De Wolf and Elias Knecht of Claudia La Valle, Yannick Reich, Carole Allenbach, Loukas Mettas, Clara He, Samuel Labhard in Zurich, Switzerland on May 2nd, 2024 and online from Boston, US and Xinjiang, China, on June 13th, 2024.
16. Julia Watson and Catherine De Wolf, ETH Global Lecture Series, 'Lo-TEK. Design by Radical Indigenism', available on the ETH Ambassadors blog: https://ethambassadors.ethz.ch/2023/03/30/the-power-of-technology-for-climate-resilience/
17. Interview by Catherine De Wolf and Elias Knecht of Annette Spiro and Florian Schrott, Zurich, Switzerland May 24th, 2024.
18. Swiss Society of Engineers and Architects (SIA), SIA Prize, https://prixsia.ch/
19. The Davos Baukultur Quality System is a tool designed to evaluate qualities of our built environment in various locations using eight defined criteria: Governance, Functionality, Environment, Economy, Diversity, Context, Sense of Place, and Beauty. https://davosdeclaration2018.ch/en/
20. All buildings on the campus are named by an acronym starting with an 'H' for Hönggerberg. The Huber Pavilions were buildings HIP, HIQ, and HIR.
21. https://www.stadt-zuerich.ch/hbd/de/index/staedtebau/architektur/auszeichnung/ausgezeichnete-bauten/1985-1990/aba136.html
22. Tenti, S. (2024). Martha Huber-Villiger (1926–2017): Innenarchitektin in Zürich, Paris und Tokio. Die Zeichnung als Metier. Grundlagenforschung einer marginalisiert gehandelten Schweizer Gestalterin. Master's thesis, supervised by Prof. Dr. Roger Fayet.
23. De Wolf (2023) Saving reused building materials through architectural design – The case of the Centre Pompidou glass. *High Tech Heritage.*
24. Interview by Catherine De Wolf and Elias Knecht of Rudolf Bolli, Zurich, Switzerland, May 2nd, 2024
25. Carbon Leadership Forum, https://carbonleadershipforum.org/
26. Interview by Catherine De Wolf and Elias Knecht of Ralph Alan Mueller and Michael Wick, Zurich, Switzerland, *April 26th, 2024.*
27. Countdown 2030 is a growing group of architects dedicated to raising awareness about the impact of professional actions on climate change, committed to creating climate-positive cities, buildings, and infrastructures, while enhancing biodiversity for a sustainable future. https://countdown2030.ch/

26 Carbon Leadership Forum, carbonleadershipforum.org

27 Interview von Catherine De Wolf und Elias Knecht mit Ralph Alan Mueller und Michael Wick in Zürich, 26. April 2024. Das Gespräch fand bei Baubüro in situ statt.

28 Countdown 2030 ist eine wachsende Gruppe von Architekturschaffenden, die sich die Auswirkungen ihres beruflichen Handelns auf den Klimawandel bewusst machen möchten und sich für die Schaffung klimapositiver Städte, Gebäude und Infrastrukturen einsetzen und gleichzeitig die biologische Vielfalt für eine nachhaltige Zukunft fördern. countdown2030.ch

29 Interview von Catherine De Wolf und Elias Knecht mit Tazuru Harada und Sabrina Dinger auf dem Campus der ETH Zürich, Zürich, Schweiz, 6. Juni 2024

30 Meine Erfahrungen in der Schweiz zeigen zwar, dass die Beschaffung wiederverwendbarer Materialien aufgrund der hohen Arbeitskosten nicht immer zu Kostensenkungen führt, doch sind niedrigere Kosten absehbar, wenn Anreize zur Reduzierung von Emissionen geschaffen werden und digitale Technologien geringere Arbeitskosten möglich machen (siehe Kapitel 8).

31 Thibaut Menny, Stéphane Le Guirriec, Catherine De Wolf: „The Butterfly Matchmaking Model for Circular Construction. Towards a Digital Matchmaking Platform Tailored to French Policy". In: *Sustainable Production and Consumption*, 49, 2024, S. 130–143. https://doi.org/10.1016/j.spc.2024.06.011

32 Cyneo fördert die Kreislaufwirtschaft, indem es neue Lieferketten entwickelt. Es stellt technische Zentren für die Überwachung von Vorschriften, für Schulungen und einen Online-Marktplatz für hochwertige Materialien bereit und fördert so die Zusammenarbeit und die Möglichkeiten der Wiederverwendung. cyneo-reemploi.fr

33 Derzeit arbeiten wir mit Industriepartnern wie GS1 Switzerland, Swiss Safety Center, AXA Versicherungen, F. Hoffmann-La Roche, realcycle, Implenia Schweiz, Madaster Switzerland, Sumami & useagain, Schweizerischer Ingenieur- und Architektenverein (SIA), Herzog & de Meuron, Drees & Sommer Schweiz, Halter Gruppe, Eberhard Bau, Aregger Bauunternehmung, Zirkular, Kanton Basel-Stadt, Gruner, Freo CH, Viride (greenBIM), EgoKiefer, pom+ Consulting, Pichler Projects, Mauchle Stahlbau, Pfiffner und Wüest Partner.

34 Interview von Catherine De Wolf und Elias Knecht mit Anna Buser und Christoph Müller, Zürich, Schweiz, 26. April 2024 und 24. Mai 2024

35 useagain.ch/de ist eine Plattform zum Austausch wiederverwendeter Baumaterialien.

36 re-win.ch ist eine Initiative, die wiederverwendete Fenster in die Ukraine schickt, um vom Krieg beschädigte Gebäude zu reparieren.

37 library-of-reuse.ch ist eine Plattform für Medien zum Thema Wiederverwendung.

38 Mohd N. Mohd Nawi, Nazim Baluch, Ahmad Y. Bahauddin: „Impact of Fragmentation Issue in Construction Industry. An Overview". Building Surveying, Facilities Management and Engineering Conference (BSFMEC), Seri Iskander, Malaysia, 2014. doi.org/10.1051/matecconf/20141501009

39 „Strengthening Protections Against Trafficking in Persons in Federal and Corporate Supply Chains. Research on Risk in 43 Commodities Worldwide". Hrsg. von Verité, 2017. verite.org/wp-content/uploads/2017/04/EO-and-Commodity-Reports-Combined-FINAL-2017.pdf

40 Grace Farms Foundation, Sharon Prince, Luis C. deBaca, Chelsea Thatcher (Hrsg.): „Design for Freedom". New Canaan 2020. designforfreedom.org

41 Alessio Terzi: Growth for Good. Reshaping Capitalism to Save Humanity from Climate Catastrophe. Cambridge 2022

42 Bernard C.K. Choi, Anita A.P. Pak: „Multidisciplinarity, Interdisciplinarity and Transdisciplinarity in Health Research, Services, Education and Policy. 1. Definitions, Objectives, and Evidence of Effectiveness". In: *Clinical and Investigative Medicine*, 6, 2006, S. 351–364

43 Interview von Catherine De Wolf und Elias Knecht mit Pascal Angehrn und Mario Marty in Zürich, 26. April 2024. Das Gespräch fand im Baubüro in situ statt.

44 Interview von Catherine De Wolf und Elias Knecht mit Jacqueline Pauli und Federico Bertagna in Zürich, 24. Mai 2024. Das Gespräch fand im Büro von Jacqueline Pauli an einem schönen Besprechungstisch aus recyceltem Holz statt.

45 Für das Symposium IASS 2024 baten wir John Ochsendorf, über die drei Es in der Tragwerksplanung (Efficiency, Economy, Elegance) zu sprechen und haben zwei Es (Environment und Ethics) hinzugefügt, die wir bei

28 Interview by Catherine De Wolf and Elias Knecht of Tazuru Harada and Sabrina Dinger on the ETH Zurich Campus in Zurich, Switzerland, on June 6th, 2024.

29 While my experience in Switzerland shows reuse procurement does not consistently reduce costs given the high labour costs, cost reductions are to be anticipated when emissions' reduction incentives are put in place and digital technologies enable a lower labour cost associated with reuse (see Chapter 8).

30 Menny, T., Le Guirriec, S., & De Wolf, C. (2024). 'The butterfly matchmaking model for circular construction: 'Towards a digital matchmaking platform tailored to French policy'. *Sustainable Production and Consumption, 49*, 130-143. https://doi.org/10.1016/j.spc.2024.06.011

31 Cyneo is a facilitator of the circular economy, aiming to develop new supply chains by providing technical centres, regulatory monitoring, training, and an online marketplace for quality materials, thereby ensuring cooperation and opportunities for reuse stakeholders. https://cyneo-reemploi.fr/

32 For example, at the moment, we are building the core research foundation to this matchmaking-for-reuse concept, with industry partners such as Verein GS1 Schweiz, Swiss Safety Center, AXA Versicherungen, F. Hoffmann-La Roche, realcycle GmbH, Implenia Schweiz, Madaster Services Switzerland, sumami GmbH & useagain, Schweizerischer Ingenieur- und Architektenverein (SIA), Herzog & de Meuron Basel Ltd., Drees & Sommer Schweiz, Halter Gruppe, Eberhard Bau, Aregger Bauunternehmung, Zirkular GmbH, Kanton Basel-Stadt, Gruner, FREO CH, Senningerberg, Schweizer Zweigniederlassung, Zürich, GreenBIM (Viride Solutions), EgoKiefer, pom+Consulting, PICHLER Projects Schweiz & Mauchle Stahlbau, Pfiffner, and Wüest Partner.

33 Interview by Catherine De Wolf and Elias Knecht of Anna Buser and Christoph Müller, Zurich, Switzerland, on April 26th, 2024 and May 24th, 2024.

34 https://www.useagain.ch/de/ A platform for sharing reused architectural materials

35 https://re-win.ch/ Re-Win is an initiative that sends repurposed windows to Ukraine to repair windows damaged by war

36 https://library-of-reuse.ch/ is a platform for sharing media about reuse.

37 Nawi, M. N. M., Baluch, N., & Bahauddin, A. Y. (2014). 'Impact of fragmentation issue in construction industry: An overview'. *MATEC Web of Conferences, 15*, 01009. https://doi.org/10.1051/matecconf/20141501009

38 'Strengthening Protections Against Trafficking in Persons in Federal and Corporate Supply Chains: Research on Risk in 43 Commodities', *Verité*. 2017, https://verite.org/wp-content/uploads/2017/04/EO-and-Commodity-Reports-Combined-FINAL-2017.pdf

39 Grace Farms Foundation, Prince, S., C.deBaca, L., & Thatcher, C. (Eds.). (2023). 'Design for Freedom'. Report retrieved from https://www.gracefarmsfoundation.org/design-for-freedom/

40 Terzi, A. (2022) *Growth for Good: Reshaping Capitalism to Save Humanity from Climate Catastrophe*. Harvard University Press.

41 Choi, B.C., & Pak, A.W. (2006). 'Multidisciplinarity, interdisciplinarity, and transdisciplinarity in health research, services, education, and policy: 1. Definitions, objectives, and evidence of effectiveness'. *Clinical and Investigative Medicine, 29*(6), 351-364.

42 Interview by Catherine De Wolf and Elias Knecht of Pascal Angehrn and Mario Marty, Zurich, Switzerland, April 26th, 2024.

43 Interview by Catherine De Wolf and Elias Knecht of Jacqueline Pauli and Federico Bertagna, Zurich, Switzerland, May 24th, 2024.

44 For the IASS, we asked John Ochsendorf to talk about the three Es of structural design (Efficiency, Economy, Elegance) to which we added two Es (Environment and Ethics) that we find essential in structural design as chairs. In his opening keynote on August 26, 2024 in Zurich, John Ochsendorf added two more Es in his keynote: Education and Entrepreneurship. This keynote took place after this interview and echoed well what is described in this book about education (Chapter 2, 3, and 8) and entrepreneurship (Chapter 4, 5 and 7).

45 Fang, D. L., Mueller, C. T., Brütting, J., Fivet, C., & Moradei, J. (2019). 'Rotational stiffness in timber joinery connections: Analytical and experimental characterizations of the Nuki joint'. In *Structures and Architecture – Bridging the Gap and Crossing Borders* (1st ed., pp. 8). CRC Press.

46 Interview by Catherine De Wolf and Elias Knecht of Kozo Kadowaki and Ryoko Iwase, Tokyo, Japan,

der Tragwerksplanung für wesentlich halten. In seinem Eröffnungsvortrag am 26. August 2024 in Zürich ergänzte John Ochsendorf noch zwei Es: Education und Entrepreneurship. Der Vortrag fand nach diesem Interview statt und spiegelte gut wider, was in diesem Buch zu Bildung (Kapitel 2, 3 und 8) und Unternehmertum (Kapitel 4, 5 und 7) beschrieben wird.

46 Demi Fang et al.: „Rotational Stiffness in Timber Joinery Connections. Analytical and Experimental Characterizations of the Nuki Joint". In: *Structures and Architecture – Bridging the Gap and Crossing Borders. Proceedings of the 4th International Conference on Structure and Architecture (ICSA 2019), July 24–26, 2019, Lisbon, Portugal.* London 2019, S. 8
47 ecole-saxon.ch/natur_cab
48 Interview von Catherine De Wolf und Elias Knecht mit Kozo Kadowaki und Ryoko Iwase in Tokio, 18. Mai 2024, moderiert von Eleftherios Triantafyllidis
49 Interview von Catherine De Wolf und Elias Knecht mit Saikal Zhunushova in Zürich, 24. Mai 2024
50 Leah Burrows: „Smaller, Faster, Greener. Examining the Environmental Impact of Computation and the Future of Green Computing". In: *The Harvard Gazette,* 03.02.2021. news.harvard.edu/gazette/story/2021/03/what-will-green-computing-look-like-in-the-future/
51 Catherine De Wolf et al.: „A 5D Digital Circular Workflow. Digital Transformation Towards Matchmaking of Environmentally Sustainable Building Materials through Reuse from Disassembly". In: *Nature Partner Journals (npj) Materials Sustainability,* Sonderausgabe Environmentally Sustainable Building Materials.* 2024
52 Deepika Raghu, Martin Bucher, Catherine De Wolf: „Towards a ‚Resource Cadastre' for a Circular Eeconomy. Urban-Scale Building Material Detection Using Street View Imagery and Computer Vision". In: *Resources Conservation & Recycling,* Vol. 198, November 2023, S. 107140, doi.org/10.1016/j.resconrec.2023.107140
53 Deepika Raghu (2024) AI-Driven Tools for Advancing a Circular Economy in the Built Environment. Overcoming Urban Information Barriers: A Global Perspective. Doktorarbeit, betreut von De Wolf, C. und Pollefeys, M. an der ETH Zürich.
54 Brandon Byers, Catherine De Wolf: „QR Code-Based Material Passports for Component Reuse Across Life Cycle Stages in Small-Scale Construction". In: *Journal of Circular Economy,* Vol. 1, Nr. 2, 2023. doi.org/10.55845/IWEB6031
55 Meliha Honic, Pedro Meda Magalhães, Pablo Van den Bosch: „From Data Templates to Material Passports and Digital Product Passports". In: Catherine De Wolf, Sultan Çetin, Nancy M. P. Bocken (Hrsg.): *A Circular Built Environment in the Digital Age.* Cham 2024, S. 79.
56 Carla Gomes et al.: „Computational Sustainability Meets Materials Science". In: *Nature Reviews Materials,* Vol. 6, Nr. 8, 2021, S. 645–647. doi.org/10.1038/s41578-021-00348-2
57 Alexander Curth et al.: „3D Printing Earth. Local, Circular Material Processing, Fabrication Methods, and Life Cycle Assessment". In: *Construction and Building Materials,* 421, 2024, S. 135714. doi.org/10.1016/j.conbuildmat.2024.135714
58 Forrest Meggers et al.: „Reduce CO2 from Buildings with Technology to Zero Emissions". In: *Sustainable Cities and Society,* Vol. 2, Nr. 1, 2012, S. 29–36. doi.org/10.1016/j.scs.2011.10.001
59 Jan Brütting, Catherine De Wolf, Corentin Fivet: „The Reuse of Load-Bearing Components". IOP Conference Series: Earth and Environmental Science, 225, 2019, S. 012025. doi.org/10.1088/1755-1315/225/1/012025
60 Yijiang Huang et al.: „Algorithmic Circular Design With Reused Structural Elements. Method and Tool". *International fib Symposium – Conceptual Design of Structures.* Solothurn, 16.–18.09.2021.
61 Ein Interview mit meiner Doktorandin Vanessa Schwarzkopf zu diesem Thema erläutert ihre Forschungen an der ETH Zürich und an der Leibniz Universität Hannover zu diesem Thema: „Architekturträume. KI zwischen Kunst und zirkulärem Bauen". In: *Baunetz Campus,* 25.03.2024. baunetzcampus.de/studium/architekturtraeume-ki-zwischen-kunst-und-zirkulaerem-bauen-8544212
62 Sophia Kuhn et al.: „Assessment and Integration of Sustainability and Circularity Metrics Within Generative Bridge Design." In: *The 30th EG-ICE: International Conference on Intelligent Computing in Engineering,* 2023, S. 256–265. doi.org/10.3929/ethz-b-000646105
63 Matthew Marani: „Continuing Education. Circular Construction". In: *Architectural Record,*

47 facilitated by Eleftherios Triantafyllidis, May 18th, 2024
47 Interview by Catherine De Wolf and Elias Knecht of Saikal Zhunushova, Zurich, Switzerland, May 24th, 2024.
48 Burrows, L. (2021) 'Smaller, faster, greener: Examining the environmental impact of computation and the future of green computing', Science & Tech, SEAS Communications, *The Harvard Gazette,* https://news.harvard.edu/gazette/story/2021/03/what-will-green-computing-look-like-in-the-future/
49 De Wolf, C., Byers, B. S., Raghu, D., Gordon, M., Schwarzkopf, V., & Triantafyllidis, E. (2024). 'D5 digital circular workflow: Five digital steps towards matchmaking for material reuse in construction'. *Nature Partner Journals (npj) Materials Sustainability, Special Issue: Environmentally Sustainable Building Materials.*
50 D. Raghu, M. J. J. Bucher, and C. De Wolf, 'Towards a 'resource cadastre' for a circular economy – Urban-scale building material detection using street view imagery and computer vision,' *Resources Conservation & Recycling,* vol. 198, p. 107140, Nov. 2023, doi: 10.1016/j.resconrec.2023.107140.
51 Raghu, D. (2024) AI-Driven Tools for Advancing a Circular Economy in the Built Environment. Overcoming Urban Information Barriers: A Global Perspective. Doctoral Dissertation, supervised by De Wolf, C. and Pollefeys, M. at ETH Zurich.
52 Byers, B. S., & De Wolf, C. (2023). 'QR code-based material passports for component reuse across life cycle stages in small-scale construction'. *Journal of Circular Economy.* https://doi.org/10.55845/IWEB6031
53 Honic, M., Magalhães, P. M., & Van den Bosch, P. (2024). 'From data templates to material passports and digital product passports'. *A Circular Built Environment in the Digital Age,* 79.
54 Gomes, C. P., Fink, D., van Dover, R. B., & Gregoire, J. M. (2021). 'Computational sustainability meets materials science'. *Nature Reviews Materials,* 6(8), 645-647. https://doi.org/10.1038/s41578-021-00348-2
55 Curth, A., Pearl, N., Castro-Salazar, A., Mueller, C., & Sass, L. (2024). '3D printing earth: Local, circular material processing, fabrication methods, and Life Cycle Assessment'. *Construction and Building Materials,* 421, 135714. ISSN 0950-0618. https://doi.org/10.1016/j.conbuildmat.2024.135714
56 Meggers, Forrest, Hansjürg Leibundgut, Sheila Kennedy, Menghao Qin, Mike Schlaich, Werner Sobek, and Masanori Shukuya. 2012. 'Reduce CO_2 from Buildings with Technology to Zero Emissions'. *Sustainable Cities and Society,* 2(1):29-36. https://doi.org/10.1016/j.scs.2011.10.001
57 Brütting, J., De Wolf, C., & Fivet, C. (2019). 'The reuse of load-bearing components'. IOP Conference Series: Earth and Environmental Science, 225, 012025. https://doi.org/10.1088/1755-1315/225/1/012025
58 Huang, Y., Alkhayat, L., De Wolf, C., Mueller, C. (2021) 'Algorithmic circular design with reused structural elements: Method and Tool'. *International fib Symposium Conceptual Design of Structures,* CH, September 16-18, 2021.
59 An interview my PhD student Vanessa Schwarzkopf gave on this topic explains her research, both at ETH Zurich and at Leibniz Universität Hannover, on this: Baunetz Campus. (2024). Architekturträume: KI zwischen Kunst und zirkulärem Bauen, https://www.baunetz-campus.de/studium/architekturtraeume-ki-zwischen-kunst-und-zirkulaerem-bauen-8544212
60 Kuhn, S. V., Hodel, A., Bischof, R., Balmer, V. M., Pérez-Cruz, F., Kaufmann, W., & Kraus, M. A. (2023). 'Assessment and integration of sustainability and circularity metrics within generative bridge design'. In The 30th EG-ICE: International Conference on Intelligent Computing in Engineering (pp. 256-265). European Group for Intelligent Computing in Engineering. https://doi.org/10.3929/ethz-b-000646105
61 Marani, M. (2024). Circular Construction: You Spin Me Round. Architectural Record, June 2024, 161-167, https://www.architecturalrecord.com/articles/16929-continuing-education-circular-construction (article featuring the research of Caitlin Mueller, Sheila Kennedy and myself, after a talk they invited me for, https://continuingeducation.bnpmedia.com/courses/architectural-record/circular-construction-in-the-digital-age-web-live/
62 Hofmeister, S. (Ed.). (2024). Architecture and climate change: 20 interviews on the future of building. DETAIL.
63 Harris, P. (2015) *The Virtuoso Teacher. The inspirational guide for instrumental and singing teachers,*

64 Juni 2024, S. 161–167. architecturalrecord.com/articles/16929-continuing-education-circular-construction; continuingeducation.bnpmedia.com/courses/architectural-record/circular-construction-in-the-digital-age-web-live/ Sandra Hofmeister (Hrsg.): *Architektur und Klimawandel. 20 Interviews zur Zukunft des Bauens.* München 2024

65 Paul Harris: The Virtuoso Teacher. The Inspirational Guide for Instrumental and Singing Teachers. Improve Your Teaching! Series, London 2015

66 Catherine De Wolf et al. 2024 (wie Anm. 51)

67 Entwurfsstudio „Digital Creativity for Circular Construction" von Catherine De Wolf, 2024, im Rahmen des Future Cities Lab, einer Zusammenarbeit zwischen dem Singapur-ETH Center und der ETH Zürich. futurecitieslab.world

68 Interview von Catherine De Wolf und Elias Knecht mit Martin Schulte und Dominik Nüssen in Zürich, 23. Juni 2023, moderiert von Natalyia Kobylinska

69 Ein Unternehmen, das innovative Holzbearbeitungswerkzeuge entwickelt, insbesondere Shaper Origin, eine handgeführte CNC-Fräse, die digitale Präzision mit manueller Steuerung kombiniert

70 Interviews von Catherine De Wolf und Elias Knecht mit Iro Armeni, Vanessa Schwarzkopf und Daniel Baumann in Zürich, zwischen Juni und Oktober 2024

71 Iro Armeni, Deepika Raghu, Catherine De Wolf: „Artificial Intelligence for Predicting Reuse Patterns". In: De Wolf/Çetin/Bocken (Hrsg.) 2024 (wie Anm. 9), S. 57–78

72 World Commission on Environment and Development: *Our Common Future.* 1987, besser bekannt als „Brundtland-Bericht"

73 Das Sieben-Generationen-Prinzip, dem historische Wurzeln in den Traditionen der Haudenosaunee (Irokesen-Konföderation) zugeschrieben werden, legt den Schwerpunkt auf langfristiges Denken und Umweltverantwortung, um sicherzustellen, dass heute getroffene Entscheidungen die Menschen weit in die Zukunft hinein schützen und ihnen zugutekommen. Vgl. Julia Watson: Lo-TEK. Design by Radical Indigenism. Köln 2019

Improve Your Teaching! Series, Faber Music.

64 De Wolf, C., Byers, B. S., Raghu, D., Gordon, M., Schwarzkopf, V., & Triantafyllidis, E. (2024). 'D5 digital circular workflow: Five digital steps towards matchmaking for material reuse in construction'. *Nature Partner Journals (npj) Materials Sustainability*, Special Issue: *Environmentally Sustainable Building Materials*.

65 2024 Design Studio "Digital Creativity for Circular Construction" by Catherine De Wolf, in the context of the Future Cities Lab, a Singapore-ETH collaboration, https://futurecitieslab.world

66 Interviews by Catherine De Wolf and Elias Knecht of Martin Schulte and Dominik Nüssen, Zurich, Switzerland, facilitated by Natalyia Kobylinska, on June 23th, 2023.

67 Interviews by Catherine De Wolf and Elias Knecht of Iro Armeni, Vanessa Schwarzkopf, and Daniel Baumann, Zurich, Switzerland, between June and October, 2024.

68 Armeni, I., Raghu, D., & De Wolf, C. (2024). Artificial intelligence for predicting reuse patterns. In C. De Wolf, S. Çetin, & N. M. P. Bocken (Eds.), *A circular built environment in the digital age* (pp. 57-78). Springer.

69 World Commission on Environment and Development. (1987). *Our common future*. Oxford University Press (commonly known as *the Brundtland report)*.

70 The 'seventh generation' principle, attributed to be historically rooted in the traditions of the Haudenosaunee Confederacy, emphasises long-term thinking and environmental stewardship, ensuring that decisions made today protect and benefit people far into the future, as explained in Watson, J. (2019). Lo-TEK: *Design by Radical Indigenism*. Taschen.

Bildnachweis
Picture credits

Envelope / Umschlag:
ETH-Bibliothek Zürich,
Bildarchiv / photographer:
unknown

Frontpaper / Vorsatz:
Alle Fotos / All photos:
gta Archiv / ETH Zürich
(Nachlass Benedikt Huber)

S. p. 16:
Giulia Marthaler © CEA

S. p. 17:
Giulia Marthaler © CEA

S. p. 27:
ETH Zürich / Della Bella

S. p. 28:
gta Archiv / ETH Zürich
(Nachlass Benedikt Huber)

S. p. 29:
gta Archiv / ETH Zürich
(Nachlass Benedikt Huber)

S. p 30:
Giulia Marthaler © CEA

S. p. 31:
gta Archiv / ETH Zürich
(Nachlass Benedikt Huber)

S. p. 32/33:
gta Archiv / ETH Zürich
(Nachlass Benedikt Huber)

S. p. 34:
gta Archiv / ETH Zürich
(Nachlass Benedikt Huber)

S. p. 35:
gta Archiv / ETH Zürich
(Nachlass Benedikt Huber)

S. p. 41:
gta Archiv / ETH Zürich
(Nachlass Benedikt Huber)

S. p. 48:
Elias Knecht © CEA

S. p. 50:
BuserHill Photography © CEA

S. p. 51:
Daisy Ziyan Zhang © CEA

S. p. 59:
Ian Oggenfuss © CEA

S. p. 62:
Ian Oggenfuss © CEA

S. p. 63:
Ian Oggenfuss © CEA

S. p. 69:
Catherine De Wolf

S. p. 73:
Elias Knecht © CEA

S. p. 74:
Giulia Marthaler © CEA

S. p. 75:
Ian Oggenfuss © CEA

S. p. 76/77:
Ian Oggenfuss © CEA

S. p. 78:
Ian Oggenfuss © CEA

S. p. 79:
gta Archiv / ETH Zürich
(Nachlass Benedikt Huber)

S. p. 80:
Ian Oggenfuss © CEA

S. p. 81:
gta Archiv / ETH Zürich
(Nachlass Benedikt Huber)

S. p. 82:
gta Archiv / ETH Zürich
(Nachlass Benedikt Huber)

S. p. 83:
Elias Knecht © CEA

S. p. 86:
gta Archiv / ETH Zürich
(Nachlass Benedikt Huber)

S. p. 87:
CEA

S. p. 88:
Elias Knecht © CEA

S. p. 90:
Chair of Architectural
Behaviorology

S. p. 91:
Studio Tom Emerson

S. p. 93:
Elias Knecht © CEA

S. p. 94:
Daisy Ziyan Zhang © CEA

S. p. 98:
Catherine De Wolf

S. p. 99:
Clara He

S. p. 103:
Yannick Reich

S. p. 104:
gta Archiv / ETH Zürich
(Nachlass Benedikt Huber)

S. p. 105:
Clara He

S. p. 110/111:
Ian Oggenfuss © CEA

S. p. 122:
Clara He

S. p. 123:
Clara He

S. p. 131:
Elias Knecht © CEA

S. p. 133:
Ian Oggenfuss © CEA

S. p. 136:
Daisy Ziyan Zhang © CEA

S. p. 137:
Daisy Ziyan Zhang © CEA

S. p. 144:
Giulia Marthaler © CEA

S. p. 145:
gta Archiv / ETH Zürich
(Nachlass Benedikt Huber)

S. p. 146:
gta Archiv / ETH Zürich
(Nachlass Benedikt Huber)

S. p. 147:
gta Archiv / ETH Zürich
(Nachlass Benedikt Huber)

S. p. 148:
Elias Knecht © CEA

S. p. 149:
gta Archiv / ETH Zürich
(Nachlass Benedikt Huber)

S. p. 150:
gta Archiv / ETH Zürich
(Nachlass Benedikt Huber)

S. p. 151:
Elias Knecht © CEA

S. p. 152:
ETH-Bibliothek Zürich,
Bildarchiv / photographer:
unknown

S. p. 153:
ETH-Bibliothek Zürich,
Bildarchiv / photographer:
Georg Mörsch

S. p. 154:
Benedikt Huber

S. p. 155:
gta Archiv / ETH Zürich
(Nachlass Benedikt Huber)

S. p. 159:
Elias Knecht © CEA

S. p. 162:
gta Archiv / ETH Zürich
(Nachlass Benedikt Huber)

S. p. 163:
Elias Knecht © CEA

S. p. 164/165:
Ian Oggenfuss © CEA

S. p. 167:
Elias Knecht © CEA

S. p. 171:
ETH-Bibliothek Zürich,
Bildarchiv / photographer:
unknown

S. p. 172:
Catherine De Wolf

S. p. 179:
Béla Dalcher

S. p. 182:
BuserHill Photography © CEA

S. p. 183:
Takahiro Kai

S. p. 184:
Catherine De Wolf

S. p. 185:
Elias Knecht © CEA

S. p. 186:
Elias Knecht © CEA

S. p. 187:
Elias Knecht © CEA

S. p. 188:
gta Archiv / ETH Zürich
(Nachlass Benedikt Huber)

S. p. 189:
Elias Knecht © CEA

S. p. 191:
Photodaylight.com
© Ney & Partners

S. p. 193:
Elias Knecht © CEA

S. p. 196:
Catherine De Wolf

S. p. 199:
Ralph Alan Mueller
© baubüro insitu ag

S. p. 200:
Ralph Alan Mueller
© baubüro insitu ag

S. p. 202/203:
Ian Oggenfuss © CEA

S. p. 209:
Elias Knecht © CEA

S. p. 215:
Ian Oggenfuss © CEA

S. p. 216:
Group AdapTable, Audrey Man, Mark Lüscher, Lucija Ratkić, Ellen Stenzel, Leonie Füssler, Michael Maurer, Manuel Oberhofer, drawing by Lena Đurđić

S. p. 217:
Eleftherios Triantafyllidis, Elias Knecht © CEA

S. p. 222:
Loris Theurillat
© Oekofacta GmbH

S. p. 223:
Burak Alp Kaya, Carel Nguy, Deepthi Maria Puthenpurackal, Jeffrey Barman, Julian Merlo, Louis Prongué

S. p. 224:
Katalin Deér © Flury + Furrer Architekten GmbH

S. p. 225:
Sujets-Objets + C. Berchtold + Y. Junod

S. p. 226:
BuserHill Photography © CEA

S. p. 227:
BuserHill Photography © CEA

S. p. 228/229:
Philippe Wessling

S. p. 239:
Elias Knecht © CEA

S. p. 240/241:
Ian Oggenfuss © CEA

S. p. 243:
Ian Oggenfuss © CEA

S. p. 245:
Johann Petersmann © RE-WIN

S. p. 246:
useagain.ch platform

S. p. 249:
useagain.ch platform

S. p. 252–259:
Elias Knecht © CEA

S. p. 263:
Ian Oggenfuss © CEA

S. p. 266:
Ian Oggenfuss © CEA

S. p. 267:
Ian Oggenfuss © CEA

S. p. 273:
Ralph Alan Mueller

S. p. 277:
Ian Oggenfuss © CEA

S. p. 281:
Giulia Marthaler © CEA

S. p. 286/287:
Alberto Strada, Courtesy of the Japan Foundation

S. p. 288/289:
Nicolas Petit-Barreau
© Anku GmbH

S. p. 290/291:
Catherine De Wolf
© Anku GmbH

S. p. 292/293:
Trazando Espacios Publicos

S. p. 294:
Catherine De Wolf

S. p. 298:
Catherine De Wolf
© Anku GmbH

S. p. 300:
Beatrice Gilloz

S. p. 301:
Nicolas Petit-Barreau
© Anku GmbH

S. p. 303:
Nicolas Petit-Barreau
© Anku GmbH

S. p. 304:
Nicolas Petit-Barreau

S. p. 305:
Trazando Espacios Publicos

S. p. 307:
Nicolas Petit-Barreau
© Anku GmbH

S. p. 309:
Eleftherios Triantafyllidis © CEA

S. p. 315:
Alberto Strada, Courtesy of the Japan Foundation

S. p. 321:
Ian Oggenfuss © CEA

S. p. 325:
Eddy Kunz © Oekofacta GmbH

S. p. 326:
Catherine De Wolf © Anku GmbH

S. p. 328:
Daisy Ziyan Zhang © CEA

S. p. 329:
Zain Karsan, Elias Knecht © CEA

S. p. 330:
Studio Kunsthalle Zürich and
Kunsthalle Zürich

S. p. 331:
Pascal Beutler

S. p. 332/333:
Daisy Ziyan Zhang © CEA

S. p. 334/335:
BuserHill Photography © CEA

S. p. 345:
Deepika Raghu © CEA

S. p. 347:
Matthew Gordon © CEA

S. p. 351:
OpenAI's DALL·E model

S. p. 357:
Moritz Peters

S. p. 358 oben / top:
Ana Bendiek Laranjo

S. p. 358 unten / bottom:
Thibaut Menny & Guillaume Bland

S. p. 359:
Vanessa Costalonga

S. p. 360:
Daisy Ziyan Zhang

S. p. 361
links / left: Vanessa Schwarzkopf

S. p. 361 rechts / right:
Nicolas Petit-Barreau

S. p. 363:
Ian Oggenfuss © CEA

S. p. 367:
Elias Knecht, Eleftherios
Triantafyllidis © CEA

S. p. 370:
Ian Oggenfuss © CEA

S. p. 376:
Daisy Ziyan Zhang © CEA

S. p. 377:
Daisy Ziyan Zhang © CEA

S. p. 379:
Kunsthalle Zürich

S. p. 389:
Vanessa Schwarzkopf © CEA

S. p. 392/393:
Daisy Ziyan Zhang © CEA

S. p. 402/403:
gta Archiv / ETH Zürich
(Nachlass Benedikt Huber)

S. p. 408/409:
gta Archiv / ETH Zürich
(Nachlass Benedikt Huber)

S. p. 418/419:
Daisy Ziyan Zhang © CEA

Endpaper / Nachsatz:
Elias Knecht © CEA; Yannick
Reich; Daisy Ziyan Zhang © CEA;
Daisy Ziyan Zhang © CEA; Daisy
Ziyan Zhang© CEA

Impressum

Autorin: Catherine De Wolf
Dokumentar: Elias Knecht

Projektmanagerin:
Sandra Hofmeister

Lektorat deutsche Texte:
Sandra Leitte

Lektorat englische Texte:
Marilyn Levine

Korrektorat deutsch:
Katrin Pollems-Braunfels

Korrektorat englisch :
Mark Kammerbauer
Elizabeth Craig-Olins

Design:
strobo B M, München

Redaktionelle Mitarbeit:
Laura Traub

Druck und Bindung:
Gutenberg Beuys Feindruckerei,
Langenhagen

Papier:
Circle Offset Premium White
120 g

Detail Architecture GmbH,
München
detail.de

© Detail Architecture GmbH,
München
detail.de

Bibliografische Information der
Deutschen Nationalbibliothek.
Die Deutsche Nationalbibliothek
verzeichnet diese Publikation
in der Deutschen Nationalbibliografie; detaillierte bibliografische
Daten sind im Internet über
http://dnb.d-nb.de abrufbar.
http://dnb.d-nb.de.

© 2024, erste Auflage

Dieses Werk ist urheberrechtlich
geschützt. Die dadurch begrün-
deten Rechte, insbesondere die
der Übersetzung, des Nach-
drucks, des Vortrags, der Entnah-
me von Abbildungen und Tabel-
len, der Funksendung, der
Mikroverfilmung oder der Vervielfältigung auf anderen Wegen
und der Speicherung in Daten-
verarbeitungsanlagen, bleiben,
auch bei nur auszugsweiser
Verwertung, vorbehalten. Eine
Vervielfältigung dieses Werks
ist auch im Einzelfall nur in den
Grenzen der gesetzlichen Be-
stimmungen des Urheberrechts-
gesetzes in der jeweils gelten-
den Fassung zulässig. Sie ist
grundsätzlich vergütungspflichtig.
Zuwiderhandlungen unterlie-
gen den Strafbestimmungen des
Urheberrechts.

ISBN 978-3-95553-648-0
(Print)
ISBN 978-3-95553-649-7
(E-Book)

Veröffentlicht mit Unterstützung
von:
Circular Engineering for
Architecture (CEA), ETH Zürich
Schweizerischer Nationalfonds
(SNF).

Die transkribierten Gespräche in
diesem Buch können Sie auch als
Videos auf der Plattform Library
of Reuse ansehen:
library-of-reuse.ch/books/huber

Imprint

Author: Catherine De Wolf
Documentalist: Elias Knecht

Project Manager:
Sandra Hofmeister

Copy editing German texts:
Sandra Leitte

Copy editing english texts:
Marilyn Levine

Proofreading German:
Katrin Pollems-Braunfels

Proofreading English:
Mark Kammerbauer
Elizabeth Craig-Olins

Design:
strobo B M, Munich

Editorial team:
Laura Traub

Printing and binding:
Gutenberg Beuys Feindruckerei,
Langenhagen

Paper:
Circle Offset Premium White
120 g

Detail Architecture GmbH,
Munich
detail.de

© Detail Architecture GmbH,
Munich
detail.de

Bibliographic information
published by the German National
Library.
The German National Library lists
this publication in the Deutsche
Nationalbibliografie; detailed
bibliographic data is available on
the Internet.

© 2024, 1st edition

This work is subject to copyright.
All rights reserved, whether the
whole or part of the material is
concerned, specifically the rights
of translation, reprinting, citation,
reuse of illustrations and tables,
broadcasting, reproduction
on microfilm or in other ways and

storage in data processing systems. Reproduction of any part
of this work in individual cases,
too, is only permitted within
the limits of the provisions of the
valid edition of the copyright law.
A charge will be levied. Infringements will be subject to the penalty clauses of the copyright law.

ISBN 978-3-95553-648-0
(Print)
ISBN 978-3-95553-649-7
(E-Book)

RECYCLED
Paper made from recycled material
FSC® C009051

Published with the support of:
Circular Engineering for
Architecture (CEA), ETH Zurich
Swiss National Science
Foundation (SNSF)

Swiss National
Science Foundation

The filmed conversations
transcribed in this book can be
viewed on the Library of Reuse
platform:
library-of-reuse.ch/books/huber